EL ALMA DEL GUERRERO

Demasiado a menudo, visito hogares en el que la figura del padre no es parte de la unidad familiar y la familia es disfuncional. Porque tuve un padre muy consagrado al amor y a la seguridad de su familia, todos los días siento agradecimiento porque me crié en un ambiente que me ayudó a moldear el tipo de persona que ahora soy. Creo que tengo la responsabilidad de criar a mis hijos en la misma amorosa y comprensiva manera. *El alma del guerrero* es la lectura obligada para los padres en la sociedad de hoy. Es toda una inspiración.

TOMMY BOWDEN
PRIMER ENTRENADOR DE FÚTBOL, UNIVERSIDAD DE CLEMSON

A través de Aser, un patriarca poco conocido del Antiguo Testamento, Pat Williams exhorta a los hombres de hoy a salir al ruedo con sus familias. *El alma del guerrero* lo motivará a usted a analizar el papel que desempeña en su familia y lo exhortará a convertirse en un completo y piadoso hombre de Dios como Aser.

VAN CHANCELLOR
PRIMER ENTRENADOR, EQUIPO DE BALONCESTO HOUSTON COMETS

¿Quién iba a saber que había una joya enterrada en las genealogías del Antiguo Testamento? Pat Williams excava un segmento de las Escrituras que la mayoría pasa por alto y descubre un tesoro de consejos para hombres, padres y esposos. Me hubiera gustado haber tenido la ayuda de este libro cuando estaba criando a mis hijos. Estoy asegurándome de que estos lo aprovechen ahora que tienen su propia familia.

MIKE HUCKABEE
GOBERNADOR DE ARKANSAS

Algunas obras trascienden el tiempo. *El alma del guerrero* es un recurso para generaciones. Los padres lo pasaran a sus hijos.

BILL McCARTNEY
Fundador, Cumplidores de Promesas
EX PRIMER ENTRENADOR DE FÚTBOL, UNIVERSIDAD DE COLORADO

El alma del guerrero debe ser una lectura requerida para todos los hombres en Estados Unidos. Uno aprende de los cuatro principios que radicalmente transformarán cada faceta de su vida. Láncese a hacerlo y me lo agradecerá.

DAN REEVES
EJECUTIVO DE OPERACIONES DE FÚTBOL, HOUSTON TEXANS

¡Pat Willliams ha descubierto un tesoro en una de las genealogías bíblicas! ¡Muy bien! Aprenda de Aser cómo ser un guerrero de valor, un hombre de integridad y un esposo y padre entregado a Dios. ¡Aplique lo que ha aprendido en su familia y coméntelo con los hombres de su grupo!

BOB RUSELL
PASTOR PRINCIPAL, SOUTHEAST CHRISTIAN CHURCH
LOUISVILLE, KENTUCKY

El alma del guerrero nos muestra el camino con una sinceridad que cautiva y nos capacita para guiar con éxito. ¡Una lectura fascinante de verdad!

SPENCER TILLMAN
PRINCIPAL ANALISTA DE ESTUDIO, CBS SPORTS
AUTOR DE *SCORING IN THE RED ZONE*

No hay nadie mejor equipado o calificado para exhortar, motivar e inspirar hombres que Pat Williams. Su historial habla por sí mismo. Pat es un Aser moderno que modela lo que es el concepto divino de la hombría en cuanto a paternidad, carácter, audacia y liderazgo. Recomiendo *El alma del guerrero* a todo hombre que anhela impactar al mundo en el nombre de Dios y dejar un legado importante para el Reino.

ED YOUNG
PASTOR, SEGUNDA IGLESIA BAUTISTA HOUSTON, TEXAS

EL
ALMA
DEL
GUERRERO

LAS CUATRO DIMENSIONES
DE LA HOMBRÍA

PAT WILLIAMS
con JIM DENNEY

Publicado por
Editorial Unilit
Miami, Fl. 33172
Derechos reservados

© 2009 Editorial Unilit (Spanish translation)
Primera edición 2009

© 2006 por Pat Williams
Originalmente publicado en inglés con el título:
The Warrior Within
por Regal Books, una división de Gospel Light Publications, Inc.
Ventura, California 93006, USA.
Todos los derechos reservados.

Traducción: *Rojas & Rojas Editores, Inc.*
Fotografía de la portada: Greg Epperson.
Used under license from Shutterstock.com

A menos que se indique lo contrario, el texto bíblico ha sido tomado de
la versión Reina Valera © 1960 Sociedades Bíblicas en América Latina;
© renovado 1988 Sociedades Bíblicas Unidas. Utilizado con permiso.
Las citas bíblicas señaladas con NVI se tomaron de la Santa Biblia,
Nueva Versión Internacional. © 1999 por la Sociedad Bíblica Internacional.
Las citas bíblicas señaladas con LBD se tomaron de la Santa Biblia,
La Biblia al Día. © 1979 por la Sociedad Bíblica Internacional.
Usadas con permiso.

Producto 495521
ISBN 0-7899-1518-9
ISBN 978-0-7899-1518-4

Impreso en Colombia
Printed in Colombia

Categoría: Vida cristiana /Vida práctica /Hombres
Category: Christian Living /Practical Life /Men

Este libro está dedicado
con agradecimiento
al pastor Cal Rychener,
hombre escogido de Dios,
guerrero y líder.
De no haber sido por ti, Cal,
nunca hubiera existido este libro.
Gracias, amigo mío.

Aser y su familia

Los hijos de Aser: Imna, Isúa, Isúi, Bería, y su hermana Sera.

Los hijos de Bería: Heber, y Malquiel, el cual fue padre de Birzavit.

Y Heber engendró a Jaflet, Somer, Hotam, y Súa hermana de ellos.

Los hijos de Jaflet: Pasac, Bimhal y Asvat. Estos fueron los hijos de Jaflet.

Y los hijos de Semer: Ahí, Rohga, Jehúba y Aram.

Los hijos de Helem su hermano: Zofa, Imna, Seles y Amal.

Los hijos de Zofa: Súa, Harnefer, Súal, Beri, Imra,

Beser, Hod, Sama, Silsa, Itrán y Beera.

Los hijos de Jeter: Jefone, Pispa y Ara.

Y los hijos de Ula: Ara, Haniel y Rezia.

Todos éstos fueron hijos de Aser, cabezas de familias paternas, escogidos, esforzados, jefes de príncipes; y contados que fueron por sus linajes entre los que podían tomar las armas, el número de ellos fue veintiséis mil hombres.

1 Crónicas 7:30-40

Contenido

LISTOS PARA LA BATALLA

Mike Singletary

*Linebacker en la Galería de la Fama de la NFL (siglas en inglés de
la Liga Nacional de Fútbol), diez veces jugador en el Juego de las
Estrellas, dos veces Jugador Defensivo del Año en
la NFL (1985 y 1998), y Hombre del Año en la NFL (1990)*

La vida es una batalla, y la vida cristiana es la batalla más importante
de todas. Hay que ser un verdadero guerrero para vivir la vida
cristiana, porque nuestro enemigo está siempre atacando. Por
eso es que lo animo a leer este libro, *El alma del guerrero*, de Pat
Williams. Se basa en la vida del poco conocido héroe del Antiguo
Testamento llamado Aser. Les confieso que no sabía mucho de
Aser antes de leer *El alma del guerrero*. Pero cuando leí la historia
de Aser, me sacudió el hecho de que los cuatro temas que definieron
su vida son de veras los cuatro grandes temas de mi vida. No estoy
diciendo que he dominado estos principios, ¡pero he puesto los
ojos en ellos! Esos cuatro principios son:

1. Ser un gran esposo y un gran padre

Las ocho personas más importantes de mi vida son Kim (mi
esposa) y mis siete hijos. Tengo la solemne responsabilidad ante
Dios de amar, enseñar y guiar a mi familia. Mi prioridad número
uno como padre cristiano es llevar a mis hijos a que conozcan y
amen a Jesucristo.

Tuve que aprender lo que significa ser un padre cristiano
porque en mi juventud no me dieron ejemplo de lo que es una
paternidad piadosa. Mis padres se casaron siendo adolescentes, y
nuestra vida familiar tuvo problemas. Yo era el menor de diez hijos,
y mi padre, que era pastor, abandonó a su familia y el ministerio

cuando yo tenía doce años. Mi madre mantuvo unida a la familia con su amor y sus oraciones, pero crecí con mucho resentimiento hacia mi padre ausente.

Una vez, en una reunión familiar, miré a mi alrededor y caí en la cuenta de que casi todos mis hermanos se habían divorciado. Escuche a las ex esposas contar lo difícil que les era no tener un esposo como cabeza de familia. Vi que el efecto del abandono de mi padre había trascendido a la siguiente generación. Comprendí que tenía que dejar que Jesús me librara de mi resentimiento si quería ser el tipo de padre que Dios quería que fuera.

Kim y yo nos hemos propuesto mantener firme nuestro matrimonio y familia a través de lo que llamamos las «tres C del matrimonio». Primera *C: Comunicación*. Hablamos, escuchamos, nos servimos uno a otro manteniendo abiertas las líneas de comunicación. Segunda *C: Consagración*. Tomamos en serio nuestros votos matrimoniales. Los sentimientos suben y bajan, pero sabemos que el propósito de cumplir nuestras promesas nos ayudará a pasar los tiempos difíciles. Tercera *C: Compañerismo*. El matrimonio debe ser agradable. Kim y yo tratamos de renovar nuestra amistad todos los días.

Aquel hombre llamado Aser debe haber sido un esposo y padre agradable, porque 1 Crónicas 7:40 nos dice que *todos* sus descendientes fueron «cabezas de familias». ¡Todos!

2. Ser un «hombre escogido» de carácter

Como la vida cristiana es una batalla, debemos ser hombres escogidos de carácter. Tenemos que ser hombres de bien, valientes, trabajadores, humildes y más. Tenemos que tener prioridades definidas. Tenemos que dar el ejemplo a quienes nos sucederán. Nuestros hijos tienen que ver congruencia e integridad en nosotros.

Como hombres de Dios, tenemos que estar dispuestos a humillarnos y demostrar carácter de cristiano ante los demás. Dios me señaló esto una vez cuando visité la cárcel de mujeres del Condado de Cook en Chicago para ministrar, hablar de Jesús y llevar un mensaje de esperanza a las prisioneras que estaban allí. Cuando llegué a la prisión, el capellán me dijo que no esperara muchos resultados. Tenía razón. Entré al salón y comencé a hablar de lo que el Señor había hecho en mi vida, y lo único que recibí fueron miradas duras.

Y allí fue cuando oí a Dios hablándome. Le oí decir suave y calladamente: «Mike, necesitan ver que te humillas ante ellas». Así que me arrodillé y les dije: «Me arrodillo aquí en nombre de todos los hombres que las han abandonado, lastimado y causado dolor. En nombre de esos hombres les pido perdón».

Entonces algo sorprendente ocurrió. Donde yo había visto miradas duras, vi brotar lágrimas que bajaban por las mejillas de aquellas mujeres. Vi todo el descalabro y el dolor que había en ellas. Y el Señor comenzó a extender su mano sanadora sobre sus vidas.

Aprendí el valor de un carácter humilde. Dios me enseñó lo importante que es que un hombre esté dispuesto a arrodillarse y, en el espíritu de Cristo, pedir perdón.

Aser debe haber sido un hombre de mucho carácter, porque 1 Crónicas 7:40 nos dice que *todos* sus descendientes eran «hombres escogidos» de carácter, «hombres escogidos» de Dios.

3. Ser un guerrero de Dios

El fútbol nos enseña que hay dos tipos de hombres: los guerreros y los espectadores. No me malentienda, me encanta la fanaticada. Pero un fanático no se pone el atuendo, no se pone en posición y no propina ni recibe grandes golpes. Esa es tarea de un guerrero.

En la vida, como en el fútbol, prefiero ser un guerrero a ser un espectador. Soy un guerrero contra el odio y la ignorancia, la pobreza y la injusticia. Soy un guerrero de Dios y del evangelio de Jesucristo. La vida es una batalla, y no hay batalla más intensa que la batalla *espiritual*.

Recuerdo lo que es propinar un golpe demoledor en otro juga-dor. Se siente como el golpe de un rayo. Por un momento uno siente el estallido de un calor blanco que le recorre como una luz la mente y el cuerpo. Duele, uno ve doble… ¡pero se siente mara-villoso! Me encanta la sensación de ser un guerrero, de dar todo lo que uno tiene por alcanzar la victoria. Me encanta esa intensidad que sacude cascos durante el juego.

Aser debe haber sido un intenso y fiero guerrero de Dios, porque 1 Crónicas 7:40 (NVI) nos dice que *todos* los descendientes de Aser fueron «guerreros valientes». Es más, dice que «según sus registros genealógicos eran veintiséis mil hombres, aptos para la guerra». ¡Tremendo número de guerreros!

4. Ser un líder destacado

El liderazgo es algo grande en mí. La posición que jugaba (*linebacker* central) es líder en la defensa. El *linebacker* central tiene que adivinar la estrategia de la ofensiva, pedir la formación defensiva, prever las jugadas, y entonces, cuando se suelta la pelota, eludir a los interceptores y tomar la delantera para hacer la gran anotación. Durante mi carrera de futbolista, siempre estaba tratando de mejorar mis destrezas de líder.

Tuve el privilegio de usar el emblema C de los Chicago Bears durante toda mi carrera. Después que derrotamos a los del New England en el Superbowl XX (1986), de repente recibí más atención que en toda mi vida. Fue entonces que comprendí que yo era líder en un escenario más grande que un campo de fútbol. El Señor me mostró que me había dado capacidades atléticas por una razón. Quería usarme para su gloria y conducir a otros a una eterna relación con Él. Quería que fuera líder en proclamar el mensaje de su reino.

Claro, mi liderazgo número uno es en casa. Quiero que mi esposa y mis hijos sepan sin sombra de duda que Jesucristo es mi Señor, mi Salvador y mi Líder. Mi primera lealtad es a Él, y si nunca le fallo, nunca le fallaré a mi familia. Siempre tengo este principio ante mí, y le pido a Dios que me ayude a ser un pastor para mi familia.

Aquel hombre llamado Aser debe haber sido el más grande líder de la historia humana, porque 1 Crónicas 7:40 (NVI) dice que *todos* los descendientes de Aser fueron «hombres selectos».

Ese es el mensaje de *El alma del guerrero*. Pat Williams ha hecho el extraordinario trabajo de presentarnos la vida de Aser y mostrarnos lo que significa estar bien en cuanto a estas cuatro dimensiones de una hombría piadosa. Ha escrito un libro inspirador, motivador y transformador. Métase estos principios en el corazón, póngalos a prueba en su vida y conviértase en el guerrero que Dios tenía en mente al crearlo a usted.

De veras que la vida es una batalla. *¡El alma del guerrero!* lo armará para la lucha.

El club Siete-Cuarenta

En el fin de semana del Día del Trabajo de 2004 me encontraba en Peoria, Illinois, mirando impotente las noticias del avance implacable del huracán Frances a través de la Florida. Un huracán del tamaño de Texas se dirigía de frente hacia mi casa en Orlando, y yo estaba varado en Illinois.

Había ido a Peoria como invitado de la iglesia Northwoods Community, una iglesia dinámica de tres mil miembros concebida en torno a las necesidades de los «buscadores espirituales». Después de haber hablado en los servicios dominicales matutinos, el pastor Cal Rychener me condujo al aeropuerto. Debido al huracán, el pastor Cal me acompañó hasta el mostrador de la aerolínea por si se cancelaba mi vuelo y tuviera necesidad de regresar al hotel.

Mientras esperaba en el mostrador, me dijo:

—Pat, si tienes que quedarte toda una semana en Peoria, puedes ir conmigo a nuestro club Siete-Cuarenta.

—¿El Club Siete-Cuarenta? ¿Qué es eso?

—Es un grupo de hombres que se reúnen el primer sábado de cada mes. Comenzamos a las 7:40 de la mañana, desayunamos, estudiamos la Biblia y oramos juntos.

Sorprendido, pregunté:

—¿Por qué a las 7:40? Es una hora rara para reunirse.

—Bueno —dijo—, hace un tiempo, estaba utilizando mi tiempo devocional leyendo las genealogías en 1 Crónicas, ya sabes, «los hijos de Jaflet fueron Pasac» y todos los demás. Y entonces llegué a 1 Crónicas 7:40.

—¡Ajá! —dije—. ¡*De ahí* es de donde viene el 7:40!

—Exacto —dijo—. Y cuando leía ese versículo, fue como un momento exultante. Muestra que vale la pena el esfuerzo de recorrer esas genealogías, porque son tesoros a la espera de ser descubiertos.

En ese versículo, descubrí una maravillosa declaración acerca de Aser y sus descendientes: «Todos éstos fueron hijos de Aser, cabezas de familias paternas, escogidos, esforzados, jefes de príncipes; y contados que fueron por sus linajes entre los que podían tomar las armas, el número de ellos fue veintiséis mil hombres».

Saqué mi Biblia y leí el versículo.

—¡Vaya! —dije—. ¿Dónde ha estado Aser toda mi vida? Aser tuvo veintiséis mil descendientes, ¡y en todo el grupo no hubo ningún fracasado ni ninguna oveja negra!

Al volver a leer el versículo, capté estos hechos: los descendientes de Aser fueron «cabezas de familias». En otras palabras, fueron esposos y padres fieles a Dios. Y eran hombres «escogidos», hombres íntegros y de un carácter de primera calidad. También eran guerreros valientes, hombres «esforzados» con sólidas convicciones, dispuestos a defender sus ideas. Y eran, «jefes de príncipes». En resumen, ¡los descendientes de Aser eran todo de lo que yo había estado hablando y escribiendo por años!

¡Qué descubrimiento! Y de no haber sido por un huracán en la Florida, es probable que nunca hubiera oído hablar de Aser, y ahora no habría nadie que leyera este libro.

LOS CAMPOS DE BATALLA DE LA VIDA

Cuando Dios nos dice en su palabra que todos los descendientes de Aser (¡todos ellos!) llegaron a ser «cabezas de familias paternas, escogidos, esforzados, jefes de príncipes», está muy claro que Aser fue un hombre especial. Debe haber habido una razón por la cual Aser y sus descendientes fueron tan íntegros en estas cuatro dimensiones del hombre fiel a Dios: paternidad, carácter, valor y liderazgo.

Dios nunca desperdicia sus lecciones. Habla de manera intencional de Aser y de su tribu, aunque su descripción de Aser se condensa en un solo versículo de la Biblia. Dios sin duda alguna quiere que tomemos nota de Aser y que aprendamos algunas lecciones importantes de ese personaje, por mucho tiempo ignorado pero en extremo significativo, de la historia del Antiguo Testamento. Creo que Dios quiere que todos nosotros, como hombres de Dios, lleguemos a ser descendientes espirituales e imitadores de Aser, íntegros en las cuatro dimensiones del hombre fiel a Dios. Quiere que incorporemos a nuestras vidas estos conceptos sencillos pero transformadores, que yo llamo los «principios de Aser».

Por esto he escrito *El alma del guerrero*. He tratado de que este libro sea práctico, lleno de ideas que se puedan aplicar de inmediato. Estos principios no tienen su origen en una torre de marfil ni en un círculo de expertos. Proceden de las profundidades de la Palabra de Dios, de los campos de batalla de mi propia vida, y de las experiencias de la vida real de hombres que he conocido y de los que he aprendido.

¿Alguien se ha sentido alguna vez como un fracaso como hombre, esposo y padre? Yo sí. He pasado por dificultades en mi carrera, por dificultades en mi matrimonio, un divorcio y más crisis como padre que las que nadie puede imaginar. En caso de que algunos no lo sepan, soy «papá» de diecinueve hijos: cuatro por nacimiento, catorce por adopciones internacionales y uno por un segundo matrimonio. Por esta razón nadie va a sentir que lo censuro por sus dificultades, sólo que tengo cierta comprensión por «haber estado ahí, haber hecho esto».

En este libro, irán adquiriendo una idea de por qué fue Aser un hombre tan íntegro y fiel a Dios. Si bien la Biblia no nos da muchos detalles de la vida de Aser, sí sabemos mucho acerca de su carácter. No hubiera podido tener tantos descendientes sólidos, fieles a Dios, de no haber poseído estos rasgos.

Intercalados entre los capítulos de este libro se encuentran varios pasajes de ficción que describen la vida de Aser en forma imaginaria. Aunque estas situaciones son inventadas, son coherentes con lo que sabemos de la vida de Aser y de su época. Espero que estas secciones, fruto de la ficción, ayuden a que, en la imaginación de los lectores, adquiera más vida este luchador llamado Aser.

HOMBRES QUE INFLUYEN Y BENDICEN A GENERACIONES

En un fin de semana de 2004 tuve un encuentro transformador en Peoria, Illinois. Dios me condujo a mil quinientos kilómetros de mi casa y permitió que un huracán se atravesara en mi camino para lograr que descubriera los principios de Aser.

Y así como Dios no me condujo a Peoria por accidente, este libro no ha ido a parar a las manos de los lectores por accidente. Estoy convencido de que Dios desea que todos nosotros comprendamos que cada uno ocupa un lugar estratégico en la historia: en nuestra historia familiar, en la historia del mundo, en el plan de Dios para la historia humana. Cada uno de nosotros es un «Aser», un nexo humano entre el pasado y el futuro. Dios quiere que lleguemos a ser la clase de hombres que influirán en las generaciones venideras y serán de bendición para ellas.

Desde mi transformadora visita a Peoria, todos los días he estado aprendiendo todo lo que puedo acerca de Aser, un hombre cuya piadosa influencia llegó más allá de su vida en este mundo. He pensado acerca de él, he estudiado la época y cultura en las que vivió, y he venido descubriendo todo lo que se puede saber acerca de él. Lo que mi investigación ha producido es esto:

- *Su familia de origen:* Aser fue el octavo hijo de Jacob. Su madre fue Silpa, la criada de una de las esposas de Jacob, Lea. El único hermano de padre y madre de Aser fue su hermano mayor Gad.
- *El significado de su nombre:* «Aser» significa «feliz». Génesis 30:13 nos dice que cuando Silpa, la criada de Lea, dio a luz, dijo: «Para dicha mía; porque las mujeres me dirán dichosa». Así que Lea, la esposa de Jacob, le puso por nombre Aser al niño, o sea, «feliz». En cierto sentido, este niño feliz llamado Aser tuvo dos madres que lo cuidaron, Lea y Silpa.
- *Las profecías de Jacob y Moisés:* Cuando Jacob bendijo a sus doce hijos en Génesis 49, predijo: «El pan de Aser será substancioso, y él dará deleites al rey» (v. 20). En Deuteronomio 33:24-25, también Moisés bendijo a Aser y a su tribu: «Bendito sobre los hijos sea Aser; sea el amado de sus hermanos y moje en aceite su pie. Hierro y bronce serán tus cerrojos, y como tus días serán tus fuerzas». Las dos profecías se cumplieron a plenitud

en la historia de Israel. La tribu de Aser fue dueña de tierras fértiles plantadas de olivares, de manera que los descendientes de Aser siempre dispusieron de aceite de oliva abundante y de riquezas. De hecho, las tierras que en otro tiempo pertenecieron a la tribu de Aser siguen siendo en la actualidad regiones con abundancia de olivares.

- *El carácter de Aser:* Si bien la Biblia nos dice muy poco acerca del carácter de Aser, la literatura rabínica judía nos dice que Aser fue un hombre honesto y honorable. Según la tradición, Aser fue el único hijo de Jacob que siempre procuró resolver disputas y reconciliar a hermanos pendencieros. Desde tiempos antiguos, la tradición religiosa judía vio en Aser un ejemplo notable de un hombre virtuoso que se centró en llevar paz a su familia y en desarrollar relaciones entre sus hermanos.

- *Calidad, no cantidad:* La tribu de Aser de veintiséis mil hombres no fue la más numerosa de las tribus de Israel, pero los descendientes de Aser fueron hombres «escogidos», la flor y nata. Se conocía a los aseritas por su calidad, no por su cantidad.

Aser y sus descendientes fueron hombres de honor, virtud, fortaleza e influencia. La forma en que vivieron fue una bendición para las generaciones que los sucedieron. No vivieron para sí mismos ni para el momento. Vivieron para todas las épocas. Vivieron para sus hijos, sus nietos, e incluso para las generaciones de descendientes que nunca llegarían a conocer.

Hace casi un siglo, un escritor de nombre F. M. Bareham hizo una profunda observación acerca del año 1809. Este fue el año en que todo el mundo estaba esperando noticias de la guerra de Napoleón contra Austria. La gente pensaba que la historia de la civilización giraba en torno a si Napoleón ganaba o perdía esa guerra. Cien años después, las hazañas de Napoleón en el campo de batalla habían caído en un olvido casi total. Sus fuerzas lucharon contra el ejército austriaco hasta llegar a un punto muerto, y su impacto en la historia fue muy limitado.

Pero durante 1809 sucedieron otros eventos, eventos que pasaron casi del todo desapercibidos en ese tiempo, pero que afectaron la forma en que vivimos en la actualidad. ¿Qué sucedió en 1809 que cambió tanto el curso de la historia? ¡Nacieron niños! Abraham Lincoln nació en 1809. Como decimosexto presidente de los Estados Unidos de América, Lincoln lideró a la Unión durante la Guerra Civil y liberó a los esclavos. Nuestras vidas serían muy diferentes hoy de no haber nacido. Charles Darwin nació en 1809. El naturalista británico revolucionó el pensamiento científico con su teoría de la evolución por selección natural. Otros grandes personajes que nacieron en 1809 fueron William Gladstone, estadista inglés y reformador del gobierno de su país; Oliver Wendell Holmes padre, el famoso físico estadounidense y padre del juez de la Corte Suprema Oliver Wendell Holmes hijo; el gran poeta inglés Alfred, Lord Tennyson; el compositor alemán Félix Mendelssohn; Louis Braille, inventor del sistema Braille de escritura para los ciegos; y el poeta y cuentista estadounidense Edgar Allan Poe.

F. M. Bareham concluía: «¿Qué batallas de 1809 tuvieron más importancia que los niños nacidos en 1809?»[1]. Es verdad. Dios logra sus propósitos por medio de personas, y todas las personas en el mundo comienzan la vida como niños.

Hace más de tres mil años, una princesa egipcia encontró a un bebé hebreo que flotaba en una pequeña cesta. Ese bebé llegó a ser Moisés, el legislador, que liberó a Israel de la esclavitud. Y hace más de dos mil años nació otro bebé hebreo en un pequeño poblado llamado Belén. Ese niño llegó a ser Jesús el Salvador, que murió en la cruz y nos liberó de la esclavitud del pecado. Como dijo alguien en cierta ocasión, cuando Dios quiere hacer algo grande en el mundo, envía a un niño para que lo haga.

Aser entendió este principio y vivió de acuerdo con él. Fue un hombre íntegro y fiel a Dios, ejemplo pleno de cuatro dimensiones cruciales del hombre: paternidad, carácter, valor y liderazgo. Por medio de él, Dios trajo al mundo a generaciones de hombres piadosos, hombres que moldearon la historia para hacerla mejor. Y cada uno de esos hombres comenzó como un niño.

El legado por tanto tiempo olvidado de Aser ha sido descubierto de nuevo, ¡en Peoría, Illinois! Ahora el legado ha llegado a cada una de nuestras ciudades y a nuestra propia vida. Sigan leyendo conmigo y aprendan cómo pueden formar parte del legado espiritual de Aser. Aprendan cómo pueden llegar a ser guerreros fieles a Dios como Aser, hombres que bendicen a los niños e influyen en las generaciones.

Nota

1. F. M. Bareham, citado en Spencer W. Kimball, *Faith Precedes the Miracle: Based on Discourses of Spencer W. Kimball* (Deseret Book Company, 1972).

1.ª Dimensión
PATERNIDAD

IMAGINEMOS UN PADRE...

Aser y sus cuatro hijos estaban dedicados a su trabajo en el viñedo situado en la ladera de una colina desde la que se divisaba un verde valle. Los músculos de los brazos de Aser y su torso brillaban de sudor. Era alto, delgado, llevaba barba y tenía el cabello negro largo que le llegaba hasta los hombros. Trabajaba con mucha destreza podando vides y eliminando de ellas el exceso de ramaje. Sus tres hijos mayores, Imna, Isúa e Isúi, estaban haciendo lo mismo en la hilera siguiente. La cantidad de vides que podaban en una hora entre los tres, las cortaba Aser solo en el mismo tiempo.

—¿Por qué tenemos que podar estas vides? —preguntó Isúi, de apenas once años, el tercero de los hijos mayores. Era delgado y de piel algo oscura, y su cara mostraba siempre que le gustaba pensar. Aser había puesto apodos a cada uno de sus cuatro hijos, y a Isúi lo llamaba «el filósofo» porque lo preguntaba todo.

—Podamos las vides —le respondió Aser— para que el viñedo dé más fruto.

—¿A qué se debe esto? —preguntó Isúi—. Si uno quiere más uvas, tendría que dejar crecer más la vid, en vez de recortarla.

—Esto es una tontería —se mofó Imna, el mayor de los hermanos con sus diecisiete años. Era un joven de aspecto recio, de cuello muy grueso y brazos musculosos. Aser le había puesto el apodo de «el cacique» porque mandaba a sus hermanos.

—¡Calla, Imna! —lo reconvino Aser—. Isúi, podamos las vides para someter el viñedo a disciplina. Hay que obligar a las vides a que trabajen más si uno quiere obtener más fruto. Si no se podan las vides, se vuelven perezosas. Producen demasiados sarmientos, demasiadas hojas, y pocas uvas. ¿Lo entiendes ahora?

—Me parece que sí —respondió Isúi—. Pero ¿por qué plantas el viñedo en una ladera? Sería más fácil trabajar en él si el terreno fuera plano.

—La ladera tiene un buen drenaje —afirmó Aser—, y al estar expuesto el viñedo hacia el sur hace que las uvas reciban mucho sol de manera que crecen más y son más dulces.

—Ahí viene Sera —dijo Isúa, el segundo de los hijos—. Nos trae agua. Isúa era el que tenía la vista más penetrante, el hijo de mente rápida y estratégica, y un corazón audaz. Aser le había puesto el apodo de «guerrero». Aunque apenas entrado en la adolescencia, Isúa era muy hábil con el arco y las flechas, y podía sacarle un ojo a un ruiseñor a centenares de metros.

Aser se protegió los ojos para echar un vistazo al valle, a la casa, al molino de aceite, a la cisterna de piedra, pero no vio a Sera por ningún lugar.

—¡Ahí está!— Por fin vislumbró la punta de la cabeza de la pequeña Sera. Estaba cerca del pie de la colina, caminando entre dos hileras de vides, oculta casi por completo. Aser nunca dejaba de sentirse sorprendido ante la agudeza visual de Isúa. Un día ese muchacho iba a ser un gran guerrero.

Aser y sus hijos siguieron trabajando en silencio. Cortaban las parras, avanzaban por el surco, cortaban más parras.

—Padre —dijo Isúi, el filósofo—, ¿somos pobres?

—Claro que no —respondió Aser—. El Señor nos da una cosecha abundante cada año, más de lo que necesitamos. Tenemos este viñedo, huertas de higueras hacia el norte, olivares hacia el oeste y campos de trigo en el valle. Somos muy bendecidos, hijo mío.

La respuesta no pareció satisfacer al filósofo.

—Padre, me parece que somos pobres —afirmó—. Si fuéramos ricos, no tendríamos que trabajar tanto.

—El trabajo es una bendición del Señor, Isúi —respondió Aser.

—¡Pero trabajamos todo el tiempo! ¡Nunca se acaba! —dijo Isúi—. En invierno, podamos las vides. El mes siguiente, podamos los olivos. En primavera, hay que amarrar los sarmientos con las uvas y hay que sembrar el trigo. En verano, recogemos la cosecha de trigo. En otoño, recogemos las uvas, los higos y las aceitunas. Si debemos trabajar siempre, ¡entonces debemos ser pobres!

—No es el trabajo lo que hace que alguien sea pobre —respondió Aser—. Solo la pereza es la causa. ¿Por qué dices todo esto, Isúi? ¿Acaso alguien te ha dicho que somos pobres?

Isúi asintió:

—Arad lo dijo.

Aser frunció el ceño.

—¿Arad? ¿El hijo de Elcana, el artesano en metales?

—Dice que su familia es rica —dijo Isúi—, porque su padre compra plata de Tarsis y oro de Ufaz. Arad dice que nunca tiene que podar vides ni recolectar higos porque su padre es rico.

—El artesano en metales comercia con oro y plata —comentó Aser—. Yo comercio con uvas e higos, trigo y aceite. La familia de Elcana es rica en algunas cosas. La familia de Aser es rica en otras.

En ese momento, Aser oyó la voz cantarina de Sera, que le llegó muy diáfana.

—No hay nadie santo sino el Señor —cantaba la niña—. ¡No hay otro más que tú! ¡No hay otra fortaleza como nuestro Dios!

Unos instantes después, Aser vio que su hija se acercaba por el surco de vides recién podadas. La pequeña Sera era delgada y graciosa, con grandes ojos castaños como los de una gacela. Su cabello negro azabache y piel morena contrastaban con la tela blanca de su túnica. Llevaba en un hombro un palo corto con odres de agua amarrados en ambas extremidades. Sus pasos iban al compás de su canción.

—Aquí viene mi ángel —dijo Aser, utilizando el nombre cariñoso que le aplicaba. Hincó una rodilla y dejó el cuchillo en el suelo, y luego abrió los brazos.

—¡Ven acá, angelito! ¡Dale un abrazo a tu papá!

Sera dejó en el suelo los odres de agua y se arrojó en los brazos de Aser.

—¡Papá! ¡Papá!

Sus brazos la rodearon y la niña comenzó a hacer fuerza para liberarse.

—¡Ay! ¡Estás todo sudado! ¡Y también hueles mal!

Aser se rió y comenzó a hacerle cosquillas.

—¡Este es el mal olor de un buen trabajador! ¡Si no oliera tan mal, la familia no comería tan bien!

—¡No me importa! ¡Suéltame!

Con una risita, la soltó. La niña retrocedió, tapándose la nariz, pero sonriendo satisfecha. Sin importar cómo oliera, Sera amaba a su papá.

Aser recogió los odres de agua y le arrojó uno a su hijo mayor. Luego abrió el otro y bebió con avidez. El agua estaba fría y limpia. Le dejó en la boca un ligero sabor de piedra de cisterna y de piel de cabra.

—¡Papá! —dijo la voz de un muchachito.

Aser bajó la mirada y vio a su hijo menor, Bería, de pie a sus espaldas, lamiéndose sus labios resecos. Demasiado pequeño para manejar un cuchillo de podar, Bería ayudaba llevándose los esquejes para irlos amontonando hasta que los quemaran.

—¡Tengo sed, papá! —dijo el pequeño.

Aser sonrió y le dio a su hijito el odre de agua.

—Aquí tienes, cachorro —dijo—. Has estado trabajando más que nadie. Bébete lo que queda. Te lo has ganado.

Bería tomó el odre que su padre le ofrecía. Se bebió todo lo que quedaba, procurando no derramar ni una sola gota.

Cuando los hijos de Aser hubieron vaciado los dos odres de agua, se los devolvieron a Sera. Antes de que se fuera, Aser abrazó a su hijita y la besó en la mejilla. Sera gritó y trató de escabullirse.

—¡Ay! ¡Hiedes! ¡Suéltame!

Aser la soltó y la niña recogió su palo y se alejó bailando, riéndose. Después de recoger su cuchillo de podar, Aser se dirigió a sus hijos.

—¡Volvamos al trabajo!

Padre e hijos volvieron a su tarea.

Al cabo de un tiempo, Isúa, el guerrero, rompió el silencio.

—Padre —dijo—, he escuchado que los madianitas han estado saqueando las fincas alrededor del valle Jezreel. Dicen que mataron a doscientos en el desfiladero cerca de Meguido.

—He oído las mismas historias —dijo Aser.

—¿Crees que los madianitas vendrán a nuestro valle? —en la voz de Isúa no había temor, sino emoción.

—No estés tan deseoso de luchar, hijo mío —dijo Aser—. Si los madianitas vienen, estaremos preparados. Pero oro para que no vengan.

—Yo oro que vengan —respondió Isúa.

—¿Por qué nos odian los madianitas, padre?, preguntó Isúi, el filósofo.

—Nos odian porque adoramos al Dios Altísimo —respondió Aser—. Sus dioses son ídolos muertos hechos de latón.

—¿Tendremos que luchar contra ellos? —preguntó Isúi, con la voz algo temblorosa.

En el firmamento, una nube tapó el sol. La ladera se fue oscureciendo.

—Si vienen —dijo Aser—, mis hijos son fuertes y valientes. Nuestro Dios está con nosotros. Somos guerreros.

SER PADRE PARA LOS HIJOS

Nací en Filadelfia en 1940. Mis padres me pusieron el nombre de Patrick Livington Murphy Williams, todos ellos nombres escoceses-irlandeses que pudieron caber en un certificado de nacimiento. Cuando tenía un año y medio, los japoneses bombardearon Pearl Harbor. Mi padre quiso contribuir al esfuerzo del país en la guerra que se desencadenó, pero su edad y su visión deficiente no le permitieron ir a combatir.

Cuando cumplí tres años, me dio un guante de béisbol por mi cumpleaños. Poco después, se enroló en la Cruz Roja Americana y lo enviaron al Pacífico. Regresó a casa hacia finales de 1945. Recuerdo que mi madre, mis hermanas y yo fuimos a esperarlo en la estación del tren. Esa persona extraña era mi padre.

Jim Williams era un hombre tranquilo, tolerante, que trabajaba mucho y amaba a su familia. Era riguroso, pero preocupado por nosotros. Yo respetaba su autoridad y rara vez lo hacía enfadar. Para las pocas veces que por tonterías provoqué su enojo, papá guardaba en la pared de la cocina una paleta de pintar, su «persuasivo para Patrick».

Yo tenía siete años cuando nació mi hermana menor, Mary Ellen. Para entonces, ya tenía dos hermanas y ningún hermano, y en realidad deseaba tener un hermanito con quien jugar a la pelota. No sabía que el nacimiento de Mary Ellen se vería acompañado de problemas profundos. Solo más tarde comprendí que había nacido con un grave retardo mental, lo que ahora llaman discapacidades cognitivas.

Mis padres se enfrentaron juntos a este desafío y se involucraron en actividades de recaudación de fondos para ayudar a educar a los habitantes de Delaware acerca de los niños con síndrome de Down. Mi padre y su amigo Bob Carpenter, propietario de los Phillies de Filadelfia, fueron cofundadores de un torneo anual de fútbol en beneficio de la investigación y la atención para retrasados mentales.

Mientras iba creciendo en Wilmington, Delaware, mi padre enseñaba en la escuela Tower Hill, entidad educativa privada donde también era entrenador. El puesto de papá no lo pagaban bien, pero por lo menos me pudo enviar a Tower Hill sin costo alguno. Cuando estaba en sexto grado, mi padre salió de esa escuela y comenzó a vender seguros. Me sentí desolado. ¡Cómo podía alguien dejar de ser *entrenador* solo para hacer algo tan aburrido como *vender seguros*! Pero papá ganaba bien en el negocio de seguros debido a su personalidad agradable y serena.

Papá hablaba con frecuencia del valor de trabajar con dedicación. Por seis años se estuvo levantando temprano para ayudarme a hacer el recorrido de entrega de periódicos. También iba a mis juegos, durante los que tomaba muchas fotografías y filmaba con su grabadora. Gritaba y chillaba, y le decía a todo el mundo: «¡Ese es mi hijo!». ¡Me hacía sentir incómodo! Pensaba: *¡Vamos, papá, cállate! ¿Qué van a pensar mis compañeros?* Pero recordando todo esto, me doy cuenta de lo dichoso que fui de tener un padre que se involucrara tanto.

¡PAPÁ, ERES IMPORTANTE!

Cuando estaba investigando para un libro anterior, *Coaching Your Kids to be Leaders*, realicé más de ochocientas entrevistas con hombres y mujeres de todos los estratos sociales[1]. Una pregunta que hice fue: «¿Quién influyó más en su vida?». La respuesta que obtuve una y otra vez fue «Mi padre». Esto no minimiza para nada la influencia de las madres. Las madres desempeñan un papel enorme en moldear el carácter de los hijos, su sentido de seguridad y bienestar emocional. Pero creo que los padres tienen el papel más

Si usted es padre, sepa que es importante.
Es una parte insustituible e indispensable
en la vida de su hijo.

importante a desempeñar en cuanto a ayudar a los hijos a enfrentar los desafíos, obstáculos, peligros y duras realidades de la vida.

Mi papá, Jim Williams, fue mi primer y más importante modelo. Me llevó a mi primer juego de grandes ligas cuando tenía siete años. Todavía guardo recuerdos muy vívidos de ese juego, los Indios de Cleveland contra los Atléticos de Filadelfia en un doble juego en Shibe Park. Me desgañité, engullí perros calientes y me convertí en fanático de los deportes por el resto de mi vida. Esa tarde definió el curso de mi vida de adulto. He vivido mi vida en el mundo de los deportes porque mi padre me imbuyó el amor por las competencias atléticas.

Mi papá fue mi primer entrenador. Mis primeros y más entrañables recuerdos son de tiempos que pasé con él en el vestidor de Tower Hill o en el banco junto al terreno de juego. Lo escuché exhortando y motivando a los jugadores y absorbí su entusiasmo, sus ideales y sus valores. Si mi padre no hubiera regresado de la guerra, o si no hubiera sido un padre amoroso, positivo, involucrado, mi vida sería muy diferente hoy.

Los niños necesitan a sus papás. Si el lector es padre, sepa que es importante. Es una parte insustituible e indispensable en la vida de su hijo. Voy a referirme a un jugador muy famoso que creció sin padre.

En mayo de 2005, el tercera base de los Yankees, Alex Rodríguez, le reveló al mundo que tenía algunos problemas graves, problemas que ni siquiera los $252 millones de su contrato podían solucionar. Debido a estos problemas, el jugador mejor pagado en béisbol había estado viendo a dos terapeutas.

Rodríguez, mejor conocido como «A-Rod» nació de padres dominicanos en la ciudad de Nueva York, no lejos del estadio de los Yankees. Sus padres regresaron a la República Dominicana por un tiempo, y luego se trasladaron a Miami. De su padre, jugador semiprofesional de béisbol, el joven Alex aprendió el gusto por el juego. Pero su padre le infligió una de las heridas más graves que puede sufrir un niño. Cuando tenía nueve años, su padre abandonó a la familia.

La madre de Alex lo educó tanto a él como a sus otros dos hijos con dos trabajos; era secretaria de día y mesera de noche. Alex ayudaba a su mamá a contar las propinas todas las noches. El dolor del rechazo de su padre lo persiguió durante toda su infancia y también ya de adulto. «Pensaba que iba a regresar», le contó a un entrevistador. «Pero nunca regresó. Todavía duele».

Algunos podrían decir que el éxito fenomenal de A-Rod como jugador de béisbol se puede atribuir, en parte, al dolor que sufrió a los nueve años. Pudiera ser que el desprecio de su padre lo impulsara a buscar alabanzas, atención y aclamación de las multitudes. Quizá el vacío en su interior lo espoleó a ser un gran jugador de béisbol. ¡Pero a qué precio se consigue la fama!

El mundo está lleno de niños abandonados, olvidados, huérfanos, y muy pocos de ellos han alcanzado jamás la grandeza. De hecho, demasiados de ellos ahora llenan nuestras cárceles, casas de drogas, albergues para los vagabundos y las cunetas. El abandono que experimentaron no los impulsó hacia lo alto; los arrastró hacia lo más profundo.

¿Cómo llegó A-Rod a ser grande a pesar del dolor? Daría el crédito que se merecen a los dos hombres que pasaron a ocupar el lugar que su padre había dejado vacío. Uno fue el padrastro de Alex, quien lo estimuló a buscar solución a su ira con entrenamiento físico. Este hombre lo llevaba todos los días a la escuela dos horas antes. Desde las cinco hasta las siete de la mañana, Alex se ejercitaba en el gimnasio, haciendo planchas, abdominales, levantamiento de pesas y jugando a la pelota.

El otro padre sustituto en la vida de A-Rod fue Eddie «El Gallo» Rodríguez, el mentor de Alex en el Boys and Girls Club en Miami (a pesar del apellido, El Gallo y A-Rod no son parientes). Debido al impacto que El Gallo tuvo en su vida, A-Rod ha regalado un millón de dólares a los Clubes en todo Estados Unidos de América.

Aunque el padre de A-Rod lo hirió, los padres sustitutos le mostraron cómo canalizar su dolor hacia el logro de metas. El dolor sigue ahí, por eso está en terapia. Pero el dolor no lo destruyó, porque tuvo en su vida esos dos hombres que se preocuparon por él.

Todos los niños necesitan un padre (o un padre sustituto). El vínculo genético no importa. Todo lo que importa es el vínculo emocional, el apoyo y el amor. Todos los niños necesitan a un padre que les diga: «Tú vales. Puedes lograr todo lo que te propongas, y yo estaré ahí para ayudarte siempre».

EL DEBER NÚMERO UNO

La leyenda de la NBA Karl Malone (Jazz de Utah, Lakers de Los Ángeles) es posible que haya sido el mejor central que jamás haya jugado en baloncesto profesional. También es un padre excelente. «Nos sentamos aquí alrededor de la piscina», dijo en cierta ocasión cuando todavía jugaba. «Mis hijos juegan y eso me hace muy feliz. Les pregunto: "Muchachos ¿quieren ver a su papá jugar baloncesto hoy o prefieren ver el programa *Aladino* en TV?". Responden: "*¡Aladino!* ¡Que te vaya bien en el juego, Papá!"».

«Eso me ayuda a verlo todo en perspectiva, porque para mis hijos, yo solo soy su papá. Dudo de que mis hijos vayan a recordar a su papá jugando baloncesto. Lo que recordarán es que salí a caminar con ellos, fui a nadar con ellos, los arropé por las noches. Para mí, eso es lo que importa».

Esto es lo que importa para todo padre. Muchos padres muy ocupados y exitosos piensan que lo que los define es el trabajo que hacen, sus cuentas bancarias, sus títulos, sus descripciones de puesto, sus premios. Pero como dijo en cierta ocasión el comentarista de noticias Carl Thomas: «He conocido a cinco presidentes, he viajado por casi todo el mundo, he vivido la experiencia embriagadora de que me pidan autógrafo, y he disfrutado de las alabanzas que me han prodigado unas cuantas personas. Nada de esto ha significado tanto como los abrazos y besos que he recibido de mis hijos (¡y de mi mujer!) y de los reconocimientos voluntarios de su amor por mí. Esto no se pude colgar de la pared para impresionar a colegas, pero uno lo puede ocultar en el corazón para que sirva de consuelo en la vejez».

El Dr. David Jeremiah, pastor principal de la iglesia Shadow Mountain Community cerca de San Diego, California, es padre y abuelo. «Hay otros que pueden ser consejeros», dijo en cierta ocasión, «otros que pueden tomar decisiones personales, otros que pueden dirigir la organización, pero hay solo un hombre en todo el mundo que puede ser padre para mis hijos, y ese soy yo. Es importante que yo sea ese padre mientras tenga la oportunidad».

El empresario millonario Jeno Paulucci creó más de setenta negocios o marcas durante su carrera de siete décadas: Cheng

King, Jeno's, Luigino's, Michelina's, Budget Gourmet, y muchos más. Fungió como asesor para todos los presidentes del país desde Eisenhower hasta George W. Bush. «Si tuviera que volver a vivir mi vida», dijo en cierta ocasión Paulucci, «lo haría diferente. ¿Por qué? Porque nunca llegué a conocer a mi familia. Tengo tres hijos estupendos, cuatro maravillosos nietos, y una magnífica esposa por cuarenta y un años. Cuando uno trabaja siete días a la semana, luchando por sobrevivir, luchando por crecer, uno sacrifica algo. Creo que el sacrificio fue demasiado grande por conseguir que se me incluyera en la lista de *Forbes*. Hubiera preferido romper el diploma de *Forbes* y haber crecido con mis hijos, porque la vida es demasiado corta».

Estos cuatro líderes del mundo de los deportes, los medios de comunicación, la religión y los negocios están diciendo lo mismo en formas diferentes. ¿De qué sirve la fama, una oficina en lugar privilegiado o unos ingresos de seis dígitos si somos como extraños para nuestra familia? Ninguna cantidad de éxito puede compensar el fracaso en el hogar.

No hace mucho, estaba sentado en medio de todo el esplendor decorativo del gran salón de baile del Hotel Willard Inter-Continental, apenas a dos cuadras de la Casa Blanca. La oradora anunciada era la Primera Dama Laura Bush. *¿Qué estoy haciendo aquí?*, me pregunté. *¡Soy un par de zapatos viejos de carreras en una sala llena de esmóquines!*

Era el 19 de abril de 2005, y la Iniciativa Nacional de Paternidad (NFI, en inglés) me había invitado a su Gala Anual de Premios de Paternidad en Washington, D.C. Junto con la estrella de música «country» Buddy Jewell, el analista de Fox News, Fred Barnes, y el defensa de los Halcones de Atlanta, Allen Rossum, asistía para recibir un premio que se daba a hombres que eran ejemplos de paternidad comprometida y participativa. Bueno, pensé, quizá me dan el premio por cantidad, no por calidad.

Claro que no hay muchos hombres en el mundo que sean «papá» para diecinueve hijos. Pero repasando mis años como padre, estoy muy conciente de las veces en que fallé, las veces en que hubiera debido escuchar más y hablar menos, las veces en que hubiera debido dar un mejor consejo u orientado con una mano más firme. Pensé: *Vaya, si algunas buenas personas de la NFI pudieran ver algunos de los errores de grandes dimensiones que he cometido como papá, no me darían un premio, ¡me harían salir del edificio!*

Fue una velada especial. Primero, el cantante Cincere de R&B interpretó una canción titulada «Daddy» con un coro de niños que cantaron el estribillo «Papi, Papi, Papi, ¡ven a casa!». Está bien, lo admito, esa canción me produjo un nudo en la garganta e hizo que se asomara una lágrima en mis ojos.

Luego la Primera Dama se levantó para hablar. «Por todos los Estados Unidos de América», dijo, «veinticuatro millones de niños viven lejos de sus padres. El 40% de estos niños no han visto a sus padres en el último año. Como ha dicho Roland Warren, "Los niños tienen un vacío en su alma del tamaño de sus padres"».

«Las estadísticas nos dicen que cuando los niños crecen sin una mamá y un papá en la casa, es más probable que se atrasen en la escuela, que experimenten con drogas y alcohol, que tengan problemas con la ley. Y los muchachos que crecen sin padres es más probable que lleguen a ser padres a edad temprana, perpetuando un ciclo de paternidad ausente que tiene consecuencias terribles, generación tras generación. La evidencia es clara: los hijos necesitan padres en sus vidas».

La Sra. Bush habló acerca de haber visitado un lugar llamado Rosalie Manor en Milwaukee, que tiene un programa llamado Today`s Dads (Padres de Hoy). El programa asesora a padres adolescentes para que lleguen a ser padres responsables. Habló acerca de Ken, uno de los jóvenes que conoció en el programa Today's Dads.

Ken creció con padres drogadictos, rodeado de una cultura de crimen y abuso de drogas. Cuando su novia quedó embarazada, Ken decidió que quería que su hijo tuviera una vida mejor que la suya. Con la ayuda del programa Today's Dads, Ken dejó de vender drogas y consiguió un trabajo de entrega de pizzas a domicilio. Trabajando de noche, podía estar en casa con el bebé durante el día. La paternidad es una lucha diaria para Ken. Vender drogas le producía dinero fácil; entregar pizzas era un trabajo duro. Pero Ken quiere ser un hombre, y un padre.

«Todos los padres se enfrentan a desafíos, sin tener en cuenta sus circunstancias», concluyó la Primera Dama. «El padre que está ausente porque está en la cárcel o el que está ausente porque trabaja ochenta horas a la semana tienen ambos hijos que desean poder ver más a sus padres».

Es verdad. Si uno es padre, entonces se debe ser padre en la práctica. Ninguna otra meta ni obligación en nuestra vida ni siquiera se le acerca. La paternidad es nuestra labor número uno. Este mensaje no es solo el de Pat Williams. Es el mensaje y legado de la vida de Aser. Es el mensaje que brota directamente del corazón del Padre por antonomasia, Dios mismo.

TODO NIÑO NECESITA UN PADRE

Mientras estaba escribiendo este libro, viví una experiencia fascinante. Tenía dos compromisos el mismo día para hablar a sendos grupos de jóvenes. A las 8:45 de la mañana hablé a alrededor de trescientos estudiantes que habían venido a Orlando de todas partes del sureste de los Estados Unidos de América. Estaban entre los jóvenes más brillantes y agudos del país, y habían acudido para asistir a un programa intensivo de liderazgo de cuatro días de duración en la Universidad de Liderazgo de Estudiantes. Esta universidad la había fundado mi amigo Jay Strack, y es uno de los mejores programas de formación de liderazgo en el país. El evento se celebró en un hermoso hotel en International Drive.

Después de mi charla, me reuní con la mayor parte de los jóvenes y quedé muy impresionado. Poco después conduje hacia mi siguiente parada, a apenas unos kilómetros de distancia. También ahí la audiencia la conformaban en su gran mayoría adolescentes, pero con una gran diferencia. Estos jóvenes estaban en la cárcel del condado de Orange.

Con unos tres mil quinientos reclusos, esa institución es la quinceava instalación más grande de su clase en el país. Fui allá para hablar a treinta jóvenes que habían sido encarcelados por

Si usted es padre, debe serlo en la *práctica*. Ninguna otra meta ni obligación en la vida ni siquiera se le acerca.

una serie de crímenes: venta de drogas, robos con allanamiento de morada, asalto a mano armada y, en algunos casos, homicidios.

El capellán de la cárcel, Bernard Fleeks, me dio detalles de la vida de esos jóvenes delincuentes. Había dos hilos comunes que estaban presentes en casi todos los casos: primero, en sus hogares no había un padre. Segundo: esos delincuentes habían sucumbido a la presión de sus iguales. De pie delante del grupo, pensé, *¡No lo puedo creer! ¡Todos parecen como niños!*

Uno de ellos era un joven de dieciocho años que había sido condenado a cadena perpetua por haber participado en un homicidio. Le dijo al capellán Fleeks: «¡Yo no lo hice!». Y es probable que dijera la verdad. Pero estuvo en la escena del crimen y lo atraparon, de manera que iba a pagar por ese error por el resto de su vida.

El capellán Fleeks me dijo que les había pedido a todos ellos que escribieran un ensayo sobre cómo se sentían en cuanto a sus vidas. Casi todos esos ensayos expresaban amargura por un padre que no había estado presente o no se interesaba o era abusivo. Se envió el ensayo que ganó el primer premio a los medios de comunicación. Alguien de los medios procuró encontrar al padre del joven delincuente que lo había escrito. Este padre sentía remordimiento y admitió que había sido negligente con su hijo. De hecho, le escribió a su hijo y dijo, en efecto: «Sé que te hice daño con mis negligencias. Todo el tiempo que estuviste creciendo, yo estaba en las calles haciendo las mismas cosas que te tienen en la cárcel. Lo siento. Ojalá hubiera hecho las cosas de otra manera».

Mi amigo Bill Glass, uno de los grandes jugadores de fútbol del pasado, había dedicado los últimos treinta y cinco años a ejercer su ministerio en cárceles de todo el país. Ha realizado cruzadas evangelizadoras en más de mil cárceles. En cierta ocasión le pregunté a Bill: «¿Hay un denominador común entre todos los presos que has conocido?».

«Claro que sí», me respondió. «Todos ellos tienen un problema paterno. O nunca conocieron a su padre o el padre abusó de ellos o no se ocupó de ellos. Para decirlo sin ambages, todos ellos odian a sus padres. Las compañías de tarjetas de felicitaciones donan tarjetas a las cárceles para el Día de las Madres y el Día de los Padres. En el Día de las Madres las tarjetas se las arrebatan de las manos. Pero en el Día de los Padres, se ofrece la misma cantidad de tarjetas, sin embargo no tienen demanda. ¿Qué nos dice esto de lo que sienten esos jóvenes por sus padres?».

Hubo un tiempo, no hace mucho, en que la conjetura prevaleciente era que los niños necesitaban madres, pero que los padres eran optativos. La idea de que los niños se desempeñan mejor en la escuela, en las relaciones y en la vida cuando los crían tanto una madre como un padre, se consideraba como polémica e incluso impopular. Sin embargo, ha ido aumentando la investigación social y psicológica que demuestra que tanto los muchachos como las muchachas necesitan a sus padres.

La Iniciativa Nacional de Paternidad ha dedicado la última década a analizar tendencias sociales con respecto a la paternidad. Estos son algunos de sus hallazgos:

- Veinticuatro millones de niños estadounidenses (más de un tercio de todos los niños del país) viven en hogares sin padres biológicos.
- La ausencia en tantos hogares de un padre juega un papel directo en una serie de trastornos sociales. Los niños en hogares sin padre es más probable que sean víctimas de abusos, pobres, propensos a abuso de drogas, propensos a logros escolares deficientes y propensos a problemas emocionales y de conducta, incluyendo el suicidio y el crimen.
- Un estudio de los criminales violentos en las cárceles de los EE. UU. mostró que las poblaciones de las cárceles se componen en su mayoría de hombres que crecieron sin padre. El 60% de los violadores convictos, el 72% de los homicidas adolescentes y el 70% de todos los presos que cumplían largas condenas provenían de hogares sin padre.
- Cerca del 40% de los niños en hogares sin padre no han visto a su padre ni siquiera una vez en los últimos doce meses. Más de una cuarta parte de todos los padres ausentes viven fuera del Estado donde están sus hijos. La mitad de todos los niños que viven en un hogar sin padre no visitan nunca la casa de su padre.

• La tasa de abuso infantil en familias con solo la madre presente es casi el doble que en hogares con los dos padres presentes. Los adolescentes de hogares con padres ausentes es dos veces más probable que usen drogas ilegales que los niños en hogares intactos, de una pareja casada. Los niños de hogares con solo la madre es cinco veces más probable que vivan en pobreza que los niños de familias intactas, de una pareja casada[2].

C. S. Lewis en cierta ocasión comentó: «La paternidad debe estar en el corazón del universo» porque el Creador del universo es Él mismo un Padre. De hecho, dijo Lewis, la fe cristiana nos enseña que «la relación de [Dios] Padre y [Dios] Hijo es, de todas las relaciones, la más central». Por eso, cuando vemos que se desacredita o minimiza el papel de los padres en nuestra cultura actual, no es sino un ataque al orden natural del universo.

LA TRAGEDIA DE LOS PADRES QUE FALLAN

En su biografía *A Golfer's Life*, Arnold Palmer habla de haber crecido en Youngstown, Pensilvania, hijo de Deacon Palmer, el principal jugador profesional de golf en el Latrobe Country Club. El padre de Arnold, al que llamaba Pap, era muy estricto pero también cariñoso. Deacon Palmer planeó el rumbo para la legendaria carrera de su hijo cuando este apenas tenía cuatro años. Hizo cortar un conjunto de palos de golf para adaptarlos al tamaño de un chiquillo y le enseñó a Arnold cómo usarlos. Durante los primeros años Arnold Palmer adoraba a su padre y se esforzaba por ganarse sus elogios.

Deacon Palmer no era un hombre malo, pero sí tenía una debilidad autodestructora: el licor. En cierta ocasión, cuando Arnold acababa de cumplir dieciséis años, su padre regresó a la casa después de tomarse unos cuantos tragos con sus amigos. Como ya le había ocurrido otras veces cuando había estado bebiendo, Deacon Palmer comenzó a agredir verbalmente a la madre de Arnold.

«Me perturbaba», recordaba Arnold Palmer, «que el hombre que me había corregido con dureza para que entendiera la diferencia entre el bien y el mal con frecuencia hacía algo, después de muchos tragos, que sabía que era malo».

El joven Arnold decidió que ya era suficiente. Se interpuso entre su madre y su padre. «Recuerdo cómo me miró mi padre», recordaba, «con sorpresa y luego furia. Era inconcebible que lo desafiara en su casa. Casi antes de que supiera que me había golpeado, Pap me tomó por la camisa y me levantó en volandas con sus grandes manos, y me lanzó contra un tubo galvanizado de la cocina, que aplastó contra la pared».

Esa noche, Arnie se fue de la casa por unas horas para regresar antes del amanecer. «Por la mañana», recordó, «mi padre no dijo ni una palabra acerca del incidente… ni tampoco volvió nunca más a ponerme la mano encima»[3].

El apóstol Pablo nos dice: «Y ustedes, padres, no hagan enojar a sus hijos, sino críenlos según la disciplina e instrucción del Señor» (Efesios 6:4, NVI). El mensaje de este versículo es tan importante que creo que vale la pena verlo en un par de traducciones más. En la versión Reina-Valera 1960, este versículo nos dice: «Y vosotros, padres, no provoquéis a ira a vuestros hijos, sino criadlos en disciplina y amonestación del Señor». Y en La Biblia al Día leemos: «padres, no estén siempre regañando y castigando a sus hijos, con lo cual provocan en ellos ira y resentimiento. Más bien críenlos en amorosa disciplina cristiana, mediante sugerencias y consejos piadosos».

Como padres, Dios nos llama a ser firmes pero justos, no exasperando a nuestros hijos por estar siempre encima de ellos, sino dirigiéndolos y orientándolos en el camino de Jesús, nuestro Señor y Maestro.

Las páginas de la Biblia están llenas de ejemplos trágicos de hombres que fallaron como padres. Tomemos, por ejemplo, el sacerdote del Antiguo Testamento, Elí. Fue uno de los últimos líderes de Israel en la época de los Jueces, antes de los primeros reyes de Israel. Elí amaba al Señor y se deleitaba en su servicio. Formó a un joven llamado Samuel y lo orientó para que llegara a ser un gran profeta de Israel.

Pero aunque Elí gozaba de una piadosa influencia en el joven Samuel, falló al criar a sus dos hijos para que siguieran sus pasos de justicia. Los hijos de Elí, Ofni y Finees, eran sacerdotes malvados que no tenían reverencia por Dios. «Los hijos de Elí eran hombres impíos», nos dice la Biblia, «y no tenían conocimiento de Jehová» (1 Samuel 2:12). Estos hombres deshonraron su llamamiento de diversas formas, incluido el comportamiento inmoral en el recinto del tabernáculo santo de Dios. Dios en su momento hizo descender sobre ellos su juicio.

Aunque Elí trató de enfrentar a sus hijos, su débil represión no produjo ningún efecto en el comportamiento de los mismos. Elí preguntó: «¿Por qué se comportan así?» (v. 23), pero no les dijo que se detuvieran. No les advirtió del juicio de Dios. Y sus hijos no lo tomaron en serio. Trataron la represión de su padre como una broma y siguieron con su conducta desenfadada. Más adelante, el Señor dijo esto acerca de Elí y de sus hijos: «Él [Elí] sabía que [sus hijos] estaban blasfemando contra Dios y, sin embargo, no los refrenó» (1 Samuel 3:13). Elí hubiera podido intervenir, pero no lo hizo. Falló como padre.

¿Y qué decir del protegido de Elí, Samuel? Llegó a ser un gran líder en Israel, el último de los jueces del Antiguo Testamento, el hombre que Dios escogió para ungir a los primeros reyes de Israel. Samuel lideró a la nación durante las guerras contra los filisteos. Levantó un altar y estableció en Siló un culto regular. Samuel fue estadista, reformador y profeta, pero falló como padre.

Samuel puso a sus hijos como jueces en Beerseba, pero eran malos y aceptaban sobornos a cambio de sentencias judiciales deshonestas. Como los hijos de Samuel eran tan corruptos, el pueblo perdió su fe en las decisiones de los jueces. Se reunieron con Samuel y le dijeron: «He aquí tú has envejecido, y tus hijos no andan en tus caminos; por tanto, constitúyenos ahora un rey que nos juzgue, como tienen todas las naciones» (1 Samuel 8:5).

Así pues, el pueblo de Israel obtuvo el rey que pedían, pero este rey, de nombre Saúl, resultó ser un gran desengaño tanto para Dios como para Israel. Todo esto sucedió porque Samuel falló como padre.

Con el tiempo, al rey Saúl lo sucedió el rey David. Este fue un gran rey, un valeroso guerrero, un famoso poeta y su pueblo lo quiso mucho. Como padre, sin embargo, el rey David fue un fracaso espectacular.

El hijo mayor de David, Amón, violó a una hija de David, Tamar. Como reacción, otro hijo, Absalón, dio muerte a Amón. Por temor a la ira de David, Absalón huyó al exilio. Con el tiempo Absalón conspiró contra su padre, organizó un ejército de rebeldes, y obligó a su padre a huir. Después que David hubo pasado un tiempo en el exilio, Absalón fue asesinado y David regresó al trono, pero fue una victoria superficial para él.

«¡Hijo mío Absalón!», lloró David cuando se enteró de que su hijo había muerto. «¡Absalón, hijo mío, hijo mío!» (2 Samuel 18:33). Este es el lamento de un hombre que sabe que ha fallado como padre.

Hay que entender esto bien: uno puede tener un hijo que ha abandonado la fe o que le ha dado la espalda, o que se ha involucrado en una conducta inmoral o criminal, pero esto no significa , en sí mismo y por sí mismo, que uno haya fallado como padre. Todos los hijos tienen libre albedrío y pueden escoger rechazar todo lo que el padre con toda dedicación ha tratado de enseñarle. Los hijos están expuestos a muchas influencias que los asedian, incluyendo a otros muchachos sin religión, una andanada inmoral e irreligiosa de parte de los medios de comunicación, y sus propios deseos egoístas. A veces, los hijos de padres buenos, involucrados y cariñosos escogen ir por el camino equivocado.

De igual modo, deseo insistir en que todos los padres cometen errores. Estoy seguro de que he cometido algunos, y estoy agradecido de que Dios con su gracia haya cubierto la mayor parte de ellos. Todos los padres, incluyéndome a mí mismo, llegan a un punto en que, viéndolo en forma retrospectiva, desean haber tomado algunas decisiones diferentes como padres. Pero el hecho de que nuestros hijos no anduvieran por el camino que les enseñamos no es siempre prueba de fracaso; antes bien, demuestra que somos personas caídas en un mundo caído.

El único hombre que es en verdad un fracaso como padre es el que no ama ni orienta a sus hijos, que no los apoya, que no ora por ellos, que no les aplica una disciplina amorosa, que no les enseña el plan de Dios para sus vidas. El asunto es que no trato de acusar a nadie por haber fallado, sino más bien trato de estimular a que tengan éxito en llegar a ser lo que Dios quiso que fueran.

CÓMO SER UN PADRE PERFECTO

Todos queremos ser padres perfectos, una especie de Ward Cleaver con unas pocas canas en las sienes, un hombre que siempre está disponible en su estudio de paredes forradas de madera, dispuesto a dar consejos paternos a sus hijos acerca de todo, desde cómo construir una cometa hasta entender a las muchachas y explicación más sencilla del teorema de Pitágoras. No hay nada que ignore y no hay problema que no pueda resolver.

¿No queremos todos ser padres perfectos? ¡Claro que sí! Para que sirva de ayuda para alcanzar esa meta, he compilado una guía sencilla de la paternidad perfecta. Si seguimos estos pasos fáciles, cualquiera puede llegar a la perfección como padre.

1.er paso: Olvidarse de llegar a ser perfectos

En lugar de tratar de ser el padre perfecto, seamos sinceros y realistas. Los padres son seres humanos y cometen errores. Cuando cometamos un error, aceptémoslo con sinceridad. Si es pequeño e inofensivo, riámonos de nosotros mismos y pasemos a otra cosa. Si hicimos algo hiriente para nuestros hijos, como gritarles cuando no hubiéramos debido hacerlo o no estar presentes en uno de sus importantes eventos, entonces admitámoslo y pidamos perdón con toda sinceridad.

Algunos padres parece que sienten que decir «Me equivoqué, lo siento, por favor perdóname», los rebajará a los ojos de los hijos. ¡Error! Admitir los fallos y pedir perdón *aumenta* el respeto y amor que nos tienen. Reconocer las equivocaciones de hecho nos hacen *más grandes* a sus ojos. Lo garantizo: La imagen del «padre perfecto» que tienen todos los hijos es la del padre que tiene suficiente grandeza para reconocer que no es perfecto.

Queremos que nuestros hijos acepten cuando se han equivocado, ¿no es así? Entonces demos el ejemplo. Cuando echemos a perder

El único hombre que es un fracaso como padre es el que no ama ni orienta a sus hijos, que no los apoya, que no ora por ellos, que no les aplica una disciplina amorosa, que no les enseña el plan de Dios para sus vidas.

algo, *confesémoslo*. Si los hijos ven en nosotros una contradicción, no tratemos de explicar cómo no cuenta lo que hayamos hecho. Admitamos que fuimos inconsecuentes y pidamos perdón.

Arthur Ashe, el gran campeón de tenis de clase mundial, comprendió este principio muy bien. En una entrevista que concedió poco antes de morir en 1993 por complicaciones derivadas del SIDA (que contrajo por una transfusión de sangre contaminada durante una operación de corazón), Ashe habló acerca de ser padres con el ejemplo.

«Mi esposa y yo hablamos de esto con nuestra hijita de seis años», dijo. «A los niños les impresiona mucho más lo que ven que uno hace que lo que uno dice. Lo mantiene a uno honesto. Si uno ha estado predicando una cosa y no la hace, de repente se lo pueden echar a uno en cara.

»Le dije a mi hija que no es educado comer con los codos en la mesa. Entonces, después de comer, estoy poniendo los codos en la mesa. Me dice: "Papi, tienes los codos en la mesa". Hay que ser muy hombre para decir "Tienes razón" y quitar los codos. De hecho esta es una experiencia de aprendizaje todavía más sólida que solo decírselo de palabra. Cuando me lo recuerda, sé que ha estado escuchando… y cuando admito que me he equivocado, sabe que su papá es suficiente hombre para ser consecuente».

2.° paso: Ser el padre que nuestros hijos necesitan

El papá no es menos importante que la mamá. Los hijos necesitan al padre, y las hijas necesitan al padre tanto como los hijos. Incluso si el padre está divorciado de la madre de sus hijos, debe buscar la manera de involucrarse y de estar disponible para los hijos. No hay que negarles el tiempo, el apoyo, la orientación y el amor que solo el padre puede darles.

3.ᵉʳ paso: Valorar a los hijos

Utilicemos palabras que den seguridad: «¡Te quiero! ¡Estoy orgulloso de ti! ¡Eres impresionante!». Hagamos con ellos un contacto físico que les dé seguridad: Abracémoslos, pongamos el brazo alrededor de sus hombros y tirémonos al suelo para luchar con ellos.

Ese contacto dice: «Me agradas. Disfruto estando contigo. Quiero estar en contacto contigo».

Hay que ser, en las vidas de los hijos, una presencia que dé seguridad. Hay que ir a sus juegos, recitales, fiestas escolares y cualquier otro evento que sea importante para ellos. Mostremos que los valoramos sacrificando algunos de los intereses propios para poder estar con ellos en momentos importantes de sus vidas.

Esta es la clase de padre que fue Cal Ripken Sr., un hombre de clase obrera, por mucho tiempo entrenador y gerente de la organización de béisbol de los Orioles de Baltimore. Cuando su hijo, Cal Ripken Jr. era apenas un chiquillo, Cal el padre lo despertaba antes del amanecer y desayunaban algo juntos. Luego iban a la cancha de pelota donde Cal el hijo observaría y escucharía mientras su padre entrenaba.

Años más tarde, Cal hijo se convirtió en uno de los jugadores legendarios de ese deporte, jugando como *short-stop* con los Orioles. El 6 de septiembre de 1995, Cal Ripken hijo superó el récord de dos mil ciento treinta juegos consecutivos jugados (racha que más adelante aumentó hasta dos mil seiscientos treinta y dos). La noche en que Cal hijo superó el récord, salió a la cancha en Camden Yards y miró hacia el palco en lo más alto. Ahí estaba Cal el padre radiante de orgullo por el logro de su hijo. Cal Jr. más adelante dijo: «Pareció como que había un intercambio de millones de palabras sin pronunciar ninguna». Cal hijo sabe qué es tener un padre que da seguridad; su padre mostró cómo se llega a serlo.

4.° paso: Escuchar a los hijos

Separar tiempo todos los días para hablar con cada uno de los hijos, y *escucharlos*. No solo hay que esperar que se presente la oportunidad; hay que *hacer* que se dé la oportunidad. Cuando los hijos hablan, hay que hacer contacto visual con ellos. Hay que darles retroalimentación no verbal, asentir con la cabeza o una sonrisa para demostrar que se les está prestando toda la atención. Incluso un pequeñín se da cuenta cuando uno se limita a decir: «Ajá, está bien», mientras sigue viendo televisión o leyendo el correo electrónico. Los niños saben cuándo se los trata con condescendencia y cuándo se los hace sentir menospreciados y carentes de importancia.

Al escuchar a los hijos, no hay que escuchar solo las palabras. Escuchemos para detectar emociones, temores o mensajes no expresados. Por ejemplo, después de los ataques terroristas del 9/11, un niño de primer grado preguntó: «Papi, ¿había niños en esos edificios?». El padre contestó: «Estoy seguro de que solo había personas mayores en esos edificios, y la mayor parte salieron sin problemas». En los días siguientes, el niño siguió haciendo la misma pregunta varias veces más. Por fin, el padre cayó en la cuenta de que lo que el niño en realidad decía era: «¿Estoy a salvo, o podría un avión estrellarse contra mi casa?». No sabía cómo expresar su pensamiento en palabras. Una vez que el padre captó la pregunta no expresada de su hijo, pudo ayudarlo a que se sintiera seguro.

Nunca hay que hacer sentir al hijo que la pregunta que está haciendo o la opinión que está expresando son tontas. Los niños se avergüenzan o se sienten intimidados con facilidad. Queremos que nuestros hijos hablen para saber qué piensan. Invitémoslos, pues, a expresar sus ideas. Hagamos preguntas. Seamos buenos escuchas.

5.° paso: Tomar tiempo para ser padres

Se deben encontrar formas creativas para dedicar tiempo a los hijos. Un viaje de negocios se puede convertir en un viaje de familia. Una tarea solitaria, como limpiar el jardín o el garaje, puede convertirse en un proyecto divertido para los hijos. Se pueden llevar a los hijos con uno cuando se hace una diligencia o hay que ir a la ferretería.

Después de que se le otorgó a la Madre Teresa el Premio Nobel de la Paz, un periodista le preguntó: «¿Qué podemos hacer para promover la paz mundial?». Respondió: «Ir a la casa y amar a la familia». La mejor forma de amar a nuestros hijos es dedicarles *tiempo*, mucho, mucho tiempo.

Se dice a menudo que los niños son el futuro, y tenemos que pensar acerca de qué llegarán a ser. Pero creo que con frecuencia olvidamos que nuestros hijos son también el presente. Debemos pensar acerca de quiénes son *hoy* y en qué están pensando y qué les está pasando *ahora*. La única forma en que podemos hacer esto es regalándoles nuestro tiempo. Pasar tiempo con los hijos no es una obligación. Es un privilegio.

6.° paso: Apoyar el papel de la esposa como madre

No hagamos nunca nada que la menoscabe a los ojos de los hijos ni socave su autoridad materna. Esto es así incluso si ha habido un divorcio. En asuntos de disciplina, hay que coordinar siempre con la madre de los hijos. Si tiene habilidades que uno no tiene para criar a los hijos, se le puede pedir que le enseñe cómo lo hace.

7.° paso: Ser un padre divertido

Los niños necesitan diversión y risas casi tanto como amor. Hay que asegurarse de que nos vean como alguien con el que es divertido estar. Se puede llevar a los hijos a las montañas rusas y a toboganes acuáticos. Se pueden contar chistes malos. Luchar con los hijos con globos de agua. Jugar a juegos de mesa. Ayudarlos a hacer cometas y a hacerlas volar. Hay que ser padres divertidos.

Un día, cuando mi hija Catarina tenía unos trece o catorce años, estábamos sentados alrededor de la mesa del comedor. Me dijo:

—Papá, ¿por qué no eres un papá informal?

Le respondí

—Kati, ¿qué es un papá informal?

—Bueno, un papá informal es alguien con el que es divertido estar. Como que de vez en cuando se relaja cuando está con sus hijos. Sé que tienes que tener disciplina y reglas, sobre todo con tantos niños en la casa. Pero quizá a veces podrías ser un papá informal.

Hasta el día de hoy, seguimos utilizando esa expresión en nuestra casa. Si los hijos piensan que estoy imponiendo demasiada rigidez, dicen: «Bueno, ¿dónde está nuestro papá informal? ¡No lo hemos visto por un tiempo!». Es una censura, y me ha proporcionado un enfoque totalmente nuevo en cuanto a la paternidad. Hasta hoy, pienso a menudo: *¿Cómo me estarán viendo mis hijos? ¿Soy un papá informal? ¿Les resulto divertido?*

Cuando Billy Graham tenía setenta y cinco años, un periodista le preguntó:

—Dr. Graham, ¿cómo desea que lo recuerden?

Y el Dr. Graham respondió:

—Deseo que me recuerden como un papá con el que fue divertido vivir.

En su novela *El límite de la melancolía*, Edwin O'Connor escribe sobre una familia irlandesa católica en la década de 1950. Uno de los jóvenes en la novela dice: «Mi padre no tomaba, y mucho menos se emborrachaba. Creo que nunca miró a una mujer con excepción de mi madre. Toda la familia comíamos tres veces al día juntos y en nuestros zapatos no había agujeros. Tenía todas las virtudes domésticas, de veras, excepto que vivir con él era un infierno en la tierra». Asegurémonos de que no resulte «un infierno en la tierra» vivir con uno. Entre todas las virtudes como padre, pongamos ser *divertido* cerca del primer lugar de la lista[4].

8.° paso: Seguir el ejemplo del Padre máximo

No tenemos que preguntarnos cómo es el «padre perfecto». Tenemos el ejemplo máximo de paternidad ante nuestros ojos: Dios mismo. Aunque en la Biblia se encuentran muchas imágenes de Dios (Creador, Señor, Rey, Pastor, etc.) la imagen en la que Jesús insistió más fue en la de Dios como Padre amoroso.

Jesús nos enseñó a orar: «Padre nuestro que estás en los cielos» (Mateo 6:9), y cuando oraba, no solo llamaba a Dios «Padre», sino que también lo llamaba «¡Abba!». En Marcos 14:36, cuando Jesús oró en el huerto antes de subir a la cruz, oró: «Abba, Padre, todas las cosas son posibles para ti». Esa palabra aramea «Abba» significa «¡Papi!», la palabra que un niñito usaría cuando corriera a echarse en brazos de su padre. Jesús quiere que sepamos que Dios es nuestro Papá celestial y que podemos subir a su regazo siempre que queramos. Y es esta clase de padre que cada uno de nosotros debería ser para sus hijos.

La caracterización más impactante de la paternidad de Dios es la parábola que Jesús contó acerca del hijo pródigo y de su amante padre. La palabra «pródigo» significa «extravagante despreocupado, derrochador», y esta conocida historia del hijo derrochador y de su padre que perdona es probable que sea la más entrañable de todas las parábolas de Jesús.

Esta historia, que se encuentra en Lucas 15:11-32, nos habla de un hijo desconsiderado que va donde su padre y le dice: «Papá, dame lo que me toca de la herencia» (v. 12). En otras palabras: «Papá, estoy cansado de estar esperando que te mueras para poder tener lo que me va a corresponder. Reparte todo lo que tienes, y dame mi parte». ¡Qué ofensa! Es como si este joven descarado le dijera a su padre: «¡Ojalá te hubieras muerto!». Nada hubiera podido ser más ofensivo.

Pero el padre pasa por alto la ofensa y le entrega a su hijo lo que le pide. El muchacho toma el dinero y se va sin mirar hacia atrás. Se va a un país lejano y malgasta su dinero en una vida pecaminosa. Poco después el país se ve asolado por una hambruna y, desesperado, este joven judío acaba haciendo algo que ningún judío que se respetara haría jamás: se pone a trabajar limpiando pocilgas. En esos días, cualquier judío que cuidara de cerdos era considerado como maldito, porque los cerdos, bajo la ley judía, eran «impuros».

Por último, el joven decide ir a pedirle a su padre que lo acepte de nuevo en la casa, no como hijo, sino como sirviente. Regresa, pues, a la casa. Llegado ahí, Jesús presenta un detalle fascinante: «Cuando aún estaba lejos, lo vio su padre, y fue movido a misericordia» (v. 20). ¿Cómo pudo este padre ver a su hijo cuando todavía «estaba lejos»? Sin duda que el padre tenía la costumbre de, después de levantarse por la mañana, ir a una colina y esperar a su hijo. Deseaba con ansia que su hijo regresara.

¿Qué hace el padre cuando ve a su hijo? ¡Corre a su encuentro, lo rodea con sus brazos y lo besa! Luego llama a los sirvientes para pedirles que traigan la mejor ropa para el joven, pone un anillo en el dedo del hijo y ofrece una gran fiesta.

Y esa es la lección de esta historia para cada uno de nosotros. Sin importar lo que el joven hubiera hecho, ni cómo hubiera pecado y se hubiera envilecido, sin importar lo desagradecido y derrochador que hubiera sido, su padre lo amaba incondicionalmente. Cuando todavía estaba lejos, su padre corrió hacia él para darle la bienvenida. Este padre se alegró tanto que exclamó: «Este [hijo mío] era muerto, y ha revivido; se había perdido, y es hallado» (v. 32).

Esto es apenas un atisbo del corazón de nuestro amante Padre celestial. Es solo una muestra del gran amor que nos ha demostrado a cada uno de nosotros. Cuanto más llegamos a conocer al Dios de la Biblia, tanto más aprendemos a verlo como el Padre amoroso que es, y tanto más deseamos que nuestras vidas reproduzcan su ejemplo. En Dios Padre vemos el modelo definitivo de autoridad, afecto, perdón y generosidad paternos.

Dios es la clase de padre que cada uno de nosotros desea llegar a ser. La clase de padre que *debemos* llegar a ser. Dios es el ejemplo máximo de un padre que influye en generaciones de cabezas de familia, de hombres escogidos, de guerreros valientes y de líderes destacados. Aser fue un gran padre porque siguió las huellas de Dios Padre.

LA DEFINICIÓN DE PADRE

El Día de los Padres de 1998, Ben Stein fue entrevistado en la CNN acerca de su libro sobre la condición de papá, *Tommy and Me: The Making of a Dad* [5]. Sabemos quién es Ben Stein. Como actor, interpretó al maestro aburrido en *Ferris Bueller's Day Off* [Todo en un día]. También ha sido articulista, novelista, anfitrión de concursos de televisión (*Win Ben Stein's Money* de Comedy Central) y escritor de discursos en la Casa Blanca.

Durante la entrevista con Bobbie Battista de la CNN, Ben habló del proceso de adoptar a su hijo Tommy. «Fue una verdadera lucha para conseguirlo», dijo Stein. «Y una vez que estuvo con nosotros, no me resultó nada fácil ser papá. Me sentí raro e inadecuado».

Un obstáculo con el que se enfrentó Stein fue su temor de que no iba a estar a la altura de su responsabilidad. «Sentía que quizá no iba a ser un buen padre», dijo. «No fui un buen atleta. Mi personalidad no era ni inspiradora ni sólida».

Stein señala un incidente como el momento en que se vio a sí mismo como padre. «Una noche, después de más o menos un año y medio o dos años de haber sido un padre muy malo y ausente», dijo, «le estaba contando una historia a Tommy. Me parece que para ese entonces tenía de dos y medio a tres años. Le conté esta pequeña historia y dije: "Bueno, buenas noches, Tommy", pensando que diría: "Vete-vete". Pero dijo con tono y puntuación perfectos: "Buenas

Dios es la clase de padre que cada uno de nosotros desea llegar a ser.

noches, papá", con la voz más dulce que jamás le había escuchado. A partir de entonces, fui masilla en sus manos. Después de eso, no hubo nada que no estuviera dispuesto a hacer por él».

Stein también reconoce la ayuda del Dr. James Dobson de Enfoque en la Familia para entender el papel de un papá. Parafraseó el consejo que le dio el Dr. Dobson de esta manera: «No se preocupe si no es el mejor atleta de la ciudad. Lo que quiere su hijo es estar con usted. Con tal que le preste atención, será un acopio ilimitado de amor y afecto hacia usted».

Refiriéndose a su papel como analista de finanzas y economía para las compañías de noticias por cable, Stein agregó: «A menudo participo en programas sobre asuntos de negocios y las personas me preguntan: "En estos momentos ¿cuál sería una buena inversión?" Y siempre les digo: "La mejor inversión es salir temprano del trabajo para regresar a casa y pasar la tarde jugando con su hijo. Esta es en realidad una muy buena inversión. Las ganancias no pagan impuestos. No hay ninguna posibilidad de perder la inversión. Y su hijo recogerá enormes beneficios de ella"».

Me alegra mucho que Ben Stein escriba y hable acerca de ser padre adoptivo. Deseo que todos sepan de los millones de niños en este mundo que necesitan un hogar seguro y lleno de amor. Deseo que todos sepan que esta relación llamada *adopción* ocupa un lugar honorífico en la Palabra de Dios y en su corazón. Nuestro Dios es un padre adoptivo.

En nuestra cultura, las personas tienden a desestimar la adopción por considerarla una relación de segunda clase. A veces las personas me preguntan: «¿Es fulanito de tal uno de sus hijos *verdaderos* o uno de sus hijos *adoptados*?». Vamos, ¡todos ellos son mis hijos verdaderos! En su libro *Twice Adopted*, el conocido personaje del mundo de la radio Michael Reagan lo plantea así:

> Por desdicha, vivimos en una sociedad que por mucho tiempo ha considerado la adopción como un arreglo familiar «anormal» o «de segunda clase». Incluso en la iglesia, hemos aceptado la noción de que la adopción es una desviación de la norma. Incluso en familias cristianas, los hermanos a veces se provocan entre sí, bromeando: «Bueno ¿no te

dijeron nunca papá y mamá que fuiste adoptado?». Detrás
de esa provocación está el supuesto de que un hijo adoptivo
es diferente e inferior, un inadaptado social[6].

No es así como Dios ve la adopción. Tanto en el Antiguo Testamento como en el Nuevo, Dios asume un alto concepto de la adopción. Recordemos la historia de Moisés en Éxodo 2:1-10. En él se
nos cuenta que Moisés, un bebé hebreo, es abandonado y que la hija
del Faraón lo adopta para salvarle la vida. Solo si Moisés era adoptado como egipcio podría llegar a ser el liberador de los hebreos.

Y el Nuevo Testamento nos dice que no podemos llegar a ser
hijos de Dios ¡a no ser que seamos adoptados por la familia de
Dios! Nunca nadie ha nacido cristiano, solo llegamos a ser cristianos. «Ustedes no recibieron un espíritu que de nuevo los esclavice
al miedo, sino el Espíritu que los adopta como hijos y les permite
clamar: ¡Abba! ¡Padre!» (Romanos 8:15).

Dios nos ha aceptado en su casa y nos ha colmado de su amor.
De nuevo, Michael Reagan comenta:

Los cristianos no ocupan un segundo lugar detrás de los
«los hijos por nacimiento» de Dios porque Él no tiene hijos
por nacimiento. Toda su familia es una familia adoptada.
No se puede entrar a formar parte de la familia de Dios de
ningún otro modo. Comenzamos la vida como esclavos,
y somos adoptados como hijos y herederos de Dios. Dios
nos da el derecho de subir a su regazo y musitar a su oído,
porque nos ha redimido y adoptado como hijos suyos[7].

Creo que todos nosotros deberíamos reprogramar nuestra manera de pensar acerca de qué significa «paternidad». En lugar de definir
al papá como «un hombre que procrea», diríamos más bien: «un papá
es un hombre que ama, cría, forma, apoya, enseña, disciplina, res-
palda, cuida y provee a un niño, esté o no conectado genéticamente
con el mismo». Hay muchas formas de ser un papá y un descendiente espiritual de Aser. No hay que ser el progenitor varón de un niño
para desempeñar ese papel. Se puede llegar a ser en forma voluntaria
la figura paterna en las vidas de niños que no tienen padre.

LA PATERNIDAD ES UN LLAMAMIENTO SANTO

En noviembre de 2001, me encontraba en Boston promoviendo *How to Be Like Mike*, mi libro acerca de la vida del legendario jugador de la NBA Michael Jordan[8]. Por la mañana participé en un programa local de TV. Por la noche fui al Fleet Center para ver a Michael con los Wizards de Washington enfrentarse a los Celtics de Boston. Tuve la oportunidad de hablar con Mike en el vestuario antes del partido. Me saludó con mucha cordialidad y me dijo que me había visto en la TV esa mañana, promoviendo el libro.

—Hola, Williams —me saludó medio en broma—, ¡está contando todas mis historias!

Me reí y le dije:

—¿Sabes, Mike?, he estado recibiendo muchos comentarios favorables de los lectores en todo el país. Me dicen: «Cuando vea a Mike, déle las gracias por ser un tan buen ejemplo».

Jordan sonrió de oreja a oreja y dijo:

—¿Sabe algo? Soy solo el producto de mi mamá y mi papá. Los represento. Todo lo que soy hoy es solo el resultado de la forma en que James y Deloris Jordan me criaron y de las cosas que me enseñaron.

¡Qué tributo tan grande! Parece algo que los hijos, nietos y bisnietos de Aser podrían haber dicho.

Antes de que David Robinson se retirara de la NBA en el 2003, era uno de los mejores pivotes del baloncesto profesional. De apodo «Almirante» debido a que sirvió en la marina de los EE. UU., Robinson es un cristiano declarado, un líder destacado, un hombre de Dios y un gran padre. Fue escogido para el primer lugar en el reclutamiento de la NBA en 1987, jugó toda su carrera con los Spurs de San Antonio. Condujo a su equipo a ser campeones de la NBA en 1999 y 2003.

El periodista deportivo Phil Taylor recordaba un momento especial después que Robinson y los Spurs ganaron su primer campeonato de la NBA en 1999, al derrotar a los Knicks de Nueva York en cinco juegos. En un artículo en Sports Illustrated, Taylor contó que Robinson se estaba vistiendo en el vestuario de los visitantes en Madison Square Garden. El juego más importante en la vida de Robinson había concluido apenas una hora y media antes. Merodeaban los reporteros, ansiosos por entrevistar al Almirante después de su gran triunfo deportivo que coronaba su carrera.

Pero los reporteros tuvieron que esperar. Robinson todavía no iba a contestar a sus preguntas. Estaba ocupado respondiendo las preguntas de su hijito de seis años, David, Jr.

—¿Cómo te haces la corbata, Papi? —preguntaba David Jr.

—Bueno —contestó el campeón de la NBA—, pasas esta parte alrededor de aquí y introduces esto aquí y luego tiras hacia abajo aquí.

—¿Es difícil? —preguntó el niño.

—No, una vez que has aprendido a hacerlo. No te preocupes, yo te enseñaré.

Phil Taylor recordaba que padre e hijo siguieron conversando como si en esa sala hubiera solo dos personas. «En la noche en que llegó al punto más alto de su profesión», concluyó el periodista, «Robinson estaba satisfecho de ser el papá de David Jr.»[9].

Hace unos años, cené con el fundador de Cruzada Estudiantil para Cristo, Bill Bright, y su esposa, Vonette. Fue poco después de que se trasladaron a vivir a Orlando y deseaban saber como dirigíamos nuestra gran familia. Expliqué algunas de las normas, los procedimientos y la disciplina que habíamos establecido para que las cosas no se salieran de su cauce.

Después de escuchar con mucha atención, Bill dijo en forma amable: «No se olvide del amor».

 Siempre he recordado esto. Sí, una casa necesita orden, pero los niños necesitan amor. Al establecer normas y disciplina, no olvidemos el amor.

Ser padre es una tarea de toda la vida. Esto es así ya sea que seamos padres de sangre, padres adoptivos, padrastros, o padres sustitutos. Llegar a ser papá nos cambia de maneras que nunca antes podríamos imaginar. Nos hace más ricos y más sabios. Profundiza nuestra alma. Nos enseña lo más profundo del amor humano.

Ser papá es un llamamiento santo. No le volvamos la espalda. Respondamos a este llamamiento. Seamos descendientes espirituales de Aser y guerreros para el corazón de nuestros hijos. Seamos su papá.

Notas

1. Pat Williams, *Coaching Your Kids to Be Leaders*. Warner Faith, Nashville, TN, 2005.
2. National Fatherhood Initiative, «NFI Research». http://www.fatherhood.org/research.asp (consultado en noviembre del 2005).
3. Arnold Palmer con James Dobson, *A Golfer's Life*. Ballantine Books, New York, 2000.
4. Edwin O'Connor, *The Edge of Sadness*. Loyola Press, Chicago, IL, 2005. En castellano, *El límite de la melancolía*.
5. Ben Stein, *Tommy and Me: The Making of a Dad*, The Free Press, New York, 1998.
6. Michael Reagan con Jim Denny, *Twice Adopted*. Broadman and Hollman, Nashville, TN, 2004.
7. Ibíd.
8. Pat Williams con Michael Weinreb, *How to Be Like Mike: Life Lessons About Basketball's Best*. Health Communications Incorporated, Deerfield Beach, FL, 2001.
9. Phil Taylor, «Here's to You, Mr. Robinson», *Sports Illustrated*, Abril 2003. http://sports illustrated.cnn.com/si_online/scorecard/news/2003/04/01/sc (consultado en noviembre del 2005).

Formar hijos fieles a Dios

En 1962, cuando estaba cursando el último año en la Universidad Wake Forest, jugaba de receptor con el equipo de béisbol. Teníamos un excelente club de béisbol, tan bueno que representaba a la Conferencia de la Costa Atlántica en el torneo regional de la NCAA. El torneo se iba a celebrar en Gastonia, Carolina del Norte, en junio. Me impediría asistir a mi ceremonia de graduación en Wake Forest, pero si nuestro equipo fuera a conseguir jugar en la Serie Universitaria Mundial en Omaha, habría valido la pena.

Había otros tres centros educativos en Gastonia para el torneo a doble eliminación: Florida, Florida State y West Virginia. Nuestro primer juego fue contra West Virginia y les ganamos con facilidad. Al día siguiente, ganamos a Florida. Cuando se juega a eliminatoria doble, hay que perder dos veces para quedar eliminados del torneo, y no habíamos perdido ni un solo partido. Avanzábamos viento en popa hacia la victoria, y quizá nos sentíamos demasiado confiados.

Mi familia se desplazó en dos automóviles para nuestro doble juego contra Florida State, mi padre en uno y mi madre y mis hermanas en otro. Florida State ya había perdido un partido y si perdía otro quedaba eliminado. Ese primer juego fue mucho más difícil que lo que mis compañeros y yo habíamos esperado. Perdimos por once a ocho.

El segundo juego se celebró de noche. Después de siete entradas, estábamos empatados a una carrera.

En la parte alta de la octava entrada, salí a batear. Dejé pasar un par de lanzamientos, y luego bateé uno por encima de la valla a la izquierda de la cancha. Ahora Wake Forest iba por delante por una carrera. Si pudiéramos mantener esa ventaja por dos entradas más, avanzaríamos a la Serie.

En la parte baja de la octava entrada, hubo una jugada muy apretada en el plato. El lanzamiento venía hacia mí, de manera que me arranqué la careta de receptor y me situé para realizar la jugada. La pelota rebotó en tierra, me golpeó el rostro y me pasó zumbando para caer a mis espaldas. El corredor llegó a salvo.

Después de nueve entradas, todavía seguíamos empatados y fuimos a entradas extra. Conseguimos pasar la décima, la undécima y llegar a la parte baja de la duodécima todavía empatados. Florida State colocó un corredor en segunda sin ningún «*out*», y la presión se hizo sentir. El siguiente bateador dejó pasar un par de lanzamientos buenos. Le hice señal al lanzador para que enviara una curva. Nuestro lanzador, Don Roth, así lo hizo. Oí el crujir del bate y mi corazón se hizo pedazos. Fue un sencillo hacia la izquierda. El corredor cruzó la meta antes de que el lanzamiento llegara a mi guante.

Se había acabado. El juego, el torneo, la temporada, mi carrera de béisbol universitario y nuestras esperanzas de ir a la Serie Mundial Universitaria, todo había acabado. Me sentí desconsolado. No deseaba ver ni hablar con nadie.

De pie en el lugar, absorto en autocompasión, dirigí mi vista hacia arriba y ahí estaba mi papá.

—Un golpe muy duro, hijo —dijo.

—Sí —dije sombrío—. Muy duro.

—Casi les ganaron.

—Sí, casi.

Más allá en la gradería, mi mamá y mis hermanas me saludaban con la mano. Les devolví el saludo, pero casi ni las miré.

—Bueno —dijo mi padre—, creo que nos vamos.

Iba a dejar a mi hermana Carol en el D.C. para luego ir a casa, a Wilmington. Mi mamá y mi otra hermana, Ruthie, se iban a casa.

—Ya —dije, apesadumbrado—. Te veré en casa, papá.

Mi familia se fue y yo me dirigí penosamente hacia el autobús del equipo para el último viaje de regreso a Wake Forest.

Ojalá hubiera sabido que había visto a mi papá por última vez. Me hubiera preocupado menos por un juego de béisbol y más por nuestra relación. Me hubiera sentido menos triste por mi mismo y más agradecido por mi papá. En lugar de responderle con monosílabos, podría haberle dado un abrazo.

Incluso podría haberle dicho: «Te quiero, Papá».

Esa noche, después que Papá viajó toda la noche y dejó a Carol en el D.C., se quedó dormido en el volante en algún punto de la autopista Washington/Baltimore. Por la mañana, antes del amanecer, su automóvil chocó con el contrafuerte de un puente y murió al instante.

El funeral de mi padre fue una vivencia muy difícil para mí. Fue muy duro verlo en el ataúd. Aunque había ido a la iglesia de muchacho, no tenía una fe cristiana a la cual aferrarme. También me dolió ver que apenas si le había dicho hasta luego la última vez que lo vi.

A veces me pregunto cómo pude haber vivido con mi padre todos esos años sin valorarlo más y sin haber tomado el tiempo para conocerlo mejor. Fue un hombre bueno, y fue mi primer y más importante modelo.

Hasta hoy, me veo como el protegido de Jim Williams.

¿BUENOS O FIELES A DIOS?

¿Qué deseamos para nuestros hijos?

Muchos padres se conforman con criar a sus hijos para que sean buenos o felices. Pero como padres cristianos, deberíamos desear más para nuestros hijos y deberíamos esperar de ellos algo más. No queremos solo que sean buenos o felices. Queremos que sean fieles a Dios. Queremos que tengan una relación personal con el Creador del Universo. Queremos que signifiquen una diferencia para Cristo en un mundo oscuro y perturbado.

Esto quiere decir que no basta con criar a hijos que sean solo obedientes. Queremos discipular a nuestros hijos para que vivan para Dios. Esta fue la meta que Moisés tuvo en mente cuando transmitió las palabras de Dios a la nación de Israel:

Oye, Israel: Jehová nuestro Dios, Jehová uno es. Y amarás a Jehová tu Dios de todo tu corazón, y de toda tu alma, y con todas tus fuerzas. Y estas palabras que yo te mando

hoy, estarán sobre tu corazón; y las repetirás a tus hijos, y hablarás de ellas estando en tu casa, y andando por el camino, y al acostarte, y cuando te levantes.
(Deuteronomio 6:4-7)

Este es el propósito que tuvo en mente el salmista Asaf cuando escribió:

> Él estableció testimonio en Jacob,
> Y puso ley en Israel,
> La cual mandó a nuestros padres
> Que la notificasen a sus hijos;
> Para que lo sepa la generación venidera,
> y los hijos que nacerán;
> Y los que se levantarán lo cuenten a sus hijos,
> A fin de que pongan en Dios su confianza,
> Y no se olviden de las obras de Dios (Salmos 78:5-7).

No hay nada malo en querer que nuestros hijos sean respetuosos, corteses, bien educados, motivados, centrados y competentes para lograr grandes cosas. Pero estas son metas secundarias. Por encima de todos estos aspectos está la única pregunta a la que nuestros hijos deben responder en los comienzos de su vida: «¿Amo al Señor mi Dios con todo mi corazón y con toda mi alma y con todas mis fuerzas?».

Si nuestros hijos, con toda sinceridad y entusiasmo, pueden responder sí a esta pregunta, entonces nada más importa. Su relación con Dios prevalece sobre cualquier otra consideración. Si tienen una relación vital con Dios, entonces en forma natural se darán la buena conducta, una buena actitud y una vida de gozo.

No solo estamos tratando de hacer que nuestros hijos se comporten, también estamos tratando de hacer que se asemejen a Cristo. Estamos tratando de moldear y formar su carácter, su actitud, su fe y su vida de oración de manera que se parezcan a los de Jesús el Maestro.

En 1 Crónicas 7:40, se describe a Aser como un hombre que no solo practicó la fe y la piedad en su propia vida sino que también transmitió una fe piadosa a sus hijos, nietos y generaciones posteriores. «Todos éstos fueron hijos de Aser», se nos dice, «cabezas de familias paternas, escogidos, esforzados, jefes de príncipes; y contados que fueron por sus linajes entre los que podían tomar las armas, el número de ellos fue veintiséis mil hombres».

Hay un enorme contraste entre la historia de las generaciones de Aser y la historia de las generaciones en Israel después de la muerte de Josué. Nacido en Egipto como esclavo hebreo, Josué llegó a ser la mano derecha de Moisés durante el éxodo de Israel de su cautiverio. Líder militar y espiritual sólido, Josué fue el sucesor de Moisés y lideró a Israel hacia la Tierra Prometida. Bajo el mandato de Josué, el ejército de Israel conquistó aquella tierra, expulsó a los enemigos de Dios adoradores de ídolos, y repartió la tierra entre las tribus y familias de Israel. La Biblia nos dice: «El pueblo sirvió al Señor mientras vivieron Josué y los ancianos» (Jueces 2:7).

Pero después de la muerte de Josué y de su generación, la vida en Israel dio un giro trágico. La Biblia relata:

> Y toda aquella generación también fue reunida a sus padres. Y se levantó después de ellos otra generación que no conocía a Jehová, ni la obra que él había hecho por Israel. Después los hijos de Israel hicieron lo malo ante los ojos de Jehová, y sirvieron a los baales. Dejaron a Jehová el Dios de sus padres, que los había sacado de la tierra de Egipto, y se fueron tras otros dioses, los dioses de los pueblos que estaban en sus alrededores, a los cuales adoraron; y provocaron a ira a Jehová (vv. 10-12).

A pesar de su fidelidad, Josué de alguna forma no supo transmitir su fe y valores religiosos a las generaciones que le siguieron. Como resultado de ello, los hijos, nietos y biznietos de la generación de Josué se apartaron de Dios. Ellos «no conocían a Jehová ni la obra que él había hecho por Israel». ¡Qué epitafio tan trágico!

El resto de Jueces 2 pasa a describir las terribles consecuencias que sufrió Israel cuando los hijos, nietos y biznietos de la generación de Josué se apartaron del Señor. Como resultado directo de la desobediencia de Israel, Dios entregó la nación a sus enemigos, e Israel fue derrotado en el campo de batalla. Invasores extranjeros penetraron en el territorio y saquearon las fincas y las ciudades de Israel, y se llevaron al pueblo como esclavo.

Incluso después de esas terribles consecuencias, el pueblo siguió rindiendo culto a dioses falsos. «Se apartaron pronto del camino en que anduvieron sus padres obedeciendo a los mandamientos de Jehová» (v. 17).

Se podría pensar: *Eso sucedió entonces y esto es ahora. Dios ya no actúa más de esta forma. No entregará a mi nación a un grupo de invasores cananeos para que nos saqueen y nos maten con sus espadas.* Pero Dios no cambia. Si fallamos en formar a las generaciones para seguirlo, entonces podemos estar seguros de lo siguiente: Nuestros hijos, nietos y biznietos caerán víctimas de pillajes e invasiones de enemigos y destructores. Cuando el pueblo adora ídolos de poder, placer, codicia, sexo, falsa filosofía y falsa religión, Dios los entrega para que sean invadidos y saqueados.

¿De qué clases de asaltantes estamos hablando? Si nuestros hijos se apartan de Dios, serán vulnerables ante enemigos como la pornografía, la perversión y la adicción sexual; las enfermedades de transmisión sexual; la adicción a las drogas y al alcoholismo; al crimen cada vez mayor; al abuso infantil; a la pobreza e ignorancia; y, en última instancia, la destrucción del alma en la eternidad.

CÓMO FORMAR HIJOS FIELES A DIOS

En *Twice Adopted*, Michael Reagan recuerda una experiencia inolvidable durante un fin de semana de un encuentro de padres e hijos en el campamento cristiano Hume Lake en las Sierras de California. En 1988, Reagan y su hijo de diez años, Cameron, estaban sentados en la sala de reuniones cuando el expositor retó a padres e hijos a que tuvieran una relación más profunda con Jesucristo. Al final de su exposición, el presentador los invitó a todos a que pasaran al frente para firmar una promesa de compromiso. Michael se inclinó hacia Cameron para decirle:

—¡Vamos!

Cameron levantó la vista hacia su padre lleno de horror.

—¿Frente a todas estas personas? —susurró—. ¡Jamás!

—¿No sería magnífico que pudiéramos hacer esto juntos?

Cameron dijo que no con la cabeza.

Pero Michael Reagan siguió instando. Por fin, su hijo dijo:

—¡Está bien! ¡Lo haré!

Así que padre e hijo se pusieron de pie, recorrieron el pasillo y firmaron la tarjeta de compromiso. (Reagan conserva la tarjeta en su Biblia hasta el día de hoy).

Esa noche en la cabina que ocupaban, Michael y su hijo estaban acostados. Habían apagado la luz y la habitación estaba a oscuras y silenciosa. Michael oyó que su hijo decía:

—¿Papá? ¿El campamento cristiano Hume Lake todavía estará aquí dentro de veinte años?

—Me imagino que sí. ¿Por qué?

—Fue muy agradable que esta noche pasáramos juntos al frente para hacernos ese propósito. Quizá algún día pueda pasar al frente con mi hijo, como lo hicimos esta noche.

Michael Reagan concluyó diciendo que se durmió con lágrimas en los ojos y una oración de *agradecimiento* en su corazón[1].

Todo padre cristiano debe querer formar hijos que no solo sean buenos, sino fieles a Dios, hijos que no solo reciban la fe de sus padres sino que también deseen transmitir esa fe a sus propios hijos y a las generaciones venideras. ¿Cómo podemos formar hijos así? ¿Cómo formamos una generación de hijos que deseen perpetuar nuestra influencia de fidelidad a Dios en generaciones venideras?

Hacemos *discípulos* de nuestros hijos.

¿Qué quiere decir hacer discípulos? Un discípulo es una persona que recibe una enseñanza o una forma de vida que luego transmite a otros. Los discípulos lo transmiten a otros, haciendo más discípulos. El modelo máximo de un hacedor de discípulos es Jesús. Si observamos cómo Jesús hizo discípulos de los Doce, podemos ver cómo deberíamos discipular a nuestros propios hijos.

Como dijo en cierta ocasión el Dr. James Dobson: «Es más fácil moldear a un niño que reconstruir a un adulto». No solo estamos tratando de hacer que nuestros hijos se comporten, también estamos tratando de hacer que se asemejen a Cristo. Estamos tratando de moldear y formar su carácter, su actitud, su fe y su vida de oración de manera que se parezcan a los de Jesús el Maestro.

¿Cómo moldeó Jesús las vidas de sus discípulos? Les enseñó. Les contó historias. Les hizo preguntas que los pusieron a pensar. Dio un buen ejemplo. Les asignó tareas y responsabilidades. Los motivó, les dio poder e inspiró para que llegaran a ser más que lo que jamás pensaron que podían llegar a ser. He aquí, pues, algunas acciones concretas tomadas de la vida de Jesús que podemos aplicar para moldear a nuestros hijos para que sean discípulos de Jesús.

Oremos por los hijos y por uno mismo

Pedir a Dios que abra los corazones de los hijos y que los haga sensibles a lo que Dios les quiere enseñar. Orar para que Dios imprima los rasgos de carácter de su Hijo, Jesús, en sus vidas. Pedir a Dios también que nos haga sensibles a la dirección del Espíritu Santo, de manera que podamos enseñar y discipular a los hijos por medio de lo que hagamos y digamos. Pedirle que nos haga sensibles a las necesidades, sentimientos y pensamientos no expresados de los hijos. Orar para que nos ayude a mirar más allá de las molestias y mal comportamiento de los hijos de manera que podamos ver y satisfacer las verdaderas necesidades espirituales de sus vidas.

Amemos a los hijos de forma incondicional

Amemos a nuestros hijos sin importar su buena o mala conducta. Los Doce a cada rato fallaban y defraudaban a Jesús, pero este siguió amándolos y formándolos como discípulos. Nuestros hijos nos fallaran y defraudarán, de manera que debemos asegurarnos de que sepan que los amamos sea que tengan éxito o que fracasen.

Y recordemos que un hijo con buena conducta puede tener las mismas necesidades espirituales que otro que se porta mal. Algunos muchachos se portan bien no porque tengan a Cristo en sus vidas, sino porque tienen por naturaleza una personalidad obediente. Son buenos en dar una buena imagen, pero pueden no estar más cerca de Dios que el muchacho que es una irritación constante. Asegurémonos de que cada uno de nuestros hijos tenga una verdadera relación con Jesucristo, y no nos engañemos por apariencias externas.

Mantener abiertas las líneas de comunicación

A lo largo de los Evangelios vemos a Jesús hablando con sus discípulos. No se limitó a predicarles ni a contarles historias. También les hizo preguntas y respondió a las que ellos le hacían. Hablemos, pues, a nuestros hijos y escuchémoslos. Hagamos preguntas abiertas que deban responderse con frases completas, y no solo con un gruñido monosilábico. La única forma de llegar a conocer los pensamientos, sentimientos y sueños de los hijos es mediante una comunicación frecuente en ambas direcciones.

Aprovechemos cualquier momento bueno para enseñar

Cuanto más tiempo pasemos con los hijos, tantas más oportunidades de enseñar se presentarán. Jesús aprovechó todos los eventos que vivían sus discípulos para enseñarles lecciones sobre Dios. Cuando estaba en el lago y se produjo la tempestad que amenazó con hundir la barca de los discípulos, o cuando hombres perversos trataron de hacer caer a Jesús en una trampa llevándole a una mujer adúltera, Jesús convirtió estas situaciones en lecciones para crecer.

Si vemos TV con los hijos, tendremos muchas oportunidades de discutir con ellos sobre la justicia, la vida moral, la pureza sexual y otros aspectos de la vida cristiana. Cuando leemos con el hijo o lo ayudamos con sus tareas o proyectos escolares, tendremos oportunidades para acercarnos más e impartir lecciones sobre el carácter y la diligencia. Incluso los momentos de tensión y conflicto pueden aprovecharse para enseñar a que crezcan y se instruyan. No dejemos pasar estas oportunidades. Aprovechémoslas todas y cada una.

No solo estamos tratando de hacer que nuestros hijos se comporten, también estamos tratando de hacer que se asemejen a Cristo. Estamos tratando de moldear y de formar su carácter, su actitud, su fe y su vida de oración de manera que se parezcan a los de Jesús el Maestro.

Seamos coherentes y fiables

Cumplamos lo que prometamos de modo que los hijos sepan que pueden contar con uno. Cuando haya que corregirlos, hágalo de una forma razonable y predecible: «Te dije la última vez que si hacías A, yo haría B. Y voy a cumplir mi palabra». Los hijos necesitan saber que haremos lo que dijimos, ya sea que dijéramos que el sábado lo íbamos a llevar a Disney World o que íbamos a dejarlos sin salir si volvían a no cumplir con la hora de regresar a casa por la noche. Pocas cosas amenazan más la seguridad del hijo que tener un padre que no es coherente. Digamos lo que pensamos y hagamos lo que decimos.

Establezcamos límites claros y firmes

Los hijos necesitan esquemas. Deben tener tiempos definidos para cuándo debe haberse completado la tarea escolar, para la hora de acostarse y fijar límites para ver televisión, jugar en la computadora y otras actividades recreativas. Asegurémonos de que los hijos hagan sus tareas escolares de manera honesta y a tiempo. No les permitamos que tomen atajos poco éticos, como escribir un trabajo acerca de un libro a partir de resúmenes que se encuentran en Internet o copiar la tarea de otro estudiante. Asegurémonos de que los hijos estén conscientes de que hay una relación causa-efecto entre lo que se elige y las consecuencias.

Alan, nuestro hijo menor, es un muchacho de buen corazón y de personalidad divertida, pero nunca le ha gustado la escuela. Lo pusimos en una pequeña escuela cristiana donde le prestaron mucha atención individual y apenas si avanzaba. Pero con el comienzo de su penúltimo año de secundaria, algo se complicó. Comenzamos a recibir llamadas telefónicas regulares acerca del comportamiento de Alan en la clase. ¡Llegó un momento en que considerábamos que un día había sido bueno si recibíamos solo una llamada!

Al principio era un misterio. No podíamos explicar por qué el comportamiento de Alan había empeorado tanto, y él no nos ayudaba a entenderlo. Pero entonces fue sorprendido en un asunto bastante grave, y descubrimos qué había producido el cambio en su conducta.

Ese otoño había ingresado un estudiante nuevo, y ¡ese mucha-cho hizo que Eddie Haskell pareciera un santo! Aunque era más joven que Alan, ese muchacho tenía una personalidad muy fuerte y absorbió a Alan como una aspiradora. Reaccionamos con fuer-za, tratando de que Alan se corrigiera y comportara bien. Lo casti-gamos con no salir, le retiramos los privilegios de uso del teléfono, no permitimos visitas de amigos, e incluso perdió un trabajo como recogepelotas con los Magic de Orlando. No importó lo que hici-mos, porque nada funcionó.

Creo que mantenemos el récord de todos los tiempos de pro-hibir las salidas de un adolescente: ¡dos años! Alan acabó sin poder salir durante sus dos últimos años de secundaria. Esos son los años en que los adolescentes sacan el permiso de conducir, y ¡Alan *no* tenía permiso para conducir! Pero por mucho que apretáramos el nudo, su comportamiento no mejoraba.

Alan fue una prueba viviente del refrán bíblico: «Las malas compañías corrompen las buenas costumbres» (1 Corintios 15:33, NVI). Aunque nos negamos a ceder a Alan a la influencia del otro muchacho, ¡resultó difícil! A todos los efectos, tuvimos que casi arrastrarlo a la ceremonia de graduación. Aunque nuestra preocu-pación principal era Alan, también orábamos por su desorientado amigo y deseábamos que el muchacho cambiara.

Me alegra informar que, mientras escribo estas palabras, Alan está en el segundo año después de la graduación. Ahora vive en el sur de California, cerca de varios de sus hermanos, y se está abrien-do paso en el mundo. Percibimos una serie de señales positivas de que Alan, que ya tiene casi veinte años, está creciendo en carácter. La mejor señal de todas la recibimos cuando Alan nos llamó para pedirnos que le enviáramos grabaciones de los sermones de nues-tra iglesia.

El asunto es este: los muchachos necesitan límites y restriccio-nes. Puede parecer que no responden cuando les imponemos con-secuencias por su mal comportamiento. Puede parecer que nunca van a cambiar. Pero siempre hay que seguir siendo el padre y man-tener las normas y la estructura. No hay que rendirse porque no se vea ningún cambio. Neguémonos a rendirnos y en su momento nuestra perseverancia obtendrá fruto.

No disciplinemos con ira

Cuando los hijos necesitan que se los corrija, hay que ser coherentes, firmes y afectuosos. Si uno está enojado, hay que concederles a los hijos y a uno mismo un compás de espera. Ese tiempo se puede dedicar a calmarse, a reflexionar y a tomar una decisión constructiva acerca de cómo disciplinar a los hijos.

Tendemos a pensar que disciplina es igual a castigo. En realidad, las palabras «disciplina» y «discípulo» vienen de la misma palabra. Siempre que disciplinamos a nuestros hijos, nuestro objetivo no debería ser castigarlos sino hacer de ellos discípulos. Si esta es la forma en que vemos la disciplina, transformará la manera de ver nuestro papel como padres.

Seamos un buen modelo

Lo sepamos o no, nuestros hijos observan todos nuestros movimientos. Están aprendiendo qué significa ser un buen cristiano y un buen ser humano a partir de lo que observan de cómo vivimos, cómo tomamos decisiones y cómo respondemos ante las crisis. Como alguien dijo en cierta ocasión, nuestros hijos llegarán a ser lo que nosotros somos, de manera que conviene comenzar a ser lo que queremos que ellos lleguen a ser. Si somos incoherentes, si somos hipócritas, ellos serán los primeros en saberlo. Seamos, pues, personas íntegras. Seamos buenos modelos.

Alabemos el esfuerzo, no los resultados

Si el hijo no se desempeña como habíamos esperado, no dejemos que transpire nuestro desengaño. Digamos siempre: «¡Estoy orgulloso de ti! ¡Compites muy bien! ¡Tremendo esfuerzo!». Si solo alabamos al hijo cuando tiene éxito, lo que se sugiere es que nuestro amor y aceptación se dan bajo condiciones. Como padres, queremos que nuestros hijos sepan que estamos orgullosos de ellos cuando se esfuerzan, cuando hacen lo mejor que saben, y se entregan por completo, sea que ganen o pierdan.

Tratemos a cada hijo como una personalidad única

Jesús no trató a Pedro de la misma forma que trató a Juan. Tuvo que tomar medidas especiales con el impulsivo Pedro para enseñarle a controlar sus volátiles tendencias. Pedro y Juan eran personas distintas, y lo mismo sucede con nuestros hijos. Cada hijo es una persona única con una personalidad diferente a la de todos los demás. Forme a cada hijo de acuerdo con sus rasgos únicos.

Perdonémoslos

Si queremos moldear a nuestros hijos para que sean discípulos semejantes a Cristo, entonces hay que ser modelos del carácter de Jesús. Tratémoslos como lo haría Jesús. Perdonémoslos, amémoslos y restaurémoslos, del mismo modo que Jesús perdonó a los Doce y los restauró al ministerio incluso después de que le fallaron. Enseñemos a nuestros hijos qué significa seguir a Jesús imitándolo nosotros mismos.

A veces olvidamos cómo ven nuestros hijos el mundo desde su perspectiva. Olvidamos que los niños pueden pensar y razonar como personas mayores. No tienen la experiencia que los mayores tienen y no han alcanzado un nivel de desarrollo de persona mayor. Si esperamos demasiado de ellos, los avergonzamos y los hacemos sentirse más pequeños de lo que son.

Una de las labores más importante que tenemos como padres es desarrollar la confianza y la competencia de nuestros hijos protegiéndolos de sentimientos de vergüenza e ineptitud. Esto significa que debemos detenernos a pensar antes de decir algo como esto: «¿Por qué no usas la cabeza?» o «¡Dame eso! ¡Lo haré yo!» o «¿No puedes hacer nada bien?». Una de las peores cosas que un papá divorciado puede decir es: «¡Eres como tu madre!» (Incluso un niño muy pequeño entiende que no es un cumplido).

La vergüenza es un ácido que corroe el alma humana. He hablado con hombres de más de cuarenta, cincuenta y sesenta años que me han dicho: «De entre todo lo que me ha herido en la vida, lo peor era lo que mi papá me decía. Nunca podía complacerlo. Siempre estaba diciendo cosas que me hacían sentir estúpido y avergonzado. Puedo recordar algunas de las terribles cosas que me dijo como si fuera ayer».

Quizá alguien piense: *Yo también lo recuerdo. Mi viejo solía hacerme lo mismo.* Muy bien, entonces ahora recordamos cómo nos sentíamos, ¿verdad? No queremos en modo alguno hacer lo mismo a nuestros hijos, ¿no es así? No queremos que lo que recuerden de nosotros dentro de treinta o cuarenta años sean comentarios dañinos que hicieron que se sintieran de veras avergonzados. Si nuestro padre nos dijo cosas así, entonces ha llegado el momento de romper la cadena. Es hora de dejar de despedazar la confianza propia de los hijos y comenzar a estimularlos para que hagan frente al mundo.

Seamos guerreros para el corazón de nuestros hijos. Desarrollémoslos para que sean guerreros para Dios.

ADOLESCENTES: EL DESAFÍO MÁS DIFÍCIL PARA UN PADRE

1996 fue el año de mi divorcio. No solo fui un padre soltero ese año (los hijos vivieron conmigo). Piense en esto: ¡*dieciséis* de mis hijos fueron adolescentes al mismo tiempo! Durante ese año, el más difícil de mi vida, llegué a entender por qué algunos animales se comen a sus crías.

A veces parece como si un adolescente no fuera más que un extraterrestre, como un iPod miniatura llegado del espacio que rezuma testosterona por sus poros y pide sin cesar las llaves del automóvil. ¿Y una adolescente? Un ciclo ininterrumpido de parloteo ininteligible que se pasea por el centro comercial con un celular pegado a la oreja. Los adolescentes son un misterio, y haber sido adolescente en alguna década pasada de la Edad Media no arroja ni un solo rayo de luz sobre cómo son hoy en día los adolescentes. Nuestros hijos no confían en nosotros, piensan que no tienen nada que aprender de nosotros, y es casi imposible conseguir que se abran para decirnos qué sucede en sus vidas.

Pero, a pesar de todos los dolores de estómago, úlceras y anginas que causan los adolescentes; a pesar del hecho de que los bebés son más lindos y los cachorritos son más mansos, los adolescentes tienen también su encanto. A veces lo sorprenden a uno dejándolo entrar en su mundo, aunque sea por un instante. Cuando uno está ya a punto de rendirse, muestran un destello de madurez o racionalidad, o dicen: «¡Te quiero, Papi!». Y por un momento, en algún lugar por detrás del anillo que llevan en la nariz, detrás del cabello puntiagudo, se puede vislumbrar la imagen de Dios. Procuremos que cuando llegue ese momento milagroso, estemos presentes para verlo.

Alguien preguntará: «Pero, ¿qué si mi hijo adolescente es un rebelde?». Bueno, ¡la verdad es que *todos* ellos son rebeldes! Es normal. Los años de adolescencia *se supone* que son los años de furia y revolución. Es el tiempo en que los muchachos creen que son adultos, y quieren todo lo bueno que acompaña la vida del adulto, como dinero, automóviles, libertad y (seamos sinceros) sexo. Pero en realidad no son adultos, y no quieren el trabajo difícil ni la responsabilidad que también son parte de la vida del adulto.

Como se encuentran en esa zona crepuscular entre la infancia y la edad adulta, *necesitan* rebelarse contra el padre y contra todo lo que significa. Es parte del proceso que los psicólogos llaman «individualización». Por una vez, en los años de adolescencia, los muchachos necesitan rechazar una gran parte de su educación, explorar las ideas y valores del mundo que los rodea y decidir por sí mismos qué es auténtico, qué es justo y qué es verdad.

Puede resultar difícil de creer, pero deberíamos *desear* que se rebelen, hasta cierto punto. Deberíamos *desear* que se hagan individuos, que poco a poco se aparten de nosotros. Si los adolescentes no muestran señales de ninguna clase de rebeldía, hay de qué preocuparse. Una de dos cosas pueden estar sucediendo, ninguna de ellas beneficiosa.

Primero, un adolescente bien sumiso quizá se sienta reprimido y controlado. Puede no sentirse suficiente fuerte o seguro para enfrentarse a uno. Los adolescentes que nunca se rebelan en la casa a veces solo están ganando tiempo hasta que salgan de debajo del escrutinio y autoridad de los padres. En cuanto están lejos de nuestra vista, como en una fiesta, en un campamento de verano o en la universidad, pueden aprovechar la oportunidad para declarar su independencia en formas peligrosas: fiestas desbocadas, exceso de bebida, drogas, sexo, etc. Es mucho mejor dar libertad a los

Puede resultar difícil de creer, pero deberíamos *desear* que se rebelen, hasta cierto punto. Deberíamos *desear* que se hagan individuos, que poco a poco se aparten de nosotros.

adolescentes para que se rebelen en la casa en forma inofensiva y sin riesgos que no dejarles espacio para sus impulsos rebeldes.

Segundo, un adolescente sumiso puede ser un «adicto a la aprobación», alguien que tiene un sentido tan bajo de su propio valor que solo puede sentir que otros lo aceptan si trata siempre de agradar. Como padres cristianos, no querríamos educar a nuestros hijos para que fueran personas inseguras que tratan siempre de agradar. Queremos que sean fuertes, seguros, dispuestos a luchar por sus sueños, fe e ideas.

De modo que, si bien es cierto que la rebelión adolescente es un dolor en el sacroilíaco, algo de rebelión es bueno. En la mayor parte de los casos no se puede evitar la rebelión adolescente, y hay que capear el temporal lo mejor que se puede. Si hemos desempeñado bien nuestro papel de padres, es probable que nuestros hijos adolescentes salgan de esos años de rebeldía con su fe y sus valores en gran parte intactos.

Claro que, aunque hayamos hecho todo lo que un papá puede hacer, nuestros hijos adolescentes todavía pueden rechazar nuestra fe y nuestros valores. Nuestros hijos se ven sometidos a miles de influencias de las que ni siquiera estamos concientes: sus iguales, los maestros, la TV y las películas, la música que lanza alaridos en sus audífonos, los libros y revistas que leen, las cosas que escogen en los foros para chatear en yahoo.com o en las páginas de «blogs» en MySpace.com. Por influyentes que seamos (y créanme ¡si tenemos mucha influencia en nuestros adolescentes!), solo somos una voz entre centenares que susurran o gritan a nuestros hijos adolescentes a diario.

Sé que este es un tiempo que asusta. Sé que resulta difícil ver a los hijos adolescentes elegir por rebeldía y tratar nuestra sabiduría de años como un felpudo en el que limpiarse los zapatos. Pero veámoslo de otro modo: recordemos cuando teníamos su misma edad. Recordemos algunas de las cosas estúpidas e incluso peligrosas que hicimos para rebelarnos contra nuestros padres. También fuimos adolescentes y sobrevivimos, ¿no es cierto? Sigamos orando, sigamos escuchando y mantengamos la calma. Las probabilidades son que vamos a superar todo esto. Si yo sobreviví con dieciséis adolescentes a la vez, créame: cualquiera puede.

He aquí un plan de seis pasos para responder en forma sabia, fiel a Dios y parecida a la de Aser, a los adolescentes rebeldes:

1.er paso: Escoger las batallas con cuidado y en oración

Nuestros hijos encontrarán muchas formas creativas de rebelarse. Algunas serán bastante inocuas, como ropa rara, peinado extraño, habitación desordenada, demasiado tiempo al teléfono, mala actitud, irse de las actividades familiares. Otras pueden ser mortales, como experimentar con drogas y sexo, y conducir demasiado rápido y con temeridad. Como guerreros en la tradición de Aser, tenemos que preguntarnos sin cesar: *¿Debería pasar por alto esto, o tomar medidas drásticas? ¿Es esta la colina en la que deseo morir?*

Si una manera concreta de rebelión es inofensiva, quizá se debería tolerar; solo tolerarla, no que agrade. Ahorrar las armas paternas más potentes para los aspectos más importantes, la conducta peligrosa o inmoral. Si les dejamos a los hijos algo de espacio para que se rebelen sin peligro, será menos probable que desafíen nuestra autoridad en formas más peligrosas.

2.° paso: Resistir el impulso de controlar al hijo adolescente

No da resultado; al adolescente nadie lo puede controlar. Peor aún: lo sabe. Cuando el adolescente se rebela y desafía la autoridad del padre, se tiene la tentación abrumadora de recurrir al enojo y al castigo. Con los adolescentes, el enojo y el castigo tienden a empeorar las cosas, no a mejorarlas.

No estoy diciendo que haya que ser permisivos o pasivos cuando el adolescente conculque las normas. Deben sentir las consecuencias de haber elegido mal. Pero se pueden imponer consecuencias al adolescente de forma calmada y racional, sin controlar, sin gritar. Cuando el adolescente trate de provocar nuestra paciencia, hay que desconectar el circuito del enojo y permanecer firme, calmado y controlado.

El error que muchos padres frustrados cometen es decir: «Vas a hacer esto y esto». Todo lo que el adolescente tiene que hacer para prevalecer es decir: «No, no lo voy a hacer». Solución: el padre dice: «Si haces (o no haces) esto y esto, esto es lo que sucederá». Hay que decirlo con firmeza pero con calma, incluso en forma suave (¡esto los irrita mucho!). Incluso se puede decir: «No quiero que pierdas este privilegio, pero si continúas por este camino, te *impondré* esta sanción». Luego, si el adolescente persiste, se cumple con tranquilidad lo prometido. Quitémosle la paga semanal o mensual, la computadora, el celular, las llaves del carro, el privilegio.

No tratemos de obligar al adolescente a hacer esto o aquello. Uno no puede controlar sus decisiones. Pero *sí podemos* controlar *nuestras* acciones. Y podemos hacer que el hijo adolescente desee haber elegido mejor.

Ejercer de padres con adolescentes es una cuestión de equilibrio. Hay que aprender a darles libertad pero sin abandonarlos. Hay que encontrar maneras de influir en ellos sin tratar de controlarlos. Debemos darles cada vez más permisos sin volvernos permisivos. Están a las puertas de la vida adulta, pero todavía no han entrado en ella. Los adolescentes son como cometas. Queremos que vuelen, pero no pueden volar alto a no ser que sostengamos con mano firme ese cordel. El truco está en seguir soltando el cordel, poco a poco, hasta que puedan elevarse solos.

3.er paso: Permanecer calmados y permanecer relacionados

Los adolescentes dirán cosas irracionales. Nos ridiculizarán como pasados de moda y estrechos de miras, incluso cuando toleremos con paciencia su música ensordecedora y su peinado extravagante que ofende la vista. Si tratamos de imponer la más razonable de las consecuencias (digamos, una semana sin salir o suspensión del privilegio de conducir), nos acusarán de crímenes contra la humanidad y querrán arrastrarnos delante del Tribunal Internacional de La Haya.

No permitamos que esto nos irrite. Permanezcamos tranquilos. Los adolescentes son emocionales, no racionales. Están tratando por todos los medios de provocarnos. No sucumbamos ante ello. Sin importar al objeto del desacuerdo ni cuán ruidoso e intenso se vuelva, insistamos en decirles que los amamos. Digamos: «He establecido estas reglas porque te quiero. Hago cumplir estas reglas porque te quiero. Sé que querrías que te dejara tranquilo y que te permitiera hacer lo que te viniera en gana, y, confieso que para mí, sería más fácil hacerlo así. Pero te quiero demasiado para dejarte hacer lo que quieras. Voy a seguir firme contigo y aceptar tus insultos y gritos porque te quiero».

A veces los adolescentes seguirán tratando de forzarnos. Dirán: «¡Ojalá me dejaras tranquilo! ¡Ojalá salieras de mi vida!». Que un hijo diga algo así a su papá hiere mucho y al papá le resulta doloroso oírlo. Nos sentiremos heridos por el rechazo del hijo. Nos sentiremos tentados de decir: «Muy bien. Si esto es lo que quieres, esto es lo que tendrás». Se sienten ganas de salir a toda prisa de la habitación y de cerrar dando un portazo. No hay que hacerlo.

Tengamos paciencia con nuestros adolescentes. Pueden decir que quieren que los dejemos tranquilos, pero en un cierto nivel muy profundo, todos los hijos tienen temor del abandono. Aunque están llegando a la edad adulta, siguen deseando estar relacionados con el papá. Aunque estén tratando de alejarnos, no quieren perdernos del todo. Digamos, pues, a nuestros adolescentes: «Me alejaré si esto es lo que quieres, pero seguiré estando aquí y siempre lo estaré. Aunque digas cosas que me hieran, te sigo queriendo y no voy a abandonarte».

4.° paso: Cuidar nuestro tono de voz

La forma en que uno habla tiene tanto (¡o más!) efecto en nuestros hijos que las palabras que utilizamos. La mejor forma de hablar a los hijos es con una voz segura y firme, pero amable. Hay que evitar los gritos, que asustan a los muchachos. De igual modo, hay que evitar lamentarse y suplicar, lo cual hace que uno parezca débil y ansioso de conseguir aprobación. La voz debería transmitir autoridad y control propio. Recordemos, el alma del guerrero siempre es disciplinada y tiene control.

Muchas personas, sobre todo papás, tienden a levantar la voz cuando el conflicto se intensifica. Esto da a entender que se está perdiendo el control de la situación. A veces, la mejor forma de enfrentar un conflicto que va en aumento es ir disminuyendo el tono de voz. En lugar de gritarles, debemos bajar la voz de manera que se vean obligados a callar para poder escucharnos. Probémoslo. Si uno es gritón por naturaleza, nos sorprenderán los resultados.

Cuando disciplinamos a los hijos, hagámoslo con brevedad, yendo al punto (no hay que introducir toda clase de asuntos del pasado ni marginales), y evitemos repetir (a no ser que los hijos sin duda no nos hayan oído la primera vez). Demostremos que controlamos la situación al ser calmados y educados por muy exagerado e histérico que se vuelva el hijo.

¿Recuerda la última vez que nos detuvieron por exceso de velocidad? El policía se acercó a la ventanilla, se dirigió a uno con cortesía llamándolo «señor», y cuando hubo terminado de echarnos a perder el día, dijo: «Que tenga un buen día». ¿Por qué los policías actúan de esa forma? Porque los capacitan para comportarse con un profesionalismo reposado en situaciones de confrontación. Con ello, demuestran que están en control de la situación.

Aprendamos, pues, la lección del policía de tránsito. Seamos siempre corteses y actuemos con calma, sin importar lo que hagan nuestros hijos. Mostrémosles quién está en control y quién es su papá. Mantengamos nuestras emociones y nuestra voz a un nivel bajo.

5.º paso: En tiempos de conflicto, apoyémonos en nuestra fe

Cuando los adolescentes se rebelan, está bien que repudien nuestras ideas políticas o nuestras preferencias musicales o el vestir. Es normal que desafíen nuestra autoridad y que incluso cuestionen nuestra inteligencia. Como comentó en cierta ocasión Mark Twain: «Cuando tenía catorce años, mi padre era tan ignorante que casi no aguantaba tenerlo cerca. Pero cuando ya tuve veintiún años, me sorprendía de cuánto había aprendido mi viejo en siete años».

El peligro mayor ahora es que, mientras los hijos adolescentes se rebelan contra nuestras reglas, nuestros valores y nuestra autoridad, también pueden estar rechazando nuestra fe. Están en un viaje de descubrimiento, tratando de decidir qué es real, verdadero e importante en sus vidas. Amigos no cristianos y el mundo sin Dios, hedonista, que los rodea los están sacando de nuestra órbita. Al rebelarse contra esta autoridad del papá terrenal, hay peligro de que también rechacen la autoridad de Dios, su Padre celestial.

Por desdicha, el mundo que los rodea ha dado a nuestros hijos muchas razones para rechazar a Dios. Como adultos, les damos normas morales según las cuales vivir, pero miran a su alrededor y ven un mundo adulto inmoral, sin Dios e hipócrita. Ven que el egoísmo, la codicia y la inmoralidad reciben recompensa; la integridad y el carácter reciben castigo. Por eso se vuelven cínicos en cuanto a la moralidad y cuestionan la credibilidad de los adultos como posibles modelos para sus vidas.

Mucho más que antes, necesitamos practicar lo que predicamos, o perderemos el derecho a predicar. Es mejor asegurarnos de que podemos decirles a nuestros hijos con toda veracidad que Jesús es el Señor de nuestras vidas, que Dios es nuestro Padre, y que la Biblia es la base de todo lo que hacemos y decimos. Cuando no alcanzamos ese estándar, debemos admitirlo con toda honestidad y pedir a nuestros hijos que nos perdonen. De no ser así, les damos todo el derecho para rechazar nuestra fe.

Se dice que «la naturaleza aborrece el vacío». Lo mismo se puede decir de la naturaleza humana. Si nuestros hijos rechazan la fe en Jesucristo, les quedará un vacío espiritual, y no pasará mucho tiempo antes que llenen este vacío espiritual con alguna otra cosa.

Muchos adolescentes llenan su vacío espiritual con el ocultismo, o sea, con cartas de espiritismo, con cartas tarot, sesiones de espiritismo, astrología, decir la buenaventura, brujería o magia negra (encanto, a veces llamado magia blanca), necromancia o satanismo (culto a Satanás o a otros demonios). Algunas personas piensan que estas prácticas son una simple superstición inofensiva, como llevar consigo una pata de conejo para tener buena suerte. Pero la Biblia nos dice que las prácticas de ocultismo son peligrosas para el alma y odiosas para Dios:

> No sea hallado en ti quien haga pasar a su hijo o a su hija por el fuego, ni quien practique adivinación, ni agorero, ni sortílego, ni hechicero, ni encantador, ni adivino, ni mago, ni quien consulte a los muertos. Porque es abominación para con Jehová cualquiera que hace estas cosas, y por estas abominaciones Jehová tu Dios echa estas naciones de delante de ti. (Deuteronomio 18:10-12)

Los adolescentes acuden a menudo a prácticas ocultistas porque se sienten impotentes. El ocultismo ofrece la atractiva promesa de poderes secretos que pueden utilizar para asumir el control de sus propias vidas. Los adolescentes que se sienten oprimidos por los padres y rechazados por otros adolescentes son bien vulnerables al señuelo de lo oculto. He aquí algunas ideas para proteger a nuestros hijos adolescentes frente al ocultismo:

Primera, enseñemos a nuestros hijos la verdad bíblica acerca de las fuerzas espirituales. La Biblia nos dice que los cristianos tienen la oposición de una inteligencia malvada llamada Satanás (ver Apocalipsis 12:9), quien lidera una hueste de fuerzas espirituales que tratan de engañarnos y destruirnos (ver 1 Timoteo 4:1; 1 Pedro 5:8). Nuestra única defensa frente a Satanás es el poder de Dios, al que podemos recurrir por medio de la oración (ver Efesios 6:11-16). Cualquier poder espiritual que no proceda de Dios es de Satanás y debe eludirse (ver Gálatas 1:8-9; 1 Juan 4:1).

Segunda, seamos concientes de las fuerzas culturales que afectan a nuestros adolescentes. Muchas de las influencias a las que se ve expuesto el hijo adolescente, como la música, la televisión, las películas, los juegos de video, los juegos de computadora, los libros y los sitios de Internet, están saturadas de mensajes espirituales destructores. Tenemos la responsabilidad de estar al tanto de lo que el hijo adolescente ve, escucha y a qué se dedica. No seamos pasivos ni desinformados cuando están en juego las almas de nuestros hijos adolescentes.

Tercera, oremos. Si sabemos o sospechamos que nuestro hijo adolescente se siente fascinado por fuerzas espirituales tenebrosas, acudamos a Dios para pedirle que proteja su alma y que lo saque del fuego con el que está jugando: «Señor, en el nombre de Jesús, te pido que protejas las almas de mis hijos frente al poder y la influencia del Malvado. Ayuda a mis hijos a ver el peligro de jugar con estos poderes contra los que nos has puesto sobre aviso. Sostén a mis hijos en tu mano amorosa y consérvalos lejos de la garra de Satanás».

Cuarta, si nuestro hijo se ha sumergido en prácticas ocultistas y no sabemos qué hacer, busquemos ayuda. Hablemos con nuestro pastor o con el líder de los jóvenes en su iglesia. Pidamos oración, consejo y ayuda para saber alcanzar a nuestros adolescentes e intervenir en sus vidas.

6.° paso: Hagamos lo que hagamos, ¡no quememos los puentes!

Nunca le demos a un adolescente un ultimátum como: «Si sales por esa puerta, ¡ni intentes volver jamás!». No hagamos ni digamos nunca nada que pudiera hacer sentir a los hijos que nuestro amor por ellos es condicional o que si cruzan un cierto límite, nunca podrán regresar adonde uno. Asegurémonos de que los hijos sepan que siempre los amaremos y aceptaremos, sin importar lo que hayan hecho o puedan hacer en el futuro.

Las palabras hirientes, una vez han salido de la boca, no pueden borrarse. Nos podemos disculpar, podemos pedir perdón, pero las cosas que decimos pueden permanecer para siempre en la memoria de los hijos. Recordemos el ejemplo del padre cariñoso y del hijo pródigo. El hijo ofendió al padre, dando a entender: «¡Ojalá te hubieras muerto!». Ese hijo fue todo lo irrespetuoso y rebelde que pudiera ser un hijo, pero su cariñoso padre lo esperaba y lo acogió con ilusión.

Quisiera hacer una pregunta: Si alguien nos ofreciera un billete auténtico de $10.000 sin costo ni condición alguna, ¿lo aceptaríamos? Yo sí lo haría, y estoy seguro que la mayor parte de los lectores también. Ahora, supongamos que el billete de $10.000 hubiera estado en una cuneta donde lo pisotearon, le pasaron carros por encima y se llenó de barro, ¿lo seguiríamos queriendo? De nuevo, yo sí. ¿Por qué? Porque aunque estuviera arrugado, maltratado y lleno de suciedad, ese pedazo de papel seguiría valiendo $10.000. Incluso si tuviera que meterme en una pocilga para recuperarlo, querría ese billete de $10.000, porque debajo del hedor y de la mugre, sigue valiendo tanto como si fuera nítido y recién salido de la casa de la moneda.

Nuestros adolescentes son como un billete de $10.000. Pueden acabar en una alcantarilla de la vida, donde se ensucian, sangran, se salpican y les escupen. En su inmadurez y rebelión, se meten

---

> Las palabras hirientes, una vez han salido de la boca, no pueden borrarse. Nos podemos disculpar, podemos pedir perdón, pero las cosas que decimos pueden permanecer para siempre en la memoria de los hijos.

en toda clase de mugre y lodazales. A veces los adolescentes hieden. Pero por debajo de toda esa rebelión adolescente, hay un valor infinito. Hay un alma que vale la pena salvar, una vida que vale la pena redimir. Toda la maravillosa promesa que vimos en ese recién nacido sigue estando ahí en ese adolescente.

¿Sabe qué imagen está grabada en un billete de $10.000? La próxima vez que abra la billetera, saque un billete de $10.000 y verá una fotografía de Salmon Portland Chase, Secretario del Tesoro bajo Abraham Lincoln. ¿Qué estoy tratando de decir? Esto: también en nuestro adolescente hay una imagen grabada, una imagen infinitamente más excelsa que la de Salmon P. Chase. Es la imagen de Dios Padre.

La próxima vez que estemos a punto de decir algo que nunca podremos retirar o al borde de quemar los puentes de la relación padre-hijo, pensemos en el billete de $10.000. Pensemos en la imagen de Dios que está grabada en nuestro hijo adolescente. Pensemos en el valor eterno oculto debajo de la mugre y el lodazal adolescentes. Quizá resulte difícil ver la imagen de Dios ahora, pero ahí está. Nuestra tarea como papás es recuperar esa imagen, abrillantarla y presentarla para que el mundo la vea.

La más destacada autoridad en educación de los hijos, el Dr. James Dobson, manifestó en cierta ocasión lo difícil que resultaba para todos, incluyéndonos a nosotros, aconsejar a los padres cómo educar a los adolescentes. «Este es el extracto de lo aprendido en toda mi investigación», dijo. «Esto es lo que deben hacer si tienen adolescentes: ¡Ayudémosles a llevarlo a término! ¡Solo ayudémosles a llevarlo a término! Mantengámonos a su lado hasta que hayan quedado atrás los rápidos años de la adolescencia»[2].

Cuando alguien me pide consejo sobre cómo formar a los adolescentes, los remito siempre al Salmo 127:3, donde Salomón escribe: «He aquí, herencia de Jehová son los hijos, cosa de estima el fruto del vientre». Los hijos no son un peso muerto que arrastramos durante toda la vida. ¡Son una recompensa! Por esto animo a los padres a seguir orando y a amar a sus hijos, en especial en esos difíciles años de la adolescencia. «¡Sigamos invirtiendo! ¡Sigamos invirtiendo! Aunque no veamos ningún destello de esperanza ni una señal de vida, ¡sigamos invirtiendo!».

Sé que es difícil creerlo ahora, pero llegará el día, en algún momento después de que hayan cumplido veinte años, cuando los hijos surgirán como verdaderos seres humanos. Incluso es posible que los oigamos decir: «Papá, ¡tenías razón!». O: «Papá, siempre nos enseñaste esto, y ahora entiendo qué querías decir». O, lo mejor de todo: «Papá, ¡te quiero tanto!». Voy a permitirme dar un pequeño adelanto de lo que podemos esperar.

Mi hijo Bobby había pasado cinco años como entrenador de béisbol en el sistema de filiales de los Rojos de Cincinnati. En enero del 2005, los Nacionales de Washington (antes los Expos de Montreal) le ofrecieron a Bobby la oportunidad de entrenar a uno de sus equipos filiales, los Expos de Vermont en la Liga Nueva York-Pensilvania. Bobby aceptó y, a la joven edad de veintisiete años, se convirtió en el entrenador más joven en el béisbol organizado de la época.

Después que dejó de hiperventilar, Bobby me llamó para darme la noticia. Luego añadió: «Papá, ¿qué hago ahora?».

Mientras escribo estas palabras, Bobby está dando fin a su primer año con los Expos de Vermont y ha sido un bautismo de fuego. El equipo ha cosechado casi el doble de derrotas que de triunfos, y estos juegos han sido puro sufrimiento para él. Bobby me llama después de cada juego y me cuenta cómo ha sido, y luego me pide consejo. Como padre, ha sido una de las experiencias más gratificantes que jamás haya tenido, y me ha enseñado que la función de padre no acaba una vez que el hijo ha cumplido dieciocho años. Cambia, y la relación padre-hijo ha de asumir una modalidad nueva una vez que ambos ya son adultos. Pero la función de padre no se acaba.

A veces, después de una derrota muy amarga, tengo que levantarlo del suelo y decirle, «Bobby, vas a superarlo. Ahora bien, tienes a un lanzador relevista que se siente mucho peor que tú, y tienes que rodear sus hombros con tu brazo para decirle que vas a volver a usarlo en el próximo juego, que crees en él. Eso es liderazgo».

He estado sentado en la gradería en más de una docena de los juegos de Bobby. Cuando veo que su equipo pasa por dificultades, sufro con él durante todo el juego. Siento que mi corazón tiembla y mi estómago se encoge. Sufro durante sus juegos más que en los de los Magic de Orlando. ¿Por qué? ¡Porque Bobby es mi hijo!

Pero ¿sabe qué? ¡No querría que ese sufrimiento se detuviera! Me gusta mucho estar involucrado en la vida de Bobby de esta manera. Me gusta que me llame para informarme de sus juegos y que me pida consejo. Cada vez que hablamos, digo: «Bobby, gracias por tenerme en cuenta. Gracias por dejarme participar en tu vida. Gracias por pedirme consejo. No estoy seguro de cuántos jóvenes hacen lo mismo con sus padres, y me siento agradecido que tú lo hagas».

Bobby no hace mucho me envió una nota. Cuando la abrí, cayeron varias tarjetas de béisbol. Todas ellas tenían la fotografía de Bobby. La nota escrita a mano decía:

> Papá:
>
> Esta es mi tarjeta de los Expos. Espero que te guste. Gracias por formar una parte tan grande de mi vida, y gracias por interesarte tanto en esta temporada.
>
> Bobby
> P.S. Te envío un par de tarjetas extra, por si quieres que quien te hace los marcos te monte algo.

Créanme, ¡le he pedido a quien me hace los marcos que monte algo para exponer las tarjetas de los Expos de mi hijo! Esta es mi recompensa por haber invertido en los años de adolescencia de Bobby. Y déjenme decirles, estoy recogiendo una recompensa similar también en las vidas de todos mis demás hijos.

Así que, quienes sean padres de adolescentes, sean persistentes. Sigan orando. Sigan invirtiendo. Llegará un día en que sabrán que han formado una generación de descendientes espirituales de Aser, cabezas de familia que transmiten la tradición de Aser de una generación a otra, y otra, y otra.

Y sabrán que habrá valido la pena.

Notas
  1. Michael Reagan con Jim Denny, *Twice Adopted*. Broadman and Holman, Nashville, TN, 2004.
  2. Dr. James Dobson, *Bringing Up Boys: Practical Advice and Encouragement for Those Shaping the Next Generation of Men*. Tyndale House Publishers, Carol Stream, IL, 2001.

2.ª Dimensión

CARÁCTER

Imaginemos un hombre de carácter...

—¡Aser!» —gimió Ijona, su esposa—.¡Aser! ¡Se ha ido! ¡Isúa se ha ido!

Se despertó de inmediato. Saltó de la estera sobre la que dormía. Apenas una tenue luz que provenía del exterior le permitió mirar alrededor de la habitación y vio que Ijona no estaba en la casa. Sus gemidos habían provenido de fuera.

Corrió hacia la puerta mientras miraba las esteras donde dormían sus hijos. Imna, Isúi, Bería y Sera se despertaron. La colchoneta de Isúa estaba vacía, y su arco y sus flechas también habían desaparecido.

Aser salió para encontrarse con Ijona que estaba de pie junto a la cisterna de piedra. Su cabello se agitaba con la fresca brisa de la mañana. Sus oscuros ojos escudriñaban con ansiedad el valle y las colinas que rodeaban la casa.

—Ay, Aser —dijo—, ¡se ha ido!

—Volverá —respondió Aser sin mucho convencimiento—. Isúa se llevó el arco y se fue a cazar algo antes del desayuno.

—¡No! —dijo Ijona, con la voz trémula de pánico—. ¡Se fue! ¡Se llevó el arco porque ya no va a regresar!

—No puedes estar segura…

—¡Estoy segura! ¡Estoy segura! —insistió la madre—. ¿No te acuerdas? Lo castigué anoche por pelear con Arad.

—Ah. El hijo del herrero. Me había olvidado de que anoche había regresado a casa sangrando por la nariz.

—Le dije que no podía salir de nuestro terreno por dos días —dijo Ijona, retorciéndose las manos—. Parecía tan enfadado cuando se fue a acostar anoche. Esta mañana me levanté antes del amanecer y ya se había ido. Sabe que no puede salir, ¡de manera que debe haberse ido!

Aser asintió. Sin duda que parecía así.

Isúa era su joven Guerrero, y se había llevado su arco, el que Aser mismo le había hecho como regalo de cumpleaños. Era un arco hermoso, grande, hecho de madera noble, cuerno y tendón de buey, con una agarradera que Aser mismo había tallado. Le había enseñado a Isúa a hacer sus

propias flechas, adornarlas con plumas y ponerles una punta de peder-
nal o bronce.

Aser dirigió sus ojos al suelo.

—¿Qué estás haciendo? —preguntó Ijona llorosa, apartando de los
ojos el cabello que flotaba con el viento.

—Busco huellas. Voy a seguirle la pista.

—Llévate a Imna contigo. Te puede ayudar.

—No —respondió Aser con firmeza—. Puedo moverme más rápido si voy solo… Sus huellas son viejas. El muchacho debe haberse ido en
mitad de la noche. Tendré que apresurarme.

Aser entró en la casa, se amarró el cuchillo de caza en la cadera, y
tomó una bolsa de carne seca para la travesía. Luego besó a Ijona en la
puerta y se alejó.

Siguió las huellas por un largo sendero que conducía hacia occiden-
te a un olivar y a través de una concavidad entre dos colinas. *Es raro,* pensó Aser. *Si Isúa no quiere que lo encuentren, ¿por qué sigue la senda?
Sabe muy bien cómo despistar. No hizo ningún esfuerzo por esconder
adónde iba.*

El sol fue ascendiendo por el firmamento, calentando la espalda de
Aser en su acelerado caminar por la senda. Pasado el mediodía llegó a
la parte de arriba de una ladera baja con hierba e inspeccionó el sendero para mirar.

—¡Isúa! —susurró Aser.

El muchacho se encontraba a unos cincuenta metros de distancia,
avanzando con dificultad hacia él, con la cabeza baja, los hombros caídos, con aire bien desolado. Isúa no vio a Aser de buenas a primeras. Por
esto Aser le gritó:

—¡Isúa! ¡Isúa hijo mío!

El muchacho se detuvo sorprendido, y luego corrió hacia su padre lo
más rápido que pudo.

—¡Padre! —exclamó, sollozando—. ¡Padre! ¡Perdóname, perdóname!

Isúa se echó a los brazos de su padre.

Los brazos de Aser rodearon al muchacho, y luego cayó en la cuenta de que algo no estaba bien. El hermoso arco que debería haber estado colgando de la espalda de Isúa no estaba. Tampoco estaba la aljaba
de flechas.

Aser sostuvo a Isúa a cierta distancia y lo miró a los ojos.

—Hijo mío —dijo— ¿Dónde está tu arco? ¿Dónde están las flechas?

Isúa bajó la mirada. No podía mirar de frente a su padre.

—Perdón, Padre —dijo—. Le... le di el arco a Arad. Le dije que se lo quedara. Y las flechas también.

Gruesas lágrimas rodaron por las mejillas de Isúa.

—¿Por qué? El arco lo hice para ti. Pensé que te gustaba mucho.

—Así es, Padre —dijo Isúa con tristeza.

—Entonces ¿por qué…?

—Arad es amigo mío. Cuando peleamos ayer, me dijo cosas que me enfurecieron. ¡Me llamó bebé! ¡Me llamó cobarde! ¡Se rió de mí! Me enojó tanto, que sentí que me hervía la sangre. Entonces me abalancé sobre él y lo golpeé. Cuando terminé de golpearlo, sangraba por la nariz. Creo que se la rompí. Un ojo se le estaba poniendo negro y no podía ver por él por lo hinchado. Lo vi que escupía un diente. Lloraba, padre, y me dijo que me odiaba y que no quería volver a verme.

—¿Y qué me dices de esa sangre en tu nariz? —dijo Aser—. Arad también te hizo daño.

—Un poco de sangre —dijo Isúa—. No fue nada. Pero yo a él sí le hice mucho daño.

—Sí —dijo Aser—, supongo que así fue.

—Anoche llegué a casa y me acosté, pero no podía dormir. Lo único en lo que podía pensar era que había hecho mucho daño a mi mejor amigo, y que hice que me odiara. Me levanté en plena noche y me fui a la casa de Arad. Cuando salió esta mañana, lo llamé para decirle que lo sentía mucho.

—¿Y le diste tu arco?

El muchacho bajó la cabeza.

—Sí —dijo—, no quería desprenderme de él pero no tenía nada más para darle y demostrarle lo mal que me sentía por haberle hecho daño. Lo siento, Padre.

—¿De qué te arrepientes?

—Por haberle regalado mi arco. Por defraudarte.

Aser sonrió y sus ojos brillaron. Atrajo a su hijo a su pecho y lo abrazó con fuerza.

—No me defraudaste, Isúa —le dijo con voz ronca—. Me has hecho sentir orgulloso de ti.

Los ojos de Isúa se abrieron de par en par.

—¿Cómo que te hice sentir orgulloso?

Aser le dio a Isúa unas palmadas en la espalda.

—Un día te lo explicaré. Vamos, Isúa, volvamos a casa. Tu madre está preocupada por ti.

Ese día, Isúa dejó de ser un muchacho. Se convirtió en un hombre, un hombre joven escogido, un hombre de carácter.

Ser un «hombre escogido» de carácter

En febrero de 1965 cargué mi automóvil para ir a Spartanburg, Carolina del Sur, sede de los Phillies de Spartanburg. Con veinticuatro años, estaba a punto de convertirme en el gerente general más joven en la historia de los deportes profesionales del país. También estaba a punto de conocer a un hombre que cambiaría mi vida, el propietario del equipo, el Sr. R. E. Littlejohn.

Cuando llegué a Spartanburg, el Sr. Littlejohn no estaba en casa, pero su esposa me invitó a entrar. Me ofreció refrescos y luego nos sentamos para conversar. Me contó toda la historia de su esposo, al que llamaba «Sr. R. E.» Me impresionó la admiración genuina en su voz al decir: «Nunca conocerá a otro hombre como el Sr. R. E. es el hombre más grande del mundo». Después de que llegué a conocer al Sr. R. E. Littlejohn, estuve muy de acuerdo.

Al día siguiente conocí al Sr. Littlejohn en su oficina. Era un caballero sureño refinado, de hablar suave, que se interesaba de corazón por todas las personas que conocía. No hubiera podido precisar qué lo hacía tan especial, pero fuera lo que fuere, lo admiré, y deseé que mi propia vida tuviera las mismas características.

El Sr. R. E. Littlejohn me explicó mis funciones como gerente general: arreglar el deteriorado estadio, promover el béisbol, aumentar la asistencia a los juegos y vender anuncios en los programas impresos de los juegos. Sabía que yo era joven e inexperto, pero nunca dudó de mí, nunca me criticó, nunca me dijo cómo debía hacer las cosas. Alababa mis logros y nunca criticaba mis equivocaciones. Parecía estar satisfecho con dejarme aprender a fuerza de equivocarme. Yo sabía que él quería que tuviera éxito, y llegué a quererlo como a un padre.

Nunca en mi vida he trabajado con más intensidad que cuando trabajé para el Sr. R. E. Littlejohn. No me atemorizaba, ya que no podía haber tenido un superior más amable y paciente. Pero sí temía al fracaso. Ese temor me condujo a trabajar de sol a sol, siete días a la semana. No tenía vida social. No tenía ni idea acerca de delegar, de manera que lo hacía todo por mí mismo, desde vender espacios para anuncios y limpiar los servicios sanitarios hasta pintar los muros de los jardines de la cancha.

Mis esfuerzos valieron la pena. Cuando comenzó la temporada, la asistencia al estadio aumentó mucho. Los que venían lo pasaban muy bien, no solo en los juegos sino también en los eventos de promoción antes de los juegos. Toda la ciudad de Spartanburg se dio cuenta de lo que ocurría. ¡Fui todo un éxito!

Pero me sentía inquieto, vacío e insatisfecho, ¡y no podía entender por qué! Los reportes que se publicaban eran muy satisfactorios, ganaba buen dinero, tenía un automóvil grande y me mostraban su satisfacción los ciudadanos más importantes de la ciudad. ¿Por qué no me sentía feliz?

Dios no formaba parte de mi vida en esos días. De hecho, la única vez que Dios me vino a la mente fue cuando hablé con el Sr. R. E. Su fe cristiana era profunda y hablaba de ella a menudo. Para mí, el Sr. R. E. era un ejemplo de lo que significaba ser cristiano, pero no podía precisar qué había en él que me recordaba tanto a Jesús.

Un día, le dije:

—Apuesto a que Jesús debe haber sido muy parecido a usted.

Se lo dije como cumplido, ¡pero me miró como si hubiera dicho lo que jamás se puede decir!

—Pat —me dijo—, ningún hombre se puede comparar con el Señor Jesús.

No entendí por qué lo había ofendido. Pero el hecho de que me hubiera respondido con semejante humildad me hizo admirarlo todavía más.

¿Qué había en el Sr. R. E. que impresionaba tanto? ¿Qué tenía que yo no tuviera? Yo era honesto y buen trabajador, y no bebía ni fumaba. Yo pensaba que era una persona decente.

Pero había algo en el Sr. R. E. que iba mucho más allá de ser «decente». Seguía oyendo las palabras de la Sra. Littlejohn: «Nunca conocerás a otra persona como el Sr. R. E.».

En febrero de 1968, fui a un concierto de música «folk» en el auditorio de Spartanburg. El grupo que cantó se parecía mucho a Peter, Paul and Mary o a los New Christy Minstrels. En un momento dado, dejaron de lado las guitarras y le hablaron al público acerca de tener una relación personal con Jesucristo.

Después del concierto, me quedé por los alrededores e inicié una conversación con una cantante rubia que formaba parte del grupo. Me dio un folleto para que lo leyera, y luego me dijo buenas noches y se alejó. Me puse el folleto en el bolsillo, y caí en la cuenta de que la cantante rubia tenía la misma cualidad interna que yo veía en el Sr. R. E., una alegría, un resplandor semejante al de Cristo. Y deseé que en mi vida hubiera lo mismo.

De regreso a mi apartamento, saqué el librito y lo examiné. El título era *¿Han oído hablar de las Cuatro Leyes Espirituales?* Lo abrí y leí:

Primera ley: Dios te ama y tiene un plan maravilloso para tu vida.

Segunda ley: El ser humano es pecador y está apartado de Dios. Por tanto, no puede conocer ni experimentar el amor de Dios y su plan para tu vida.

Tercera ley: Jesús es el único recurso de Dios para el pecado del hombre. Por medio de Él puedes conocer y experimentar el amor de Dios y su plan para tu vida.

Cuarta ley: Debes, en forma individual, recibir a Jesucristo como Salvador y Señor, y entonces puedes conocer y experimentar el amor de Dios y su plan para tu vida.

Esa noche no dormí bien. A la mañana siguiente me levanté con la mente llena de preguntas.

Traté de concentrarme en mi trabajo. Hice unas cuantas llamadas para vender espacios, pero no me podía concentrar. En lo único que podía pensar era en cuán vacío me sentía. Me fui a la oficina en el estadio y la recorrí varias veces arriba y abajo como tigre enjaulado. No podía trabajar y ni siquiera pensar. Por fin, alrededor de las tres de la tarde, me subí al automóvil y me fui a ver al Sr. R. E.

En su oficina le conté por lo que estaba pasando. Le hablé del concierto, de mi conversación con la cantante rubia, de las Cuatro Leyes Espirituales, de todo. Mientras le hablaba, me dijo:

—Pat, ¡esto es maravilloso!

—¿Qué tiene de maravilloso? ¡Me siento muy mal!

—Mire —dijo el Sr. R. E—. Mi esposa y yo hemos estado orando por usted desde que vino a Spartanburg. Ahora está listo para tomar una decisión por Cristo. Pat, ahora es el momento.

Era cierto. Estaba listo. Era el momento. Por esto había ido a hablar con el Sr. R. E. Quería que me dijera cómo podía comenzar a vivir para Jesucristo.

De repente, comprendí lo que me estaban diciendo las Cuatro Leyes Espirituales: que Dios me amaba y deseaba llenar mi vida vacía con su amor. Entendí que era pecador y que Jesús había asumido todo el castigo por mi pecado para que así pudiera vivir para siempre con él.

Así que, a las tres y cuarenta y cinco del 22 de febrero de 1968, me entregué. Había concluido mi lucha. Jesús había vencido, pero ¡también yo había vencido!

A partir de ese día, entendí ese «algo» escurridizo que había percibido en el Sr. R. E. Littlejohn. Comprendí por qué lo había mirado y pensado que había vislumbrado a Cristo. Era porque el señor Littlejohn era un hombre con un carácter semejante al de Cristo. Era la clase de hombre que Aser hubiera llamado un «hombre escogido», un hombre cuya forma de vivir era un testimonio para otros porque el carácter de Jesús resplandecía a través de todo lo que hacía y decía.

¿Qué hace que un hombre destaque como hombre escogido, selecto, según los estándares de Aser? Solo una cosa: buen carácter.

LAS CARACTERÍSTICAS DE UN «HOMBRE ESCOGIDO»

«Todos éstos fueron hijos de Aser, cabezas de familias paternas, *escogidos*, esforzados., jefes de príncipes», nos dice 1 Crónicas 7:40. ¿Qué hace que un hombre destaque como hombre escogido, selecto, según los estándares de Aser? Solo una cosa: buen carácter.

Definiría «carácter» como «un patrón arraigado de cualidades, rasgos y atributos morales que definen cómo actuará una persona en momentos de estrés, crisis o tentación». Por ejemplo, un hombre escogido tiene el rasgo de carácter de la *honestidad*. Esto significa que no mentirá, ni siquiera si por decir la verdad tiene que pagar un precio. No robará, incluso aunque tenga mucha necesidad. No sacrificará aspectos éticos, incluso aunque se sienta muy tentado a ello y nadie advierta jamás la diferencia.

Un hombre escogido dice «acepto la responsabilidad» en lugar de «no fue culpa mía». Un hombre escogido se prepara para hacer lo correcto, no lo fácil. Se puede confiar en un hombre escogido porque es moral, ético, persona de principios y fiel a Dios, tanto en público como en privado, ya sea que miles observen su conducta o que esté a solas, sin ningún testigo.

Había ido a ver a Alvin Dark, por mucho tiempo *short-stop* y gerente en la liga profesional de béisbol. Me contó que su hijo enfrentaba muchas dificultades en su vida, y que no siempre las decisiones que tomaba eran buenas. A propósito, Alvin tiene más de ochenta años, de manera que su hijo no es un muchacho. Alvin le dijo a su hijo:

—¿Por qué crees que sigues tomando decisiones inconvenientes en tu vida?

—Papá —respondió—, es que no tengo carácter.

—Claro que lo tienes —afirmó Alvin—. Haz lo que está bien y desarrollarás carácter. Cualquier hombre sabe lo que está bien y lo que está mal.

He aquí algunas de las cualidades de carácter de un hombre escogido como Aser y sus descendientes.

Integridad

Tener integridad es ser una persona completa e integrada, sin máscaras ni duplicidad, sin grietas en la armadura. La palabra «integridad» viene del latín *integritas*, que significa «solidez», viene de *integer*, que significa «completo, íntegro». Cuando nuestro país pasó de la segregación racial a la integración racial, nuestra sociedad se engranó en un todo unificado, y por fin consiguió integridad.

Si tenemos integridad como hombres de Dios, significará que somos la misma persona en el hogar, en el trabajo y en la iglesia. No pretendemos ser hombres de honor y verdad en la iglesia los domingos por la mañana y luego sacrificar principios y cortar la yugular en el mundo de los negocios el resto de la semana.

La integridad es esencial para lograr confianza. Si las personas saben que somos hombres íntegros, confiarán en nosotros y nos considerarán sus líderes. Tendremos una buena reputación: «No es solo palabras. Es auténtico».

El 3 de julio de 1775, en Cambridge, Massachussets, el general George Washington se puso al frente del Ejército Continental compuesto de diecisiete mil milicianos sin preparación, indisciplinados y mal organizados, reclutados para un corto período y procedentes de las trece colonias. Para su consternación, descubrió que no disponían de suficiente pólvora ni municiones para las tropas. Washington sabía que su ejército carecía de preparación y recursos para enfrentarse con éxito a las fuerzas británicas muy superiores. ¿Cómo, entonces, esperaba ganar? Creando un ejército de integridad.

De pie junto a un olmo, el general Washington pronunció una arenga breve pero emotiva a sus tropas. Concluyó con estas palabras tomadas del Salmo 101:7: «No habitará dentro de mi casa el que hace fraude; el que habla mentiras no se afirmará delante de mis ojos». Al frente de un ejército de integridad, el general Washington guerreó por seis años, y fundó una nación.

En cierta ocasión le preguntaron a Franklin Graham cómo su padre, el Dr. Billy Graham, había conservado su influencia delante de Dios a lo largo de sesenta años de ministerio. El joven Graham contestó que la integridad de su padre había sido la diferencia. «El Billy Graham que ven en público», dijo, «es el mismo Billy Graham que nosotros sus hijos hemos visto en el hogar. Me he encontrado con personas famosas que se convierten en personas diferentes cuando las cámaras se apagan. Esto no ha sido así en el caso de mi padre».

Es cierto. De hecho, un periodista en cierta ocasión le confesó a un ejecutivo de la Asociación Evangelística Billy Graham: «Hemos hurgado para encontrar alguna ropa sucia en la vida de Billy Graham y poder desenmascararlo. No pudimos encontrar nada, de manera que dejamos de hurgar».

Cuando mi hijo Michael tenía diecinueve años, sostuve una conversación con él durante un almuerzo. En el curso de la misma utilizó la palabra «integridad». Entonces le dije:

—Dime, Mike, ¿cómo definirías integridad?

Reflexionó por unos momentos, y me pude dar cuenta de que su cabeza andaba buscando. Luego dijo:

—Integridad es honestidad con un poco de vitalidad.

Me reí.

—Mike —le dije—, has dado en el clavo.

Hoy algunos dicen que la integridad no importa. Algunos incluso parece que admiran al que miente, hace trampa, roba y se sale con la suya. Admiran al hombre que sabe seccionar, dividir su vida en varios compartimientos. «¿No es impresionante? Puede mentir y engañar en su vida personal ¡y seguir siendo un gran líder!».

Bueno, si alguien prefiere seguir esa senda, puede comprarle un automóvil, votar por él y permitir que corteje a la hija de uno. Pero yo no lo haré. No quiero nada con un hombre seccionado. Si roba a otros, en algún momento podrá robarme a mí. No pienso darle la oportunidad. He decidido relacionarme con hombres de integridad, hombres escogidos como Aser.

Honestidad

La cualidad de carácter llamada honestidad se puede definir como «veracidad e incorruptibilidad inflexibles». Un hombre escogido que es honesto no solo dice la verdad sino que acepta sus propios errores («Esto fue culpa mía»), declara todos sus ingresos al gobierno, compra sus propios artículos de oficina en lugar de «tomarlos prestados» del lugar de trabajo y no piratea programas de computación ni archivos musicales en su computadora.

El éxito en los negocios se basa en la honestidad. Engañemos a un cliente una vez y habremos perdido a un cliente para siempre. La mayor parte de las personas en la actualidad están dispuestas a pagar un poco más para tratar con alguien en quien puedan confiar. Earl Nightingale, cofundador del imperio de audio-video-publicaciones Nightingale-Conant, lo dijo así: «Si no hubiera existido la honestidad, debería haberse inventado como la forma más segura de hacerse rico».

Todos hemos escuchado la historia de cómo Washington, en su edad juvenil, cortó un cerezo. Cuando su padre le enfrentó, el muchacho confesó de inmediato: «No puedo mentir. Lo hice yo con mi hachita». No sabemos si esto ocurrió o no tal como se cuenta, pero sí sabemos que apareció por primera vez en un libro de Parson Mason Weems, *The Life of Washington*. También sabemos que la historia produjo un gran impacto en Abraham Lincoln.

De niño, Abraham Lincoln tomó prestado de un granjero vecino un ejemplar de *The Life of Washington* de Weems. Todas las noches, el muchacho iba leyendo el libro a la luz de una lámpara y luego lo colocaba en un espacio hueco entre dos tablas en la pared de su cabaña. Pensó que ahí el libro estaría a salvo, pero una noche llovió, el agua se filtró y empapó el libro. A la mañana siguiente, el joven Lincoln encontró el libro manchado y deformado.

Llevó el libro echado a perder a la casa del granjero que se lo había prestado.

—Quise cuidarlo muy bien, señor —dijo—, pero dejé que la lluvia lo echara a perder. No tengo dinero para pagárselo, y por esto deseo preguntarle qué me puede mandar a hacer para compensarlo.

—Ven por tres días a mi granja para limpiar maíz. Esto pagará por el libro, y puedes quedártelo —le respondió el granjero.

¡El joven Abe Lincoln no podía creer su buena fortuna! Todo lo que tenía que hacer era limpiar maíz por tres días y ¡se podía quedar con el libro! El incidente le enseñó al joven Lincoln las recompensas de la honestidad y lo ayudó a ganarse el apodo de «Honesto Abe».

En cierta ocasión, Lincoln, que trabajaba como vendedor en un almacén general, descubrió que había cobrado unos pocos centavos de más a un cliente. Cerró la tienda y se fue a la casa del cliente, a varios kilómetros de distancia, para pagarle los pocos centavos que se le debían. En otra ocasión, Lincoln descubrió que sus básculas no estaban bien graduadas, lo que hacía que sus compradores recibieran una o dos onzas menos de lo que les correspondía. Pesó unas pocas onzas de té y se lo llevó a una señora por cuya compra de té el día anterior había recibido menos mercancía. La señora quedó muy sorprendida.

Otras historias de la honestidad a toda prueba de Lincoln son de sus años de abogado pobre pero honesto. Una vez aceptó un caso que le llevó una joven señora con la mente muy turbada. Un estafador le había quitado una cierta propiedad. Lincoln y su socio en el bufete acordaron de antemano un honorario, basado en la expectativa de que el juicio iba a tomar una cierta cantidad de días. De hecho, el juicio duró solo quince minutos y se le devolvió la propiedad a la joven señora. El socio de Lincoln estaba feliz de ganar un honorario sustancioso por un trabajo de quince minutos. Lincoln insistió en devolverle a la joven señora la parte del honorario que le correspondía, diciendo: «Prefiero pasar hambre que estafarla».

El honesto Abe Lincoln fue un hombre escogido según el molde de Aser.

Diligencia

Un hombre diligente es alguien que trabaja mucho y que toma la iniciativa con un compromiso sin límites con la excelencia. La virtud cristiana de la diligencia se puede encontrar en toda la Biblia, tanto en el Antiguo como en el Nuevo Testamento. En Génesis 2 vemos que, en un principio, el trabajo debía ser bueno para la humanidad. Génesis 2:15 nos dice que Dios «tomó al hombre y lo puso en el jardín del Edén para que lo cultivara y lo cuidara». Fue solo después de la Caída, cuando Adán y Eva violaron el mandamiento de Dios, que el trabajo se convirtió en algo pesado y agotador.

«La mano negligente empobrece; mas la mano de los diligentes enriquece», dice Proverbios 10:4. Y en Eclesiastés 9:10 se nos dice: «Todo lo que te viniere a la mano para hacer, hazlo según tus fuerzas». En todo el Nuevo Testamento se encuentran consejos similares. Por ejemplo, Pablo escribe: «Y todo lo que hagáis, hacedlo de corazón, como para el Señor y no para los hombres... porque a Cristo el Señor servís» (Colosenses 3:23-24).

En junio de 2005, estaba en Washington, D.C., y contraté a un guía turístico que me llevó a un recorrido de cuatro horas a pie. En la capital de nuestro país el día era caliente, húmedo, de manera que me detuve en un pequeño puesto de bebidas para comprar agua. Inicié una conversación con la mujer vietnamita que administraba el puesto. Con un inglés de acento muy marcado, dijo: «¡América es el mejor país de toda la tierra! ¡Si uno trabaja con empeño, se puede lograr todo lo que uno quiera!».

Esta es una actitud que todos deberíamos tener. Los hombres escogidos no se limitan a ver el trabajo como una clave para el éxito (aunque lo sea). Ven la diligencia como un imperativo moral. La holgazanería y el descuido son pecados a los ojos de hombres escogidos según el molde de Aser.

Humildad

Ser un hombre escogido de humildad significa mantener una idea sobria de uno mismo y de los otros. Humildad no quiere decir tener una pobre opinión de uno mismo. Quienes en forma constante se echan por los suelos a menudo son los menos humildes de todos. Decir «Soy horrible» o «No valgo nada» o «No soy nada» ¡no es sino una forma de llamar la atención!

La humildad genuina es una fortaleza, no una debilidad. Un hombre escogido de humildad es seguro de sí mismo sin ser arrogante. Se respeta a sí mismo sin denigrar a otros. No permite que sean otros quienes determinen su propia valía. Su ego no se infla con halagos, ni se desinfla con insultos. La Madre Teresa lo dijo así: «Si uno es humilde nada lo puede afectar, ni la alabanza ni la deshonra, porque uno sabe quién es».

Paciencia

Un hombre escogido con un carácter como el de Aser está dispuesto a dejar de lado la gratificación inmediata con el fin de lograr beneficios futuros. Paciencia es la capacidad de estar en paz mientras se espera. En esta época de comidas rápidas, hornos microondas e Internet de alta velocidad, ya no estamos dispuestos a esperar, a soportar. Pero los hombres escogidos son hombres de paciencia. Es una cualidad del carácter que, debo confesar, me ha costado mucho aprender.

Hace ya bastantes años, volé de Orlando a Michigan para dar una charla en la Ford Motor Company de Dearborne. El conductor de una limusina debía ir a recibirme al aeropuerto. Esperé una hora, y entonces tomé otro que me condujo al hotel.

Cuando llegué a la recepción del hotel, vi que estaban entrenando al empleado de una oficina mientras atendían al cliente que estaba delante de mí. Era un proceso de una lentitud que desesperaba, y me llené de impaciencia. Empecé a moverme, me enfurecí y me puse a resoplar en forma sonora. El empleado se dio cuenta de que yo estaba molesto, pero esto no hizo que mejorara ni un ápice su eficiencia.

Por fin, el empleado terminó con el hombre que me precedía y me acerqué al escritorio. «Un momento, señor», me dijo el empleado. Luego se alejó. ¡No podía creerlo! ¡Se fue!

En ese preciso momento, el hombre que habían atendido antes que mí se detuvo y dijo con suavidad. «Sabe, no es culpa del empleado. Es su primer día en el trabajo y lo hace lo mejor que puede. Todos sus resoplidos e indignación desde luego que no consiguen que mejore su eficiencia».

Sentí ganas de esconderme detrás de una maceta con una palmera. Ese hombre tenía razón. Antes de que encontrara una respuesta, entró en el ascensor. De repente me sobrevino la idea: *¡Ay, no! ¿Y qué si fuera a estar entre la audiencia en mi conferencia mañana?* Cuando regresó el empleado, hice el máximo esfuerzo para mostrarme amable y paciente.

A la mañana siguiente, salí de mi habitación y me dirigí al ascensor. ¿No lo creerían? Ahí estaba mi amigo de la víspera, el que me había mostrado con suavidad el valor de la paciencia.

De inmediato pedí perdón por mi comportamiento. «Usted tiene razón», le dije. «Mi comportamiento anoche fue imperdonable». Seguimos conversando hasta que el ascensor se detuvo en el lobby, y luego él se fue hacia la izquierda y yo hacia la derecha.

Un hombre escogido con un carácter como el de Aser está dispuesto a dejar de lado la gratificación inmediata con el fin de lograr beneficios futuros. Los hombres escogidos son hombres de paciencia.

¡Me sentí aliviado de que no fuera a estar en la sala donde iba a hacer mi presentación! Había ido para dar una conferencia; en vez de ello, recibí una conferencia acerca del valor de la paciencia.

El antiguo entrenador del equipo de baloncesto de la UCLA John Wooden solía decirles a sus jugadores: «Sean rápidos, pero no se apresuren». Un hombre escogido como Aser sabe que la paciencia es una virtud.

Autodisciplina

Un hombre escogido de buen carácter es el que ha dominado sus impulsos y conducta. No es esclavo de la bebida, del tabaco, del abuso de drogas, de comer demasiado, de apostar o de impulsos sexuales (como el adulterio o adicción a la pornografía). Un hombre con disciplina propia sabe cómo administrar bien su tiempo. Mantiene un estilo de vida sano, equilibrado, reservando tiempo suficiente para hacer ejercicio, descansar y estar con Dios en tiempo de oración y reflexión personales.

Phil Jackson, entrenador de los Lakers de los Ángeles, me contó una historia de su último año en la Universidad de Dakota del Norte. «Mi entrenador era Bill Fitch», dijo, «yo era capitán del equipo, pero en cierto momento me quitaron el puesto. Íbamos a jugar en Chicago, y salí con unos amigos a la calle Rush. Regresé al hotel después de la hora límite, y por ello Bill me quitó el puesto de capitán. Dijo, "No volverá a ser capitán hasta que demuestre que lo merece". Bill me hizo demostrarle que tenía la disciplina de mi mismo como para ser líder de un equipo. Con el tiempo, me gané de nuevo el puesto y tuvimos una temporada exitosa. Bill me dio una lección de disciplina que me ha ayudado durante toda mi vida».

CARÁCTER EN CONSTRUCCIÓN

No podemos guiar a nadie a donde nosotros no estamos dispuestos a ir. No podemos influir en una generación de hombres escogidos si nosotros mismos no somos hombres de carácter. Si queremos formar a hijos y nietos de integridad, debemos ser modelos de ella para ellos, en especial en momentos cuando pensamos que nadie nos está viendo. Aunque nuestros hijos no sean muy buenos en escuchar lo que decimos, ¡observan lo que hacemos!

«Pero», alguien podría preguntar, «¿no hay ningún momento en que pueda descansar? ¿No podría echar una cana al aire, hacer alguna locura, y asegurarme de que nadie me viera?». ¡Jamás! Nuestro carácter o es bueno o no lo es. No es algo que pueda ahora serlo y después no serlo como encender y apagar un interruptor. Si no tenemos carácter cuando nadie nos ve, no lo tenemos y punto.

«Pero, ¿y si cometo un error?», alguien podría preguntar. «¿Qué si fallo y decepciono a las mismas personas en las que estoy tratando de influir?».

¿Cómo que «si fallo»? *Fallará*. Somos personas caídas que vivimos en un mundo caído, y nos *equivocaremos*. Garantizado. Esto no quiere decir que nunca más podremos ser hombres escogidos. Cierto que el pecado es algo muy serio, y tiene consecuencias; ¡nunca deberíamos minimizar lo terrible del pecado! Pero cuando pecamos, seguimos teniendo la oportunidad de demostrar carácter. Podemos dar un ejemplo de honestidad («pequé») y de humildad («por favor, perdóneme»).

Esto es lo que hacen los hombres escogidos. Cuando uno cae, hay que hacerle frente como un hombre. Admitir el pecado, arrepentirse del mismo, y luego ponerse otra vez de pie para seguir adelante. Esto es lo que aconseja el salmista David: «Mi pecado te declaré, y no encubrí mi iniquidad. Dije: Confesaré mis trasgresiones a Jehová; y tú perdonaste la maldad de mi pecado» (Salmo 32:5). Y esto es lo que nos dice Santiago: «Confesaos vuestras ofensas unos a otros, y orad unos por otros, para que seáis sanados» (Santiago 5:16).

Siempre estamos en proceso de construcción. Nunca dejamos de desarrollar nuestro carácter. A lo largo de toda la vida, cada decisión que tomamos conduce a un carácter más sólido o a un debilitamiento de los fundamentos de nuestras almas. Nadie puede elevarse por encima de los límites de su carácter. Así que, si queremos crecer como hombres y como seguidores de Cristo, tenemos que seguir construyendo y ampliando los límites de nuestro carácter.

No hay mucho que podamos hacer ninguno de nosotros para llegar a ser más inteligentes o más talentosos. Pero aunque no podamos incrementar nuestro talento ni nuestra capacidad cerebral, siempre podremos ampliar nuestro carácter. ¡De hecho podemos *escoger* el carácter que tendremos! Fortalecemos nuestro carácter con las elecciones que hacemos cada día.

Y recordemos esto: Una elección al parecer pequeña e insignificante puede conducir a una destrucción y devastación inimaginables en nuestras vidas. El mayor de los ejemplos de este principio es la historia del Rey David y de su pecado con Betsabé. Todo comenzó con una pequeña elección de parte de David. En 2 Samuel 11, leemos:

> Aconteció al año siguiente, en el tiempo que salen los reyes a la guerra, que David envió a Joab, y con él a todos sus siervos y a todo Israel, y destruyeron a los amonitas y sitiaron a Rabá; pero David se quedó en Jerusalén. Y sucedió un día, al caer la tarde, que se levantó David de su lecho y se paseaba sobre el terrado de la casa real; y vio desde el terrado a una mujer que se estaba bañando, la cual era muy hermosa (vv. 1-2).

En un tiempo en que los reyes salían al campo de batalla, el rey David se quedó en Jerusalén. David no estaba donde se esperaba que estuviera, y no estaba haciendo lo que se suponía que estuviera haciendo. Su responsabilidad era ser guerrero, pero no hizo caso a su llamamiento. Así que dispuso de tiempo libre. Subió a la azotea del palacio y vio a una mujer que se bañaba. Estaba haciendo lo que demasiados de nosotros somos propensos a hacer, con la ayuda de la TV por cable o Internet: David se dedicó al voyerismo.

Es probable que se dijera, *¿Qué hay de malo en mirar? Todos miran. Los hombres estamos hechos así. Es un poco inmoral... pero de veras que es muy atractiva.* Pero no todo acabó ahí. Nunca sucede.

David no pudo dejar de pensar en la mujer. Ya había comprometido su integridad con solo mirar. Ahora pasó al deseo lujurioso. Envió mensajeros para que le trajeran a la mujer. Ella vino y David tuvo intimidad sexual con ella. Aunque el rey David sabía que la mujer, Betsabé, estaba casada con Urías, uno de los

El carácter no es algo que pueda ahora serlo y después no serlo, como encender y apagar un interruptor. Si no tenemos carácter cuando nadie nos ve, no lo tenemos y punto.

leales guerreros de su ejército, a sabiendas la hizo suya y cometió adulterio.

Cuando Betsabé quedó embarazada, el rey David se dio cuenta de que tenía que encubrir su adulterio con el pecado del engaño. Así pues, hizo regresar a Urías del campo de batalla y trató de convencerlo para que durmiera con Betsabé. Pero Urías, siendo un hombre escogido de lealtad, fidelidad e integridad, se negó a disfrutar de los placeres de su propio lecho matrimonial mientras sus soldados estuvieran acampando en el campo de batalla. El intento de David de encubrir su acción fracasó. Tendría que intentar algo más radical.

Como homicidio.

El rey David envió entonces a Urías de nuevo al campo de batalla, hizo que lo colocaran en primera línea en lo más duro de la refriega, y luego ordenó que los otros hombres retrocedieran de manera que Urías cayera víctima del enemigo. Funcionó. Urías cayó muerto, y David tomó a Betsabé como esposa.

«Mas esto que David había hecho», nos dice la Escritura, «fue desagradable ante los ojos de Jehová» (2 Samuel 11:27). Dios guió al profeta Natán para que acusara a David de haber pecado. David se arrepintió y Dios lo perdonó, pero las consecuencias naturales del pecado de David lo persiguieron por el resto de su vida. David pagó un precio increíble por su fallo de carácter.

Comenzó con apenas una fisura en la integridad de David, una elección al parecer pequeña. Como todos nosotros con frecuencia hacemos, le volvió la espalda al guerrero que llevaba dentro; se subió al tejado en vez de salir a los campos de batalla de la vida. No estuvo donde se suponía que tenía que estar y no hizo lo que se suponía que debía hacer. Y miró lo que no debería haber mirado. A partir de ese momento, todo fue un deslizarse constante cuesta abajo hacia el adulterio, el homicidio, la vergüenza y el quebranto.

No estamos frente a una simple historia tomada de un libro antiguo y desgastado con el tiempo. Es un principio de la vida que sigue siendo tan válido hoy como siempre lo fue. Hace unos años, un presentador cristiano de televisión parecía tenerlo todo. Su programa religioso se ofrecía todos los días de la semana en una red por satélite que había desarrollado. También disponía de un parque temático de mucho éxito. Se estimaba que las contribuciones a su corporación sin fines de lucro ascendían a un millón de dólares por semana. Todo se vino abajo cuando se difundió la noticia de que había estado pagando a escondidas a una mujer con la que había tenido una aventura adúltera.

Después que fue acusado y condenado a prisión federal, este hombre comentó: «El 95% de mi vida fue correcta, pero el 5% de mi vida se mantuvo oculta y nunca entregué esta parte de mi vida a Dios. Ese 5% fue lo que me derrotó».

En el Salmo 15:1, el salmista David pregunta: «Jehová ¿quién habitará en tu tabernáculo? ¿Quién morará en tu monte santo?». Luego David responde a su propia pregunta con una descripción de un hombre escogido según el ejemplo de Aser: «El que anda en integridad y hace justicia, y habla verdad en su corazón» (v. 2).

Mientras escribía este libro, vi a la hija de Billy Graham, Anne Graham Lotz, en el programa de televisión *Hannity & Colmes* del canal de noticias Fox. Dijo que la cruzada de tres días del Dr. Graham en la ciudad de Nueva York, en junio del 2005, fue la última, y que su padre se sentía en paz con esta decisión. Dijo que, a los ochenta y seis años, su padre había perdido gran parte del oído y que su madre, Ruth Bell Graham, estaba ciega y ya no podía andar. Pero seguían teniendo mente clara y disfrutaban el estar juntos en la casa.

Uno de los dos anfitriones, Alan Colmes, dijo que consideraba un privilegio haber estado presente en la cruzada de Nueva York y de haber conocido al Dr. Graham.

—Nunca he visto un par de ojos más nítidos —recordaba Colmes—. Penetran en lo más profundo del ser de uno.

—Papá no tiene nada que ocultar —fue la respuesta de Anne—. Sus ojos son nítidos porque su carácter es sólido.

Que lo mismo sea verdad de cada uno de nosotros. Que seamos guerreros genuinos y fieles a Dios. Que nuestros ojos sean nítidos y nuestro carácter sólido porque somos hombres escogidos de Dios.

Formar una generación de «personas escogidas»

El 27 de mayo de 1974 descubrí qué significaba de verdad adorar a Dios. Ese fue el día en que presencié el nacimiento de mi primer hijo. Al ver a este bebé recién nacido, fuerte, rosado y saludable, levanté mis ojos al cielo y alabé a Dios.

Le pusimos un nombre que recordaba a mis dos padres, el de nacimiento, Jim Williams, y el espiritual, el Sr. R. E. Littlejohn, que me había guiado al Señor. En esa época era gerente general de los Hawks de Atlanta, y James Littlejohn Williams nació el día de la sesión de reclutamiento oficial de nuevos jugadores para la NBA. Por eso decidí ayudar a que Jimmy comenzara bien en deportes profesionales. Traté sin rodeos de reclutarlo para la NBA estando todavía en la sala de partos.

En la décima ronda de la sesión de reclutamiento, mientras todos los ejecutivos de los clubes de la liga estaban inmersos en conferencias telefónicas, anuncié:

—¡Los Hawks de Atlanta escogen a James Williams!

—¿James Williams? —interrumpió una voz—. ¿Quiere decir Fly?

—No —respondí—. James Littlejohn Williams.

—¿De qué Universidad? —preguntó Si Gourdine, asistente del comisionado.

—Hospital Piedmont en Atlanta —dije—. Mide sesenta centímetros y pesa tres kilos y medio.

Pasaron tres segundos en completo silencio.

Luego Si Gourdine dijo con tono seco:

—Rechazado.

Tres años más tarde, estábamos a la espera de un segundo hijo. La noche antes del reclutamiento de la NBA, me encontraba en la universidad Temple, donde estaba a punto de comenzar un juego. Estaba caminando por un extremo de la cancha, detrás de la canasta, cuando oí que repicaba un teléfono. Este teléfono estaba dentro de una caja en el poste de sostén detrás de la canasta. Por curiosidad, abrí la caja y respondí al teléfono.

¡Era mi esposa!

¿Cuál era la probabilidad de que fuera a llamar a la cancha de baloncesto de la Universidad Temple para tratar de localizarme, y que fuera yo el que respondiera al teléfono? ¿Era un don de Dios, o qué?

—El bebé ya viene —me dijo—. Hay que ir al hospital.

—¡Allá voy!

A las 11:30 de la mañana siguiente, el 10 de junio de 1977, nació Bobby Williams, con exactitud noventa minutos antes de que fuera a comenzar el reclutamiento de la NBA. Vuelvo a preguntar: ¿Cuál era la probabilidad? Mis dos hijos nacieron ambos el día del reclutamiento de la NBA.

Dos años más tarde, el 28 de julio de 1979, vino al mundo Karyn, nuestro tercer vástago y primera hija. Con Karyn, al igual que con Jimmy y Bobby, el milagro del nacimiento de un niño fue para mí una experiencia de adoración.

Después del nacimiento de Karyn, adoptamos dos hijas de Corea del Sur, Andrea Michelle y Sarah Elizabeth. Entonces fue que descubrí que, sin importar cómo lleguen los hijos, ya sea por el método Lamaze o por Northwest Airlines, un niño es un don milagroso de Dios.

El 12 de junio de 1984, cinco meses después de haber acogido en nuestro hogar a Andrea y Sarah, nació nuestro tercer hijo varón. Le pusimos el nombre de Michael Patrick por el gran bateador de los Phillis, Mike Schmidt, y por mí.

Aunque Mike fue el último de nuestros hijos por nacimiento, seguimos haciendo espacio en nuestro hogar para más niños: Thomas, Stephen, David, Peter, Brian, Sammy, Gabriella, Catarina, Richie, Daniela, Alan y Carolina. Procedían de Corea del Sur, Filipinas, Rumanía y Brasil.

Muy pronto en el proceso de formar esta megafamilia nuestra, me sobrecogió una asombrosa constatación: estaba asumiendo una inconcebible responsabilidad. Esta responsabilidad era la misma ya fuera que trajéramos hijos al mundo por nacimiento o por avión desde otros países. Mi tarea, para las siguientes décadas, fue formar una camada de pequeños descendientes caídos de Adán y Eva, propensos al pecado, para que llegaran a ser hombres y mujeres escogidos de carácter semejante a Cristo.

Era el mismo desafío con el que se había enfrentado Aser cuando fue viendo los rostros de sus hijos Imna, Isúa, Isúi y Bería, y de su hija Sera. La única diferencia era que Aser solo tuvo cinco hijos por los que preocuparse. Yo tenía *dieciocho*, o más bien diecinueve después que me volví a casar.

EDUCAR A MUCHACHOS ESCOGIDOS

En el capítulo anterior, examinamos algunas de las cualidades de carácter que necesitamos para ser hombres escogidos de Dios. Estas cualidades de carácter incluyen integridad, honestidad, humildad, paciencia y disciplina de uno mismo. Ahora podemos reflexionar acerca de algunos rasgos adicionales de carácter y de las formas para imbuir estos rasgos en nuestros hijos.

Responsabilidad

El rasgo de responsabilidad en el carácter es una tendencia arraigada a actuar en forma productiva, confiable y decidida. Las personas responsables no esperan que otro les diga qué hacer; ven lo que hace falta hacer y lo hacen. Las personas responsables no necesitan una supervisión constante ni que les estén recordando las cosas. Admiten y corrigen sus propios errores, sin excusas. Hay varias formas de desarrollar el rasgo de carácter de responsabilidad en nuestros hijos:

- *Asignarles tareas y metas apropiadas para su edad.* Monitorear su avance pero sin interferir. Hay que dejar que tengan éxito o fracasen por sí mismos. Cuando fracasen, hay que hablarles acerca de las lecciones que pueden aprender de su fracaso.

- *Valorar a los hijos cuando actúan en forma responsable.* Cuando asumen responsabilidad por equivocaciones o desempeñan una tarea sin que se les esté encima, darles unas palmadas en la espalda y decirles: «Estoy orgulloso de la forma como aceptas la responsabilidad».

* *Evitar sobornar al hijo con dinero u otras recompensas tangibles.* Un muchacho de veras responsable debería desear serlo solo por lo bien que se siente cuando se hace lo correcto, no por obtener una recompensa. Si queremos desarrollar un genuino sentido de responsabilidad en nuestros hijos, las palabras de valoración son pago suficiente.

Perseverancia

Nada que valga la pena se consigue jamás en forma fácil ni rápida. El mundo necesita a jóvenes escogidos, hombres y mujeres, que perseveren en medio de obstáculos, reveses y oposición. ¿Dónde se pueden encontrar jóvenes así? ¡Los formamos!

La mejor forma de desarrollar el rasgo de perseverancia es asignando tareas y desafíos que exijan un esfuerzo sostenido durante un período de tiempo. Deberíamos enseñar a nuestros hijos que las cosas buenas les llegan a quienes perseveran. Cuando quieren abandonar ante los obstáculos que encuentran, debemos convertirnos en animadores: «¡Vamos, ahora no puedes abandonar! ¡Lo estás haciendo muy bien! ¡Vas a conseguirlo!».

Cuando los muchachos por fin concluyen el proyecto o tarea, ¡ha llegado el momento de celebrarlo! Procuremos a toda costa que reciban un premio por haber perseverado hasta el fin; no de dinero ni algo material, sino transmitiendo una cálida sensación de éxito y la gran sonrisa de orgullo paterno. Sin duda que la perseverancia tiene sus recompensas tangibles, pero dejemos que estas lleguen como consecuencia natural del éxito de los hijos. Si celebramos los logros de los hijos, iremos viendo que se vuelven imparables, que nunca se hunden.

La mejor forma de desarrollar el rasgo de perseverancia es asignando tareas y desafíos que exijan un esfuerzo sostenido durante un período de tiempo.

Hablando de hundirse, voy a contar una historia de cuatro de los muchachos Williams. En noviembre de 1988 adoptamos a cuatro hermanos filipinos, de nueve, ocho, siete y cuatro años respectivamente. Criados en un orfanato en Mindanao, nunca habían tenido la oportunidad de ver qué podían dar de sí, de descubrir qué podían lograr. Su respuesta ante cualquier tarea o desafío era: «¡No sabemos hacerlo!».

Decidí enseñar a estos muchachos que podían hacer lo que quisieran con tal de que perseveraran. Por ello los llevé a una gran piscina en Rollins College y los dejé al cuidado del entrenador de natación Harry Meisel y de su hijo Kevin. Sabía muy bien lo que esos cuatro muchachos dirían: «¡No sabemos nadar!».

—Todavía no —respondí—, pero aprenderán.

Harry y Kevin los echaron al agua y ¿saben qué? Los cuatro muchachos tenían razón. No sabían nadar. Se estaban hundiendo. Harry y Kevin los sacaron del agua, les sacaron el agua que habían tragado, y les enseñaron cómo flotar. Los muchachos volvieron a hundirse. Harry y Kevin los volvieron a sacar. ¡Se convirtió en una rutina monótona!

Pero hubo un momento, en medio de mucho glu-glu y de manotear y de pedir ayuda, en que algo funcionó. El más pequeño de los muchachos aprendió primero, y comenzó a nadar como un renacuajo. Bueno, eso avergonzó a los otros tres. Al poco rato, a los cuatro muchachos les salieron agallas y aletas y ¡comenzaron a nadar como tiburones! Y lo que es más, les encantó. En unos pocos años, tres de ellos clasificaron para los Juegos Olímpicos Juveniles en Florida. Los mismos muchachos que decían «¡No sabemos nadar!», ¡llegaron a figurar entre los mejores nadadores del estado! Todo sucedió porque aprendieron a perseverar.

Fe

La cualidad del carácter llamada fe implica creer y actuar a partir de promesas y mandamientos de Dios. Con frecuencia se emplea mal la palabra «fe». Algunos creen que significa «creencia ciega en una idea de la que no hay pruebas», a lo cual respondo: «¡De ningún modo!». La fe es racional. Se basa en evidencia y experiencia confiables. La fe proviene de ver cómo Dios ha actuado en la historia y cómo está actuando en nuestras vidas hoy.

Todo hombre escogido y toda mujer escogida necesitan poseer en su carácter la cualidad de la fe. Las personas de fe son los mejores líderes, maestros, padres y modelos de conducta. ¿Por qué? Porque se ven a sí mismos como responsables de sus palabras, decisiones y conducta delante de un Dios santo.

¿Cómo estimular a los hijos a que lleguen a ser personas de fe? Hablamos de nuestra relación con Dios a cada oportunidad. Como Dios nos dice en Deuteronomio 6:6-7: «Y estas palabras que yo te mando hoy, estarán sobre tu corazón; y las repetirás a tus hijos, y hablarás de ellas estando en tu casa, y andando por el camino, y al acostarte, y cuando te levantes». No perdamos ninguna oportunidad para fomentar la fe de nuestros hijos.

Y mientras hablamos a nuestros hijos acerca de la fe, pongamos nuestra fe en acción. Cuando luchemos con alguna tentación o adversidad, elijamos la fidelidad a Dios a partir de nuestra relación de fe con Dios Padre. Cuando nos golpeemos el dedo pulgar con un martillo, asegurémonos de que nuestros hijos oigan de nuestros labios alabanzas y no malas palabras. Asegurémonos de mostrar compasión, cortesía y respeto, como Cristo hacia nuestros hijos, nuestra esposa, nuestros colegas en el trabajo, nuestros vecinos, al cartero, y al muchacho que empaca las compras en el supermercado.

Seamos modelos de un estilo de vida de oración para nuestros hijos, y no solo a las horas de comida o al acostarse. Como familia, detengámonos para pedir la protección de Dios para el viaje en familia. Oremos con la familia en cuanto a las grandes decisiones, como un cambio de trabajo o un cambio de ciudad. Cuando nos sucedan cosas buenas, detengámonos con nuestros hijos para enviar al cielo un sentido «¡Gracias, Dios mío!». Que nuestros hijos puedan ver que estamos siempre en contacto con el Padre por medio de la oración.

Compasión

El rasgo de compasión como parte del carácter implica empatía con el que sufre y pasa necesidades, un deseo de ofrecerle aliento y un afán de ayudarlo a sobrellevar sus cargas. Una persona compasiva está dispuesta a sacrificar lo que le conviene para ser de bendición para otros. La compasión nace de un amor auténtico por las personas, no de un deseo de ganar reconocimiento.

¿Cómo podemos fomentar en nuestros hijos que lleguen a ser jóvenes escogidos de compasión? Primero, prediquemos compasión. Hablemos de la compasión de Cristo e instemos a nuestros hijos a emular su ejemplo.

Segundo, seamos modelos de compasión. Hagamos posible que nuestros hijos nos vean dando la mano a nuestros vecinos para ayudarlos, a los desamparados, a los que pasan hambre, a los ancianos, a los encarcelados, a los que tienen necesidad. Llevemos con nosotros a nuestros hijos cuando visitemos un hogar de convalecientes, o el programa de nuestra iglesia de ayuda a los sin hogar. Remanguémonos la camisa, penetremos en el océano de la necesidad humana, y llevemos a nuestros hijos con nosotros para que puedan experimentar cómo se siente la compasión.

Tercero, enviemos a nuestros hijos a una misión de compasión. Alentémoslos a involucrarse en campamentos de verano de Hábitat para la Humanidad. Enviémoslos a alguna misión a corto plazo en programas de diversas instituciones, o de nuestra iglesia, o a barrios marginados. Una vez que comiencen a salir para ayudar a otros, les gustará. La compasión se convertirá en un modo de vida, en una faceta arraigada de su carácter.

Darrell Scout es un padre cristiano que enseñó a sus hijos a ser compasivos y a ayudar a los marginados y menos afortunados en su entorno. Enseñó a sus hijos a ser testigos de Jesucristo en su recinto escolar. Sus hijos eran alumnos en la Escuela Secundaria Columbine en Littleton, Colorado.

El 20 de abril de 1999, la hija de Darrell, Rachel estaba sentada sobre el césped fuera de la cafetería, comiéndose el almuerzo. Dos muchachos con impermeables se le acercaron. Apenas uno o dos días antes, Rachel había hablado a uno de esos muchachos de su propia relación con Jesucristo. Sabía que tenía problemas y sintió compasión por él, pero el muchacho no quiso saber nada del Dios de Rachel.

Una vez que comiencen a salir para ayudar a otros, les gustará. La compasión se convertirá en un modo de vida, en una faceta arraigada de su carácter.

Ese día, ese joven conflictivo sacó un arma del impermeable, apuntó a Rachel, y le disparó a una pierna. Rachel se levantó para salir corriendo, pero el joven volvió a disparar, esta vez atravesándole el tórax. La joven cayó sobre el césped, todavía viva.

Los dos jóvenes entonces dispararon ocho o nueve veces al muchacho que se encontraba junto a Rachel, que quedó con vida, pero paralizado. Entraron luego a la cafetería de la escuela, muy llena, y trataron de hacer detonar dos balones de butano que armaron como bombas. Por la gracia de Dios, las bombas no estallaron. De haber explotado, hubieran muerto hasta cuatrocientos cincuenta estudiantes en un violento infierno.

Frustrados porque las bombas habían fallado, los jóvenes salieron corriendo. Uno se agazapó detrás de Rachel, le levantó la cabeza por el cabello y le preguntó: «¿Todavía crees en Dios?». Ella respondió: «Sí, creo en Él». El joven añadió: «Entonces vete a estar con Él». Disparó el arma y el proyectil le atravesó la cabeza por la sien.

Antes que estos dos jóvenes asesinos apuntaran sus armas contra sí mismos y se suicidaran, mataron a doce estudiantes y un profesor. Otros estudiantes fueron blancos de más disparos y quedaron heridos.

Varias semanas después de la matanza de Columbine, un estudiante de la escuela fue a visitar a Darrell Scout. Ese joven había nacido con una deformidad física que afectaba su fisonomía y le dificultaba el habla. Debido a su deformidad, algunos de sus compañeros de clase le habían puesto el cruel sobrenombre de «extraterrestre».

«Deseo contarle algo acerca de su hija Rachel», le dijo el joven a este afligido padre. «Rachel siempre fue muy agradable conmigo. Todos los días, me rodeaba la espalda con su brazo y me decía, "¿Cómo estás hoy?". Y ¿sabe qué, Sr. Scout? La vi apenas una hora antes de que la mataran. Me abrazó y me dijo: "Algún día, muy pronto, nos compraremos un café e iremos al cine, y nos lo vamos a pasar muy bien". Y todas las noches, desde que murió, no hago más que llorar, porque Rachel fue la única persona de la escuela que me trató bien».

El mundo necesita más personas escogidas como Rachel Scout, personas compasivas, personas con los brazos acogedores de

Jesucristo para los que sufren y se sienten solos. Debemos formar una generación de guerreros amables, fieles a Dios, y de jóvenes escogidos como Rachel Scott.

MANTENERSE FIRMES EN MEDIO DE LA TENTACIÓN Y LA ADVERSIDAD

Uno de mis personajes bíblicos favoritos es José, el hombre escogido de Dios cuya historia se narra en el libro de Génesis. Escribí un libro sobre la vida de José bajo el título de *Unsinkable*[1] [Insumergible]. Fue el penúltimo de los doce hijos de Jacob. Soñaba sueños y tenía visiones del futuro, y sus sueños y visiones hicieron que sus diez hermanos mayores sintieran celos de él. Lo odiaron tanto que se abalanzaron sobre él y lo vendieron como esclavo, y luego le dijeron a su padre que un animal salvaje lo había matado.

A José lo compró Potifar, un capitán del ejército egipcio. Este puso a José (quien por entonces era adolescente) a cargo de todas sus propiedades. ¡Imaginemos que estamos en secundaria y nuestro superior nos confía su chequera, sus tarjetas de crédito e incluso las llaves de su nuevo vehículo!

Un día, la mujer de Potifar se acercó a José y trató de seducirlo, pero José no cedió. «Mi patrón ya no tiene que preocuparse de nada en la casa, porque todo me lo ha confiado a mí», dijo. «¿Cómo podría yo cometer tal maldad y pecar así contra Dios?». Esta es la forma de hablar de una persona con carácter. Esto es un hombre escogido de Dios que decide conservar su integridad y ser fiel a Dios.

La mujer de Potifar se enfureció ante la negativa de José, y por ello decidió destruirlo. Cuando Potifar regresó, la esposa acusó a José de haber tratado de violarla. Entonces Potifar mandó encarcelar a José. Este hombre escogido tuvo como recompensa ser difamado y ser víctima de injusticia. Esta es la forma en que a menudo funciona el mundo. A veces debemos pagar un elevado precio por hacer lo que es justo, pero el hombre escogido está dispuesto a pagar ese precio, sabiendo que el precio del pecado es todavía mayor.

A fin de cuentas, el carácter y la integridad de José llamaron la atención del Faraón, el soberano de Egipto. El Faraón puso en libertad a José y lo colocó como segundo al frente de todo Egipto.

Debido a su fe y carácter intachable, José se ganó la confianza del Faraón.

Nuestros hijos se enfrentan en sus vidas con tentaciones y adversidades. Debemos fomentar que desarrollen un carácter sólido y que se preparen para los tiempos difíciles que les esperan. He aquí algunas formas con las que podemos inspirar y motivar a los jóvenes a desarrollar carácter para permanecer firmes como José.

Comenzar temprano

Hay mucha sabiduría en el antiguo proverbio: «Instruye al niño en su camino, y aun cuando fuere viejo no se apartará de él» (Proverbios 22:6). En otras palabras, si queremos formar hombres escogidos y mujeres escogidas, tenemos que empezar con niños escogidos. Si queremos formar a nuestros hijos para que sigan a Jesús y lo imiten, entonces tenemos que comenzar a enseñarles desde los primeros años fe y carácter.

Educar a los hijos de acuerdo con la personalidad única de cada uno

Cuando se trata de disciplinar a los hijos, no existe lo que se llamaría «talla única». Si tenemos dieciocho hijos viviendo en la casa, entonces se necesitan dieciocho estilos de ser padre, uno para cada hijo de la familia. Y esto quiere decir que debemos tomar tiempo para conocerlos a cada uno como personas únicas.

Si alguien entrara en la casa de los Williams el Día de Acción de Gracias, se encontraría con una multitud de rostros. Pero cuando miro alrededor de nuestra gigantesca mesa, veo a todos mis hijos en forma individual, cada uno de ellos con sus sueños, talentos, rasgos de carácter, fortalezas, debilidades, excentricidades y cualidades entrañables. Tenemos que conocer a cada uno de nuestros hijos como personas individuales para luego desarrollar un estilo de ser padre que satisfaga las necesidades de cada una de esas almas humanas individuales.

Algunos muchachos, por ejemplo, son torpes e inseguros. Como padres cristianos, la tarea es dar a estos hijos aprobación, validación, atención y refrendo. Hay que darles oportunidades para tener éxito y desarrollar su confianza.

Podemos tener hijos que sean egoístas e insensibles con respecto a los demás. Como padres cristianos, la tarea es enseñarles a ser humildes, pacientes y respetuosos de los sentimientos de otros. Se debe utilizar un conjunto bien diferente de músculos paternos con estos hijos de los que se utilizan con los hijos torpes e inseguros.

Algunos de los hijos pueden ser rígidos, de cabeza dura y muy dedicados a la verdad, pero con poco sentido de gracia y misericordia. Ahí hay algunas cualidades buenas y algunos inconvenientes potenciales. La responsabilidad del padre es encontrar formas de enseñar a esos niños cómo mantener el equilibrio entre verdad y gracia, justicia y misericordia. Hay que enseñarles a moderar su rigor. Se les puede mostrar en las Escrituras que, si bien Jesús nunca transigió en cuanto a la verdad, siempre fue generoso y misericordioso para con los pecadores y con las personas en necesidad.

Podemos tener hijos que se equivoquen por ser demasiado misericordiosos y emotivos. Necesitan aprender a aplicar un juicio racional bueno, a pensar además de sentir. Está muy bien sentir pena por el que trabaja por el sustento, pero hay que mostrarles con el ejemplo propio que la verdadera compasión debería ser sabia. Podemos decir a esos hijos: «¿Vieron lo que hice? En lugar de darle dinero, que podría haberlo gastado en drogas, le compré un bocadillo y lo llevé al Centro de Rescate. Dios quiere que seamos misericordiosos, y ¡sabios!».

Instruir a los hijos a diario sobre las verdades de la fe cristiana

Asistamos a la iglesia con nuestros hijos. No nos limitemos a llevarlos a la iglesia y luego irnos a otro lugar. Alguien podría decir: «¡Pero mis hijos no quieren ir a la iglesia!». ¿Ah no? ¿Quién les ha dado el derecho de votar? La regla número uno en la casa de los Williams es: quien vive bajo nuestro techo, va a la iglesia y a la escuela dominical todos los domingos, sin excepción.

Incluso más importante que la fe que practicamos los domingos por la mañana es la fe que practicamos de lunes a sábado. Como padres cristianos, debemos dar ejemplo de la fe en la casa todos los días. Esto quiere decir que leemos la Biblia y oramos con nuestros hijos. Conversamos a diario en familia acerca de aspectos de la fe y de los valores, a las horas de las comidas o siempre que se presenta una situación que podría servir como lección objetiva. Dios no debería ser un simple apéndice en nuestra familia: debe ser el fundamento y punto focal de ella. Y, Papá, todo empieza *contigo*.

Alabar y corregir a los hijos sobre la base del carácter

Cuando un hijo viola las reglas, no debemos limitarnos a castigar la desobediencia. En vez de ello, debemos señalar en qué forma la desobediencia daña su carácter. Digamos: «Quieres desarrollar un buen carácter para que así las personas confíen en ti y dependan de ti. La única forma de formar el carácter es tomando buenas decisiones cuando te sientes tentado. La próxima vez que te sientas tentado, pregúntate: "Si hago esto, ¿formaré mi carácter o lo echaré a perder?"».

Cuando un hijo hace algo bien, digamos: «¡Estoy muy orgulloso de ti! ¡Estás desarrollando un buen carácter! Te estás volviendo cada vez más como Jesús. De veras estás creciendo en integridad, valor, fe y sentido de responsabilidad».

Permitir que los hijos sufran las consecuencias de sus malas elecciones

¡Esto es difícil! La mayor parte de los padres cristianos sienten compasión por sus hijos y desean protegerlos, incluso frente a las repercusiones naturales de sus pecados y errores. Pero las consecuencias naturales son los mejores maestros. Si queremos formar hombres y mujeres escogidos de carácter, los hijos necesitan entender que se paga un precio por las malas decisiones. Resistamos el deseo de salir al rescate de los hijos.

Hablar a los hijos acerca de héroes

Estos tiempos son difíciles para los héroes. Una y otra vez, hemos visto a los así llamados «héroes» sucumbir debido a deficiencias

 Si queremos formar hombres y mujeres escogidos de carácter, los hijos necesitan entender que se paga un precio por las malas decisiones.

en su propio carácter. Como el comentarista Leonard Pitts Jr. observó: «Mi segundo hijo, Marlon, se me quejó no hace mucho de que su generación estaba llegando a la edad adulta en un mundo sin héroes. [...] Nuestros hijos han aprendido a esperar que algo más vaya a suceder, que los "héroes" sean desenmascarados y los valores traicionados».

Es triste pero es verdad. Alrededor nuestro, vemos héroes en los deportes, héroes de la vida política y héroes religiosos desenmascarados por escándalos, con sus reputaciones destrozadas por el pecado. Si queremos ofrecer a nuestros hijos un panteón de héroes que les sirvan de modelos para sus vidas, recordemos Hebreos 11, donde se pasa lista a hombres y a mujeres escogidos que fueron ejemplo de fe, integridad, valor y todos los demás rasgos admirables. Estas fueron personas de un carácter tan extraordinario que el autor de Hebreos concluye: «¡El mundo no merecía gente así!» (v. 38).

Otra sugerencia: contar a los hijos historias o ver películas juntos acerca de héroes, hombres y mujeres escogidos que han sido puestos a prueba y han demostrado gran carácter. Luego conversemos con los hijos acerca de la vida de esa persona y preguntémosles qué cualidades de carácter identificaron en la historia.

Ser modelos de un estilo de vida de servicio a otros

Asegurémonos de que nuestros hijos vean que vivimos el espíritu de servicio de Cristo en nuestra propia vida. Encontremos maneras de involucrar a nuestros hijos en actividades de voluntariado y de ayuda a otras personas que son menos afortunadas que ellos. Si necesitamos ideas sobre proyectos locales de servicio en que los hijos puedan participar, hablemos con el pastor o el líder de jóvenes. Ayudemos a los hijos a que aprendan a pensar en otros, y no solo en ellos mismos.

Después de la publicación de mi libro *Coaching Your Kids to Be Leaders*, recibí un correo electrónico de un lector, Tom Walsh[2]. Él ha empezado a enseñar a sus hijos a servir a otros desde que son pequeños. Escribió:

¡Gracias por haber escrito ese libro! Como padre de dos muchachos, de dos y cuatro años (con un tercero en camino), encontré en su libro muchas ideas de cómo formar emocional y espiritualmente hijos sanos. Su libro me inspiró a actuar.

El sábado pasado, mi esposa estaba trabajando y yo estaba con los muchachos. Comenzamos por ir a su tienda favorita de rosquillas. Después de esto nos detuvimos en el hogar de ancianos de la localidad. Quería ver si podíamos visitar a alguno de los pacientes. Pensé que podríamos alegrarles el día y que sería una buena experiencia para mis muchachos aprender la importancia de ayudar a otros.

Nos acercamos al mostrador y la recepcionista nos preguntó a quién veníamos a visitar. Le dije: «A cualquiera. Solo queremos visitar a alguien que pueda necesitar algo de compañía». ¡La recepcionista se sorprendió! Imagino que haya sido algo que no sucede a menudo.

El personal del hogar se mostró complaciente, y con gusto nos permitieron recorrer las instalaciones y hablar con las personas. En cierto momento llegamos a la sala de estar donde muchos de los residentes se habían reunido para tomar café y rosquillas.

Mi hijo de cuatro años, George, se dirigió hacia donde estaban los ancianos y (como le había sugerido antes) dijo: «¡Hola! Me llamo George. Me da mucho gusto conocerlos». Y a cada una de las personas le dio un fuerte apretón de manos. Las personas disfrutaron de su compañía, y fue una experiencia muy buena para mis muchachos. ¡Nunca imaginé que un papá pudiera sentirse tan orgulloso de un hijo de cuatro años!

No creo que uno pueda jamás empezar demasiado temprano a formar a los hijos para que piensen en otras personas y las sirvan. Al mismo tiempo, les estamos enseñando a pulir sus destrezas sociales, a superar la timidez y a desarrollar confianza. Ese fue un primer paso importante en un proceso de formación de liderazgo que deseo continuar durante todos los años formativos de mis hijos. ¡Gracias de nuevo por encender esa chispa de inspiración en su libro!

Sinceramente,
Tom Walsh

¡Ahí tenemos a un padre que lo comprende! Me siento muy contento de que mi libro lo inspirara, pero su historia me inspiró aun más a mí. Nunca es demasiado temprano para comenzar a enseñar a los hijos a servir a otros.

Involucrar a los hijos en deportes y en los Exploradores

No hay nada en correr, lanzar una pelota o hacer excursiones a pie por los bosques que de por sí desarrolle carácter. Pero los deportes y los Exploradores pueden tener una influencia profunda en nuestros hijos si los entrenadores, los guías de Exploradores y los padres son ejemplo de buenos rasgos de carácter.

Frosty Westering, que fue entrenador principal en la Universidad Luterana del Pacífico, dijo en cierta ocasión: «La forma en que un hombre juega, muestra algo acerca de su carácter. La forma en que pierde lo muestra todo». Es verdad. Tanto si ganan como si pierden, el participar en actividades deportivas tiene gran valor para los muchachos en cuanto a desarrollo del carácter y exposición del mismo. Los muchachos aprenden a competir con intensidad y a tener respeto por los oponentes, entrenadores, árbitros y por las reglas del juego. Cuando un joven adquiere un buen espíritu deportivo, también adquiere un buen carácter.

Y ¿qué se puede decir de los Exploradores? Cuando estaba investigando para el libro *Coaching Your Kids to Be Leaders*, entrevisté a ochocientos líderes de muchas esferas de la vida. Me sorprendió descubrir que más o menos una tercera parte de quienes respondieron mencionaron el movimiento de Exploradores [Boy Scouts] como una de las influencias formadoras de su carácter y de su capacidad de liderazgo.

Los Jóvenes Exploradores se comprometen a ser «dignos de confianza, leales, serviciales, amistosos, corteses, obedientes, alegres, sobrios, valientes, limpios y respetuosos». En breve, el movimiento de Exploradores se interesa por formar un buen carácter. En años recientes, el movimiento ha sido objeto de ataques por ser impopular. Pienso que estos ataques a los Exploradores son un crimen. Espero que nos unamos todos en promover y defender a los Exploradores, uno de los movimientos en nuestra sociedad que todavía enseña a tener respeto por Dios y por el país, virtudes morales, buena ciudadanía y los principios del buen carácter.

EDUCAR A DESCENDIENTES DE ASER EN UN ÉPOCA POSMODERNA

Si queremos formar a muchachos escogidos de carácter, entonces debemos entender el mundo en el que viven y las presiones mundanas que amenazan con envenenar sus mentes y corazones. Debemos estudiar el mundo de nuestros hijos, su cultura, su lenguaje, sus valores, sus puntos de vista.

No demos por sentado que están creciendo en la misma cultura adolescente que nosotros. Sí, todavía escuchan música rock, pero el rock que escuchan no es nada como los Who, los 'Stones o los Doors. No dejemos de sintonizar su música solo porque no nos atrae. Tomemos conciencia de que una parte de la música estrepitosa puede provenir de un grupo cristiano, en tanto que algunas de las melodías más atractivas pueden contener mensajes de desesperanza sin Dios, de drogas, sexo, violencia y suicidio.

Nuestros hijos han ido creciendo en un mundo muy diferente de aquel en el que todos nosotros crecimos. Desde sus primeros años, se han visto expuestos a computadoras y otros artilugios de alta tecnología. Pueden realizar varias tareas al mismo tiempo mucho mejor que nosotros jamás pudimos: enviar correos electrónicos, mensajes instantáneos, navegar por la red, todo ello mientras hablan por el celular. Necesitan ruido y entretenimiento constantes. Son adictos a Starbuck, hiperestimulados e impacientes; en consecuencia, tienen poca capacidad de concentración y se aburren de nada.

Nuestros hijos son parte de una generación ciber-alfabetizada, diestra en Internet, que vive en una comunidad global. Lo más probable es que nuestros hijos tengan amigos a los que se sienten cercanos, pero que nunca han conocido en persona. Estos amigos quizá vivan al otro extremo del país o incluso en el otro lado del mundo, pero nuestros hijos conversan con ellos a diario.

Los jóvenes de hoy están inmersos en una visión posmoderna del mundo. No podemos dedicar tiempo a explicarlo todo acerca del posmodernismo y de donde procede, pero así es como se ve el mundo con ojos posmodernos.

La juventud posmoderna se inclina más hacia el sentir que hacia el pensar. Los influyen mucho más las historias y las experiencias que las razones y la lógica. No creen en verdades objetivas, absolutas; dicen: «Tú tienes tu verdad y yo tengo la mía». Con frecuencia creen en una espiritualidad de fabricación propia. Para ellos, es aceptable hacerse su propio Dios y su propia moralidad.

Uno de los valores más elevados para los posmodernos es la tolerancia, que definen como una inclusión (desprovista de sentido crítico) de puntos de vida, estilos de vida y culturas diferentes. Como resultado de ello, la verdad que Jesús declara en Juan 14:6 les suena a muchos posmodernos como estrecha de miras e intolerante: «Yo soy el camino, y la verdad y la vida. Nadie viene al Padre, sino por mí».

Si bien la mayor parte de los muchachos en la actualidad no creen en una verdad objetiva, sí valoran la confianza. Consideran fundamental la honestidad y la integridad, y observan a las personas para ver si son auténticas. Si detectan algún indicio de que uno los ha engañado o traicionado, dejarán de confiar.

Incluso si los hemos educado para ser rectos y morales, es probable que nuestros hijos hayan ido absorbiendo (de los medios de comunicación, la cultura y sus iguales) un cierto grado de convencimiento de que no hay nada bueno ni malo en forma absoluta. Estudios que se han realizado muestran que la mayoría de los muchachos (incluyendo los que van a la iglesia) piensan que piratear música y otros materiales con derechos de autor al compartir entre ellos archivos tomados de Internet es «chévere».

Si uno les dice que está mal robar música de compañías de discos, responden: «¡Esas compañías de discos tan ricas no necesitan mi dinero!». Esto no es una simple racionalización para ellos. No tienen ningún sentimiento de culpa, porque en su visión del mundo, si desean algo, es moral y aceptable conseguirlo.

Los muchachos de hoy tienen una idea parecida en cuanto a la moral sexual. No hay estándares objetivos. Ven la moralidad como algo que cada persona define en forma privada a partir de sentimientos y preferencias. Muchos muchachos hacen una distinción arbitraria entre coito y actividad sexual sin coito que no conlleva penetración genital. Algunos equiparan seguridad con moralidad: «El sexo no es inmoral siempre que sea sexo con *protección*». El joven posmoderno promedio no se detiene a pensar acerca de las consecuencias morales, psicológicas o espirituales de la actividad sexual a edad temprana.

Es importante que entendamos cómo ven nuestros hijos el mundo para que así podamos contrarrestar de un modo más efectivo las formas posmodernas de pensar tan corrosivas que infectan sus almas. Hoy más que nunca antes, los jóvenes necesitan incorporar a sus vidas la verdad de Romanos 12:2: «No os conforméis a este siglo, sino transformaos por medio de la renovación de vuestro entendimiento».

Si queremos criar hijos escogidos que estén del lado de Dios en este mundo posmoderno descreído, debemos aprender a ver el mundo a través de sus ojos. Pidamos a Dios que nos ayude a no sentirnos frustrados ni molestos con sus formas diferentes de pensar. Aceptemos el hecho de que su forma de pensar no es lineal y que no se los puede persuadir con argumentos lógicos. Nuestro mensaje para ellos no debería ser, «Estás equivocado. Debes cambiar tu manera de pensar». En lugar de ello, nuestro acercamiento debería ser encontrar maneras de comunicar la verdad inmutable de Dios de un modo que puedan entender con

Si queremos criar hijos escogidos que estén del lado de Dios en este mundo posmoderno descreído, debemos aprender a ver el mundo a través de sus ojos.

su experiencia y su capacidad de atención que funciona a velocidad de Internet.

Les debemos hablar de los mensajes en su música en lugar de despreciar su música por ser «solo un montón de ruido y de gritos»; alentémoslos a que el ruido y los gritos los busquen en conjuntos musicales cristianos cuyas canciones contienen mensajes y letras positivos. Animémoslos a interrumpir de vez en cuando su torbellino incesante de entretenimiento y estimulación. Limitemos el tiempo de TV, de computadora y de iPods. Enseñemos a nuestros hijos qué quiere decir el Señor cuando afirma: «Estad quietos, y conoced que yo soy Dios» (Salmo 46:10).

Estemos al corriente de los amigos de nuestros hijos, porque tendrán una enorme influencia en nuestros muchachos. Enseñemos a nuestros hijos qué dice la Biblia acerca de hacer amistades y de enfrentar la presión de los iguales: «El que anda con sabios, sabio será; mas el que se junta con necios será quebrantado» (Proverbios 13:20); «No erréis: las malas conversaciones corrompen las buenas costumbres» (1 Corintios 15:33).

Es de igual manera importante estar al corriente de lo que nuestros hijos hacen en la Internet. Deberíamos tener las computadoras instaladas en un área familiar abierta, donde los muchachos no puedan esconder lo que hacen en la Internet. Y no hacen pensemos que la pornografía en línea es el único peligro con el que se enfrentan nuestros hijos en la Internet.

¿Tienen nuestros hijos páginas en la red en MySpace.com? ¿Visitan espacios para chatear o utilizan mensajes instantáneos en línea? De ser así, es probable que sean bombardeados con lenguaje obsceno, conversaciones sobre sexo y coqueteo, imágenes clasificadas como X o R, y un ataque incesante de ideas, opiniones y chistes inmorales y antirreligiosos. Los *blogs* de adolescentes en la red y los espacios de chateo que nuestros hijos visitan suelen estar llenos de banalidades sobre sexo, sobre drogas, sobre odios y de abusos verbales.

Pensemos en serio acerca del estilo de vida de nuestros hijos, y preguntémonos: ¿Qué están escuchando mis hijos en sus iPods? ¿Tienen trastornos alimentarios, como anorexia o bulimia? ¿Están experimentando con drogas? ¿Están inmersos en una relación perjudicial en la escuela o en la Internet? ¿Tienen adicción a los juegos de video? ¿Malgastan demasiado tiempo en la computadora o en otras formas de entretenimiento? ¿Sería mejor utilizar su tiempo en actividades de la iglesia, deportivas, musicales o de los Exploradores?

¿Revisamos el uso que hacen nuestros hijos de la Internet? No estoy hablando de un programa de control. Todavía no se ha inventado un programa así a prueba de muchachos. Hablo de la necesidad de espiar a nuestros hijos. «¿Qué?», exclamarán algunos. «¿Invadir la privacidad de mi hijo?». Respondo: ¿Qué privacidad? Los hijos no tienen derecho a una privacidad completa, no cuando están en juego sus corazones, mentes y almas. Nosotros compramos el computador, pagamos por la conexión a la red, somos responsables por lo que nuestro hijo hace en línea. De modo que conviene que sepamos qué está sucediendo.

Por encima de todo, hablemos con nuestros hijos, y escuché-moslos. No pensemos ni por un momento que no tenemos ninguna influencia. Claro que discuten con uno y rechazan todo lo que decimos encogiéndose de hombros. Pero después que salimos de la habitación y nos dirigimos a la sala, filtran y evalúan nuestro consejo. Claro que pueden rechazar la mayor parte del mismo, pero algo de lo que dijimos les penetra. Un día, incluso, podremos escuchar la conversación telefónica que sostienen con un amigo, en la que reproducen precisamente el mensaje que les dimos acerca de drogas, sexo o de la fe en Cristo. Entonces sabremos que todo el dolor e irritación valieron la pena. Hacemos mella, tenemos influencia, y estamos ante un carácter en construcción.

EL VERDADERO CORAZÓN DE UN PADRE

Nuestros hijos viven en un mundo difícil, un mundo que desea atraparlos y esclavizarlos, hacerlos sentir insuficientes y avergonzarlos si no se adaptan. El mundo los ridiculizará y los maldecirá por ser cristianos y por demostrar que aman a Dios.

Como padres en la tradición de Aser, nuestra tarea es permanecer firmes junto a nuestros hijos contra el mundo, no protegiéndolos, sino fortaleciéndolos y empoderándolos para que enfrenten las tentaciones y furia de este mundo. Cada vez que se les dice: «No eres nada», tenemos que decirles diez veces, cien veces, «¡Te quiero! ¡Estoy orgulloso de ti!». Cada vez que fallan, debemos decirles: «¡Sí puedes hacerlo! ¡Estoy seguro de ti!». Debemos valorar a nuestros hijos y amarlos sin condiciones.

Voy a contar una historia sobre el amor incondicional de un padre. He conocido a Julius Irving, el legendario Doctor J, desde 1976, cuando yo era gerente general de los 76ers de Filadelfia. En 1997, Julius pasó a ocupar el puesto de vicepresidente ejecutivo de la organización de los Magic de Orlando, y trabajamos juntos en la dirección por casi cinco años.

A comienzos de junio de 2000, Julius me llamó para darme la terrible noticia de que su hijo de diecinueve años, Cory, había desaparecido. El 28 de mayo, Cory había ido en su carro a la tienda para comprar pan para una parrillada al aire libre del Memorial Day pero no había regresado. Julius estaba a punto de dar a conocer la desaparición de Cory y por ello me pidió que yo hiciera de portavoz de la familia. Yo estaba dispuesto a ayudar en todo lo que pudiera.

La vida para Cory no había sido fácil. Con dislexia y un desorden de déficit de atención, había tenido dificultades en la escuela y de adolescente había pasado varias veces por tratamientos de rehabilitación de drogas. Algunas personas, que conocían los problemas anteriores de Cory, dieron por sentado que se había fugado de la casa. Julius no lo creía. Estaba seguro de que algo le había sucedido a Cory. Antes de su desaparición, Cory había logrado hacer cambios edificantes en su vida. Tenía un trabajo y estaba asistiendo a un colegio preuniversitario. La relación con sus padres era buena. ¿Por qué habría huido? No tenía lógica.

Julius ofreció una recompensa de $25.000 y pidió ayuda por todo el país para encontrar a Cory. El 23 de junio, apareció como invitado en el programa de la CNN *Larry King Live*. Le describió a Larry King con mucho cariño a su hijo Cory, y le dijo: «Tiene mucho potencial como persona. Es encantador, listo, a veces algo raro. [...] Deseamos que el público nos ayude a recuperar a una persona a la que amamos mucho».

Una persona que llamó al programa de Larry King preguntó cómo Julius y su familia podían mantener la tranquilidad en medio de semejante crisis. «A pesar de las circunstancias estamos bien», contestó. «He estado recurriendo con todo el corazón a la Biblia, en especial a Lucas 15:11, la parábola del hijo pródigo. Ese pasaje dice que al final, todos celebraremos porque nuestro hijo que se había perdido ha sido hallado. Cuando nuestro hijo regrese a casa, tendremos una comida y lo celebraremos».

Al final del segmento, Larry King le dio a Julius unos momentos para que dijera unas palabras finales. Julius miró de frente a la cámara y dijo: «Cory, si estás viendo este programa, regresa a casa. No me importa dónde estés ni lo que hayas hecho, te amamos incondicionalmente. Te echamos de menos. Deseamos que vuelvas y te necesitamos en casa. Te amamos, hijo. Por favor, llámanos y regresa a casa».

Pasaron dos semanas sin que se supiera nada de Cory. El jueves 6 de julio, unos ayudantes del sheriff del Condado Seminole, mientras buscaban en forma minuciosa una laguna de embalse, encontraron el Volkswagen Passat negro sumergido a más de dos metros y medio de agua. Cory estaba dentro. Su muerte había sido por accidente.

Después que encontraron a Cory, Julius me pidió que ofreciera una breve declaración a través de los medios de comunicación: «Quisiera agradecer al sheriff Eslinger y a su personal el habernos devuelto a nuestro hijo». El hijo perdido de Julius Irving regresó a casa, y tal como lo había prometido en el programa de Larry King, ofreció una comida a la familia y amigos para celebrar el regreso de su amado hijo.

El apóstol Pablo describió el corazón de un padre como Julius Irving cuando escribió: «Así como también sabéis de qué modo, como el padre a sus hijos, exhortábamos y consolábamos a cada uno de vosotros, y os encargábamos que anduvieseis como es digno de Dios, que os llamó a su reino y gloria» (1 Tesalonicenses 2:11-12). Esta es la clase de padre que fue Aser: amoroso, compasivo y que brinda apoyo; la clase de padre que todos nosotros deberíamos aspirar a ser.

Al permitir que nuestros hijos sepan que son amados, apoyados y valorados, los dotamos de la armadura para hacer frente a los ataques y presiones de este mundo. Los fortalecemos para que permanezcan firmes contra la tentación y adversidad de este mundo. Por medio de nuestro amor incondicional y de nuestro apoyo hacemos posible que nuestros hijos lleguen a ser en verdad muchachos escogidos y descendientes espirituales de Aser.

Nota

1. Pat Williams con David Wimbish, *Unsinkable: Getting Out of Life's Pits and Staying Out.* Fleming Revell Publishers, Grand Rapids, MI, 2002.
2. Pat Williams, *Coaching Your Kids to Be Leaders: The Keys to Unlocking Their Potential.* Warner Faith, New York, 2005.

3.ª Dimensión
VALOR

Imaginemos un guerrero...

Habían transcurrido cinco años desde que Isúa había regalado sus valiosos arco y flechas a su amigo Arad. Ahora el mundo de Isúa se había oscurecido. Arad yacía muerto a sus pies.

Aser se encontraba al lado de Isúa, contemplando los sangrientos y deformados restos de Arad. Dos de los hermanos de Isúa, Imna e Isúi, estaban cerca, revisando la casa de Elcana el herrero, que había sido saqueada. Junto a la puerta estaban los cuerpos de Elcana y de su esposa Baara, con los brazos entrelazados en la muerte. Al otro extremo de la habitación estaban los cuerpos de la sirvienta y de la hermana pequeña de Arad, Naara.

En la habitación habían hecho pedazos los muebles. Habían vaciado las bolsas de ropa, que estaba esparcida. Las herramientas de Elcana también se veían desperdigadas por el piso, junto con lingotes y láminas de latón. Pero en la casa no había ni oro ni plata. Se lo habían robado todo. Habían masacrado a toda una familia por unas pocas libras de reluciente metal.

—No pudieron hacer nada —dijo Imna, el jefe. En sus oscuros ojos brillaba la ira.

—Los madianitas lo pagarán —dijo Isúi, a quien Aser llamaba el filósofo.

—¿Dónde está el arco? —preguntó Isúa, el guerrero, arrodillado junto a su amigo muerto.

Aser frunció el ceño.

—¿Dónde está qué?

—El arco grande que me hiciste —respondió Isúa—. Se lo regalé a Arad hace cinco años. Siempre lo guardaba junto a la puerta. Seguro que se lo llevaron los madianitas.

—Debemos enterrarlos —dijo el hermano más joven, Isúi.

—¡Entiérralos tú! —respondió furioso Isúa—. ¡Yo voy a perseguir a los madianitas que hicieron esto!

—No podemos dejar así a Elcana y su familia —dijo Aser—. Llevaremos los cuerpos para sepultarlos.

Durante su vida, Elcana había sido un hombre acaudalado. Había hecho excavar una tumba en una ladera cercana a su casa. No les tomó mucho tiempo a Aser y a sus hijos llevar los cinco cuerpos a la fría oscuridad de la tumba. Después de una oración, Aser y sus hijos salieron en busca de los asesinos.

No resultó difícil seguir las huellas de los madianitas. Pisaban el terreno como una manada de bueyes. El rastro conducía hacia el este, hacia el paso Gzelá. Por las huellas, Aser decidió que había entre unos dieciocho y veinte atracadores, demasiados para atacarlos a campo abierto. Pero el paso Gzelá era un desfiladero angosto, de paredes rocosas, muy adecuadas para una emboscada.

—Imna —dijo Aser mientras avanzaban, dirigiéndose a su primogénito—, tú seguirás a los asaltantes por el lado occidental del paso. Procura que no se den cuenta de que estás a sus espaldas hasta que oigas mi grito.

Imna asintió.

—Isúa e Isúi, escalaremos la ladera pedregosa al sur del paso. Posiciónense en la cima del acantilado para emboscarlos desde arriba. Yo avanzaré por el lado oriental del desfiladero para cortar su huída.

Isúa e Isúi asintieron.

El sol estaba en su cenit cuando Aser y sus hijos montaron su trampa. Los madianitas se sobresaltaron ante un grito que les llegó desde cierta distancia al frente de ellos. De repente les cayó de arriba una lluvia de flechas, como salidas del cegador sol. Los madianitas se asustaron y se dispersaron enseguida. Algunos trataron de regresar por donde habían venido solo para encontrarse con las flechas de Imna. Otros trataron de avanzar, pero sucumbieron entre gritos, con las gargantas y los pechos atravesados por las flechas de Aser.

La matanza no duró mucho. Cuando los gritos y maldiciones del último madianita se apagaron, Elcana y su familia habían quedado vengados. Aser y sus hijos arrancaron de los cuerpos las bolsas de oro y plata. Isúa encontró su viejo arco en la tierra junto a uno de los madianitas muertos.

Dejando los muertos a merced de los buitres. Aser y sus tres hijos guerreros regresaron a la cueva donde la familia de Elcana el herrero yacía en la fresca sombra. Aser colocó el oro y la plata junto al cuerpo de Elcana.

Isúa colocó el arco sobre el pecho de Arad y le cruzó las manos sobre el mismo.

Aser y sus hijos amontonaron muchas piedras en la boca de la cueva, sellándola por completo. Solo cuando hubieron terminado cayó Isúa de rodillas y lloró sin consuelo por la pérdida de su amigo. Sus compañeros guerreros, o sea su padre y sus hermanos, se arrodillaron junto a él y mezclaron sus lágrimas con las de él.

Ser un guerrero para Dios

Eduqué a mis hijos para que fueran guerreros. Dos de ellos, Peter y David, han servido en el cuerpo de infantería de marina de los Estados Unidos de América. David, que sigue en el servicio, es veterano de la Operación Libertad para Iraq. Fue testigo de primera mano de la muerte y desolación de la guerra.

En una ocasión, David estaba participando en una misión con un convoy motorizado que acabó casi en desastre. El joven teniente a cargo decidió tomar un atajo. El convoy, compuesto de veinte vehículos y cuarenta infantes de marina, se extravió. Al poco tiempo, se encontraron encajonados en una posición muy peligrosa, con un callejón sin salida al frente, un canal a la derecha, un elevado terraplén a la izquierda, y la carretera tan estrecha que no podían retroceder.

«Nuestro teniente comenzaba a perder el control», recordaba David. «Había campesinos iraquíes por todas partes, observándonos sorprendidos».

Los infantes de marina sabían que la información ya había llegado a oídos de las fuerzas iraquíes. Si David y sus compañeros no encontraban una salida, y pronto, se convertirían en los titulares del día siguiente.

«A esas alturas», recordaba David, «tomó el mando el primer sargento. Estaba tranquilo y bien organizado; pensaba con rapidez. Les dijo al grupo de muchachos: "Excaven el terraplén para que podamos avanzar con los vehículos, y entonces nos daremos la vuelta". El sargento tenía un plan y nos convenció. De alguna forma conseguimos salir antes de que las tropas iraquíes nos encontraran».

David regresó a casa de esa guerra. Muchos de sus compañeros no pudieron decir lo mismo. Quisiera contar algo de varios combatientes de esa guerra, escogidos al azar de la lista de los que pagaron el precio por la libertad.

El subcabo de infantes de marina José Gutiérrez, de Los Angeles, murió a los veintidós años. Fue uno de los primeros soldados de EE. UU. caído en la Operación Libertad para Iraq, y ni siquiera era ciudadano estadounidense. Nacido en Guatemala, huérfano desde joven, Gutiérrez llegó a California a los catorce años como indocumentado, oculto en un furgón de mercancías de ferrocarril. Creció en Los Angeles, aprendió inglés, vivió en hogares colectivos, y anduvo siempre a la búsqueda de muchachos más jóvenes que estaban viviendo con otras familias. Se alistó en la infantería de marina después del ataque terrorista del 11 de septiembre porque, como él mismo lo dijo: «Llegué aquí sin nada. Este país me lo dio todo». Cayó el 21 de marzo de 2003, en un enfrentamiento cerca de la ciudad portuaria de Umm Qasar.

El suboficial mayor Brian K. Van Dusen, de treinta y nueve años, formaba parte de la Compañía Médica 571 (Ambulancia Aérea). El 9 de mayo de 2003 se trasladó en su helicóptero UH-60 Black Hawk a un lugar cerca de Samarrah. Su misión consistía en evacuar a un muchacho de 11 años que había pisado una mina terrestre iraquí. En la aproximación al lugar de aterrizaje cerca del río Tigris, el helicóptero se enganchó en un cable de polea y cayó al agua. Van Dusen y dos miembros de la tripulación murieron. El muchacho fue sacado con otro helicóptero y sobrevivió. Brian Van Dusen era un guerrero cuya responsabilidad era salvar vidas. Dejó esposa y tres niños pequeños.

El sargento Michael K. Crockett era un soldado muy valiente, un esposo atento y un padre que adoraba a sus hijos, y le encantaba sorprender a su esposa con regalos inesperados. Tenía veintisiete años y procedía de Soperton, Georgia. El 14 de julio de 2003 se encontraba patrullando por Bagdad, cuando unas granadas propulsadas por cohetes de los iraquíes alcanzaron el camión en el que se desplazaba. Murió en el acto y diez de sus compañeros de armas quedaron heridos. Al día siguiente, una docena de rosas rojas llegaron a la casa de la esposa del sargento Crockett, Tracey. Las había encargado poco antes de morir. Solo unas horas después de recibir las rosas, unos soldados tocaron a la puerta con la noticia de que se había quedado viuda.

El sargento del ejército Michael D. Acklin, hijo, de Louisville, Kentucky, tenía veinticinco años cuando murió al chocar dos helicópteros Black Hawk cerca de Mosul el 15 de noviembre de 2003. Fue uno de los quince soldados que murieron en ese accidente. El sargento Acklin soñaba con ir a un instituto bíblico y hacerse ministro una vez que hubiera concluido su servicio en el ejército. Su padre, Michael D. Acklin Sr., dijo: «Luchó y murió confiando en Jesús. Esto era lo que motivaba toda su vida». En el funeral, el pastor del sargento Acklin dijo que el joven soldado había «peleado la buena pelea de un soldado y había peleado la buena lucha de la fe».

El operador de equipos de la Armada, Christopher M. Dickerson, de Eastman, Georgia, murió el 30 de abril de 2004, cuando el vehículo del convoy en que viajaba quedó destruido por un artefacto explosivo improvisado en la provincia de Anbar. Dickerson era un hombre conocido por su don de hacer reír a las personas. En su servicio fúnebre, contaron una historia de cuando Dickerson hizo el papel del apóstol Juan en una obra teatral en la iglesia. En la representacion de la Última Cena, se comió toda la fruta que había en el frutero. Durante toda la escena los demás miembros del reparto trataron por todos los medios de mantenerse serios e ir diciendo sus partes. Aunque era un bromista, Dickerson tomaba muy en serio su fe cristiana. A menudo hablaba con asombro de todo lo que Jesús hizo en sus treinta y tres años en la tierra. Como su Señor, este amable guerrero tenía solo treinta y tres años cuando murió.

La lista podría extenderse. Lo que estoy tratando de transmitir es muy sencillo. Los miembros de nuestras fuerzas armadas son personas buenas que sirven en una noble profesión. Son guerreros.

EL GUERRERO Y LA GUERRA

Digamos de inmediato lo siguiente: la guerra es mala y estúpida. Uno de los grandes guerreros de la historia lo dijo así: «Aborrezco la guerra como solo lo puede hacer un soldado que la ha vivido, como alguien que ha visto su brutalidad, su futilidad, su estupidez». Estas palabras son del general Dwight Eisenhower, Comandante Supremo de las Fuerzas Aliadas de Europa en la II Guerra Mundial.

Desde una perspectiva bíblica, sabemos a la guerra es resultado del pecado humano. Odio y egoísmo. Si leemos la Biblia, desde Génesis hasta Apocalipsis, encontramos guerra tras guerra tras guerra. En la Biblia no se encuentra ninguna condena de la guerra, ni tampoco se la glorifica. La Biblia reconoce que la guerra es parte de la vida en este mundo caído en el que vivimos.

Jesús nunca dijo que el servicio militar fuera pecaminoso. Respetó el servicio militar y a los militares. Sabía que los guerreros eran una fuerza para el bien en el mundo. Al principio de su ministerio Jesús se encontraba en su ciudad adoptiva de Capernaum cuando un guerrero romano, un centurión, llegó a pedirle ayuda.

—Señor —dijo el romano—, mi siervo está postrado en cama con parálisis, y sufre un horror.

—Iré a sanarlo —respondió Jesús.

—Señor —contestó el guerrero romano—, no merezco que entres bajo mi techo. Pero basta con que digas una palabra, y mi siervo quedará sano. Porque yo mismo soy un hombre sujeto a órdenes superiores, y además tengo soldados bajo mi autoridad. Le digo a uno: «Ve» y va, y al otro: «Ven», y viene.

Jesús se sorprendió al escuchar semejantes palabras, ¡y de parte de un romano!

—Les aseguro que no he encontrado en Israel a nadie que tenga tanta fe —dijo Jesús (ver Mateo 8:5-10).

Jesús respetaba la profesión de guerrero, porque era una profesión honorable. «Estar preparados para la guerra», dijo George Washington, «es uno de los medios más eficaces de mantener la paz». Aunque la guerra es algo malo, los guerreros son una fuerza en pro del bien en el mundo.

Unos guerreros apoyaron la Declaración de Independencia con balas y sangre. Plantaron sus botas en encrucijadas sangrientas de la historia y ayudaron a que trece colonias oprimidas se convirtieran en una nación libre.

Jesús nunca dijo que el servicio militar fuera pecaminoso.
Respetó el servicio militar y a los militares.
Sabía que los guerreros eran una fuerza
para el bien en el mundo.

Unos guerreros lucharon en la Guerra Civil e hicieron cumplir la Proclamación de Emancipación de Abraham Lincoln. Con su propia sangre compraron la libertad de cuatro millones de esclavos.

Durante la Segunda Guerra Mundial, los guerreros desembarcaron en Salerno, Anzio y Normandía. Se abrieron camino luchando a través de Europa y detuvieron la agresión nazi. Abrieron los campos de concentración y pusieron fin al Holocausto.

Unos guerreros respondieron al ataque contra Pearl Harbor con valientes incursiones sobre Tokio. Soportaron la marcha de la muerte en Bataan y desembarcaron en Guadalcanal, Iwo Jima y Okinawa. Desembarcaron en playas de Filipinas, y lanzaron bombas que dejaron atónito al mundo y forzaron el final de la guerra.

Unos guerreros lucharon con poca popularidad en Corea y Vietnam. No se lo agradecieron, no fueron recibidos con desfiles entusiastas. Pero estos guerreros no se quejaron. Solo cumplieron con su trabajo y luego regresaron en silencio a sus vidas ordinarias.

Unos guerreros liberaron Kuwait de la ocupación de Sadam Hussein. Unos guerreros fueron a Afganistán para liberar de los extremistas religiosos y de los terroristas a un pueblo oprimido. Los guerreros liberaron Iraq, sacaron a Sadam Hussein de su madriguera, construyeron escuelas e instalaciones de tratamiento de agua, e hicieron posible que el pueblo iraquí tuviera elecciones libres por primera vez en su historia.

El apóstol Pablo escribió en cierta ocasión que quien lleva la espada en defensa del gobierno «es servidor de Dios, vengador para castigar al que hace lo malo» (Romanos 13:4). Los guerreros sirven a Dios castigando el mal y ayudando a que la sociedad esté segura y viva en paz.

¡EL SEÑOR ES UN GUERRERO!

En Éxodo 14 leemos que un siervo de Dios, Moisés, lideró a la nación de Israel para sacarla de su cautiverio en Egipto. Dios en forma milagrosa dividió el Mar Rojo de manera que el pueblo de Israel pudiera cruzarlo. Entonces, después de que los israelitas hubieron llegado al otro lado, Dios unió de nuevo las aguas. Los egipcios que los perseguían perecieron e Israel se salvó. Éxodo 15 contiene el cántico de liberación que Moisés enseñó a Israel como oración al Señor:

> Jehová es mi fortaleza y mi cántico,
> Y ha sido mi salvación.
> Este es mi Dios, y lo alabaré;
> Dios de mi padre, y lo enalteceré.
> Jehová es varón de guerra;
> Jehová es su nombre. (vv. 2-3)

Nótense estas palabras: ¡Jehová es varón de guerra! Dios es un Rey-Guerrero que guerrea contra el mal y defiende al justo, ¡y todos nosotros estamos hechos a su imagen y semejanza! También nosotros somos guerreros. Él es nuestro ejemplo, nuestro modelo, el que diseña el plan de batalla y nos lidera en la lucha. El Señor es nuestro Rey y el Señor es un guerrero.

Como nuestro Rey-Guerrero, nos hace poderosos en la batalla. Moviliza nuestro valor y nuestra disposición a luchar. Nos prepara para la guerra. Vemos este principio en la vida de Josué.

Después de la muerte de Moisés, el Señor le habló a Josué y lo nombró sucesor de Moisés. La misión de Josué fue liderar a Israel para cruzar el río Jordán hacia la tierra prometida. El Señor le dijo a Josué que le esperaban batallas y que Josué tendría que liderar a la nación en tiempo de guerra. Pero el Señor también preparó a Josué y le prometió que estaría con él en todas las batallas. «Como estuve con Moisés, estaré contigo; no te dejaré, ni te desampararé» (Josué 1:5). Luego Dios le dijo a Josué cuál era el secreto del éxito en la batalla: la Palabra de Dios.

> Nunca se apartará de tu boca este libro de la ley, sino que de día y de noche meditarás en él, para que guardes y hagas conforme a todo lo que en él está escrito; porque entonces harás prosperar tu camino, y todo te saldrá bien. Mira que te mando que te esfuerces y seas valiente; no temas ni desmayes, porque Jehová tu Dios estará contigo en dondequiera que vayas. (vv. 8-9)

Después de la muerte de Josué, Israel cayó en la autocomplacencia y desobediencia. La consecuencia fue que la nación cayó bajo el poder opresor de enemigos foráneos. Los madianitas y los amalecitas la invadieron, destrozaron las cosechas y robaron el ganado. Durante este tiempo de opresión, un ángel del Señor se apareció a un hombre llamado Gedeón y le dijo: «Jehová está contigo, varón esforzado y valiente».

Al escuchar esto, ¡Gedeón se sintió seguro de que el ángel se había equivocado de persona! Pensó: *¡Yo no soy un guerrero; soy un agricultor!* Pero Dios conocía a Gedeón más que lo que este se conocía a sí mismo. En algún lugar dentro de este joven agricultor palpitaba el corazón de un guerrero. Como todos nosotros, ¡Gedeón llevaba un guerrero dentro de sí! El ángel dijo: «Ve con esta tu fuerza y salvarás a Israel de la mano de los madianitas».

Gedeón protestó: «Ah, señor mío, ¿con qué salvaré yo a Israel? He aquí que mi familia es pobre en Manasés, y yo el menor en la casa de mi padre».

Dios respondió: «Ciertamente yo estaré contigo, y derrotarás a los madianitas como a un solo hombre» (Jueces 6:12-16). Y Dios hizo que Gedeón triunfara en las batallas. El Dios de Gedeón es un guerrero, y transformó también a Gedeón en un poderoso guerrero.

El rey David también fue un guerrero, hecho a la imagen de su Señor, el Rey-Guerrero Jehová. «¿Quién es este Rey de gloria?», escribió David en los salmos. «Jehová el fuerte y valiente, Jehová el poderoso en batalla» (Salmo 24:8). Y en el libro 2 Samuel, el rey David canta de cómo Dios, su Rey-Guerrero, lo había preparado para la guerra:

Dios es el que me ciñe de fuerza,
Y quien despeja mi camino...
Quien adiestra mis manos para la batalla,
De manera que se doble el arco de bronce
con mis brazos. (22:33, 35)

También Jesús es un guerrero. Donde se ve su espíritu guerrero con la mayor claridad, desde luego, es en Apocalipsis 19. En esa profecía de los últimos días, el cielo se abre y Jesús aparece a horcajadas de un caballo blanco, vestido con un manto teñido de sangre.

«Con justicia juzga y pelea», dice la Escritura. «Él pisa el lagar del vino del furor y de la ira del Dios Todopoderoso» (vv. 11, 15).

Esa es una imagen futura de Cristo Triunfante, cuando regresa para enrollar el pergamino de la Historia y juzgar al mundo. Pero ¿acaso los cuatro evangelios no lo presentan como el Buen Pastor, el Cordero de Dios, el Amigo compasivo de los pecadores? Sí, pero también lo presentan como un guerrero. Como el Buen Pastor, es un guerrero en defensa de su rebaño. Como el Cordero de Dios que es sacrificado, fue clavado en la cruz para que pudiera luchar contra el pecado y la muerte. Como Amigo de los pecadores, es el guerrero que ha conseguido la victoria sobre Satanás, el enemigo y acusador de nuestras almas.

A lo largo de los evangelios vemos a Jesús dedicado a una guerra sin cuartel contra los líderes religiosos corruptos de su tiempo. Se les enfrentó, discutió con ellos, los llamó hipócritas a la cara, puso al descubierto sus mentiras y trampas, y los ridiculizó. Fue una guerra de ingenios, y ¡Jesús siempre esgrimió municiones superiores! Nunca blandió una espada, pero su batalla contra la corrupción religiosa fue una lucha de vida o muerte. Desde el comienzo de su ministerio, sus enemigos tramaron matarlo. Aunque no parecía un guerrero en su exterior, ¡llevaba en verdad a un guerrero dentro de sí!

Pero ¿acaso Jesús no dijo: «Bienaventurados los pacificadores, porque ellos serán llamados hijos de Dios» (Mateo 5:9)? Sí, lo hizo. Pero ¡todos los verdaderos guerreros aman la paz! Mantienen la paz al estar preparados para la guerra. Un guerrero que va a la guerra para liberar a los oprimidos y defender a los inocentes es un *trabajador por la paz* en el sentido más genuino de la palabra.

Jesús le dijo a Poncio Pilato: «Mi reino no es de este mundo; si mi reino fuera de este mundo, mis servidores pelearían» (Juan 18:36). Jesús no luchaba para controlar una porción de propiedad territorial. Su reino no es de este mundo. Su batalla no es una

Un guerrero que va a la guerra para liberar a los oprimidos y defender a los inocentes es un *trabajador por la paz* en el sentido más genuino de la palabra.

batalla de espadas y escudos. Su reino es un reino espiritual. La guerra que libra es *una guerra espiritual*.

Del mismo modo que el reino de Jesús no es de este mundo, la paz que trae no es una paz que el mundo entienda. «La paz os dejo, mi paz os doy», dice. «Yo no os la doy como el mundo la da. No se turbe vuestro corazón, ni tenga miedo» (Juan 14:27). La paz que Jesús nos da no es la ausencia de guerra. Su paz es paz con Dios. Nos trae esta paz derrotando al enemigo de nuestras almas. «Para esto apareció el Hijo de Dios, para deshacer las obras del diablo» (1 Juan 3:8).

En los cuatro evangelios, vemos que la amabilidad y el espíritu pacífico del Señor eran facetas de su condición de guerrero. Aunque siempre era amable y gentil con los pobres y los oprimidos, Jesús batallaba sin cesar con los poderosos y los opresores.

Jesús el Rey-Guerrero no vino para matar. Vino para morir. Jesús supo siempre en qué colina iba a morir. El nombre de esa colina era Calvario. Su campo de batalla fue una áspera cruz de madera. Y después de que el Rey-Guerrero hubo luchado, se hubo desangrado y muerto en esa cruz, sucedió algo sorprendente. ¡Quedó destruido el poder de la muerte! El apóstol Pablo lo expresó así:

> Luego el fin, cuando entregue el reino al Dios y Padre, cuando haya suprimido todo dominio, toda autoridad y potencia. Porque preciso es que él reine hasta que haya puesto a todos sus enemigos debajo de sus pies. Y el postrer enemigo que será destruido es la muerte. (1 Corintios 15:24-26)

Jesús es un guerrero. Y nosotros, sus seguidores, también somos guerreros. Al igual que nuestro Rey-Guerrero, somos amables con los que están en necesidad. Y al igual que él, nos enfrentamos al mal y a la injusticia. Jesús nos llama a aferrarnos a su reino, el reino de los cielos, el reino que no es de este mundo. «Desde los días de Juan el Bautista hasta ahora», dijo Jesús, «el reino de los cielos sufre violencia, y los violentos lo arrebatan» (Mateo 11:12).

Los hombres enérgicos como Aser se aferran a él. Los guerreros como nosotros nos aferramos a él. Somos los hombres intensos y enérgicos que deben aferrarse al Reino y hacer avanzar la causa del Rey Jesús. En lo más profundo de nuestros corazones y almas, sabemos que somos guerreros.

LAS SIETE VIRTUDES DEL GUERRERO

En 1 Crónicas 7:40 [NVI], leemos que los descendientes de Aser fueron «jefes de familias patriarcales, hombres selectos, *guerreros valientes* e importantes. Según sus registros genealógicos eran veintiséis mil hombres, *aptos para la guerra*». Antes de que comencemos a formar generaciones de guerreros valerosos, debemos preguntarnos, *¿Qué significa en verdad ser guerrero?*

Un guerrero es un hombre que está capacitado, pertrechado y preparado para la batalla. Es un hombre de valor y convicción moral, dispuesto a arriesgarlo todo por una causa mayor que él mismo. Es un hombre que está dispuesto a entregar su única vida insustituible por su rey y comandante.

El papel que desempeña el guerrero tiene detrás de sí una tradición larga y honorable. Entre los siglos 11 y 14 d.C., la clase guerrera japonesa (los samurai) desarrolló un código de conducta estricto, aunque no escrito, llamado *bushido*, el Estilo del Guerrero. Este código moral se transmitía de guerrero a guerrero, del maestro al discípulo, de generación en generación. No estaba escrito en libros sino, como el historiador Inazo Nitobe lo ha descrito: «en las tablas de carne del corazón». Hay siete virtudes *bushido* que todos los verdaderos guerreros respetan.

義	(*Gi*) Rectitud moral
勇	(*Yu*) Valor
仁	(*Jin*) Benevolencia, deseo de hacer el bien
礼	(*Rei*) Humilde respeto por los demás
誠	(*Makoto*) Honestidad
名誉	(*Meiyo*) Honor, autoestima
忠 義	(*Chuugi*) Lealtad y fidelidad

A comienzos del siglo 18, se recopiló la sabiduría del *bushido* del guerrero en dos libros. Uno, *Hagakure* de Yamamoto Tsunetomo, enseñó que debería verse el *bushido* no tanto como una forma de vivir sino como una forma de morir. El guerrero samurai debe verse a si mismo como ya muerto de modo que esté dispuesto a entregar su vida en cualquier momento en servicio a su señor. El otro libro, *Budoshoshinshu: el código del guerrero*, de Daidoji Yuzan, también hablaba del deber del guerrero de entregar su vida por su señor. El que sigue es un pasaje típico de *Budoshoshinshu*:

> Un guerrero es un hombre que está decidido a servir con el entendimiento fundamental de que renunciará a su propia e importante vida por su señor ... No retrocederá ni un paso y morirá de una muerte resplandeciente, o bien se colocará delante de su señor o general, para detener con su propio cuerpo las flechas lanzadas por el enemigo.

Un guerrero, pues, es un hombre que vive para morir. Una vez que se reconcilia con la muerte, dispone de todo el valor que requiere ser guerrero. Puede asumir cualquier riesgo, porque no tiene nada que perder. Puede soportar cualquier oposición, cualquier crítica, cualquier ataque, porque no hay nada que nadie pueda hacerle. Puede perseverar contra cualquier oponente, cualquier oposición y cualquier obstáculo, porque una vez que se ha resignado a morir, rendirse es impensable.

Este es el modelo para el alma del guerrero que llevamos cada uno de nosotros. Vivimos para morir, aceptamos cualquier riesgo que Dios nos exija, y somos incansables frente a oposiciones y ataques. El guerrero dentro de nosotros está 1000% comprometido y no conoce el significado de «rendición».

¿Cuál es la causa con la que estamos comprometidos, en cuerpo y alma? ¿Cuál es la causa por la que estamos dispuestos a morir?

El Dr. Martin Luther King, Jr. fue un guerrero por la paz y la justicia. Estaba preparado para morir por su causa. Vivía en una modesta casa en un vecindario pobre en Montgomery, Alabama, y tenía un Nash Rambler de segunda mano. Ya pastor, aun joven, lideró el boicot de autobuses en Montgomery en 1955 después de que una mujer negra, Rosa Parks, se negara a ceder su asiento a un hombre blanco. Durante los trescientos ochenta y un días del boicot, la vida del Dr. King se vio amenazada, fue arrestado y vilipendiado en los medios noticiosos.

Una noche en enero de 1956, el Dr. King fue a un culto en una iglesia cercana a su casa. Durante el culto, alguien entró de improviso gritando, «¡Dr. King! ¡Alguien ha lanzado una bomba incendiaria a su casa! El corazón del Dr. King casi se detuvo. ¡Su esposa y su bebé estaban en la casa! Se fue raudo hacia la casa, a donde llegó para ver cómo salía un denso humo por la fachada. Delante del jardín había una multitud. La bomba había explotado en el porche, destrozado las ventanas y ennegrecido las paredes.

Se sintió aliviado cuando encontró a su esposa y el bebé a salvo dentro de la casa. Al frente de ella se había agolpado una multitud enfurecida. Había personas con armas y botellas rotas en las manos y se estaban enfrentando con la policía. Parecía inevitable que acabara en violencia.

El Dr. King levantó las manos para pedir silencio a la multitud. «Mi esposa y el bebé están bien», dijo. «Tenemos el arma de la no violencia, la coraza de la justicia, la armadura de la verdad. No resolveremos nuestros problemas con violencia, porque esto lo único que lograría sería perjudicar nuestra causa. Recordemos lo que nos dice la Biblia: "No te dejes vencer por el mal; al contrario, vence el mal con el bien"».

Transcurrieron unos pocos minutos llenos de tensión, y luego alguien en la multitud gritó: «¡Dios lo bendiga, Dr. King!». La multitud se dispersó.

El boicot no violento de los autobuses continuó. Al final, la guerra pacífica del Dr. King acabó con la segregación racial ilegal en el transporte público. Fue un guerrero que se comprometió con un sueño que «un día esta nación se levantará para vivir el verdadero significado de su credo: "Sostenemos como evidentes estas verdades: que todos los hombres son creados iguales"».

El Dr. King hizo una guerra no violenta, pero pagó un precio de sangre. El 3 de abril de 1968, se dirigió a una multitud en Tennessee. «Como cualquier persona», dijo, «me gustaría vivir muchos años. La longevidad tiene su lugar, pero esto no es lo que me preocupa ahora. Solo quiero hacer la voluntad de Dios. Y me ha permitido subir a la montaña. Y he mirado a mi alrededor, y he visto la Tierra Prometida. Quizá no llegue a ella con vosotros. Pero quiero que sepan esta noche, que nosotros, como pueblo, llegaremos a la Tierra Prometida. [...] Mis ojos han visto la gloria de la venida del Señor».

La noche siguiente, a las seis y un minuto, el Dr. King se encontraba en el balcón de su habitación en el segundo piso del Motel Lorraine en Memphis. En ese momento en que estaba solo en el balcón, se escuchó el disparo de un rifle, que resonó por las calles. El Dr. King cayó, alcanzado por un disparo en la mandíbula. Una hora y cuatro minutos más tarde, lo declararon muerto en el hospital St. Joseph.

Uno de sus amigos más cercanos era el Dr. Andrew Young, pastor y activista en derechos civiles. El Dr. Young, compartía la convicción del Dr. King en la resistencia no violenta. «En cierta ocasión escuché un sermón del Dr. King acerca del liderazgo, la unidad y el sufrimiento», me dijo el Dr. Young en una conversación telefónica. «Estaba dispuesto a sufrir por lo que creía. Se reía y hacía bromas con nosotros sobre quién sería el primero en caer asesinado. Tenía un número cómico en el que él predicaría en el funeral de alguno de nosotros. Lo representaba en detalle y resultaba muy cómico. Esta fue su manera de enfrentar lo inevitable de su muerte».

Todos tenemos miedo a morir, incluso los guerreros. Pero el valor de un guerrero le da la fortaleza para hacer lo que teme. Le da la voluntad de entrar en la batalla, a riesgo de pérdidas, dolor y muerte por aquello que es mayor que él. El guerrero dentro de nosotros preferiría morir una muerte esplendorosa en la batalla que retroceder ni un solo paso.

GUERRA ESPIRITUAL

Algunos guerreros esgrimen espadas. Otros van armados con armas de fuego y bayonetas. Algunos se desplazan en tanques o carros blindados, acorazados, o en aviones supersónicos. Y algunos están dedicados a otra clase muy diferente de guerra. Hacen *guerra espiritual.*

La guerra espiritual es tan real como la guerra en los campos de batalla. En cierto modo, es incluso *más* real, porque lo que está en juego en la guerra espiritual es eterno. Esta guerra se ha estado librando desde antes de que la raza humana existiera. Se está entablando alrededor nuestro y dentro de nosotros, en estos momentos en que leemos estas palabras. Es una guerra en la que cada uno de nosotros debe tomar partido. En *El despertar de los muertos*, John Eldredge lo formula así:

> Estamos en guerra [...] Cómo me ha pasado esto inadvertido por tanto tiempo, es un misterio para mí. Quizá lo he pasado por alto; quizá he preferido no ver... El mundo en el que vivimos es una zona de combate, un choque violento de reinos, una lucha implacable hasta la muerte. Siento ser el que les comunique esta noticia: nacieron en un mundo en guerra, y vivirán todos los días de su vida en medio de una gran batalla, en la que participan todas las fuerzas del cielo y del infierno[1].

C. S. Lewis, en *Mere Christianity* [Cristianismo y nada más] hace una observación parecida:

> Una de las cosas que me sorprendieron cuando por primera vez leí en serio el Nuevo Testamento fue que hablara tanto acerca de un Poder Oscuro en el universo, un espíritu maligno poderoso que se consideraba como el Poder detrás de la muerte, de la enfermedad y del pecado. [...] Territorio ocupado por el enemigo, esto es el mundo. El cristianismo es la historia de cómo se ha presentado el rey justo, se podría decir que se presentó disfrazado, y nos invita a participar en una gran campaña de sabotaje[2].

El apóstol Pablo nos ha descrito de modo muy realista la naturaleza de la batalla que nos espera: «Porque no tenemos lucha contra sangre y carne, sino contra principados, contra potestades,

---

El guerrero dentro de nosotros preferiría morir una muerte esplendorosa en la batalla que retroceder ni un solo paso.

contra los gobernadores de las tinieblas de este siglo, contra huestes espirituales de maldad en las regiones celestes» (Efesios 6:12). Eldredge, Lewis y Pablo concuerdan: todos nosotros nos encontramos en realidad detrás de las líneas del enemigo, inmersos en una lucha a vida o muerte. Somos guerreros en una misión de sabotaje contra las fuerzas espirituales del mal. Esas fuerzas son invisibles pero mortíferas.

No cometamos el error de pensar que vivimos en tiempos de paz. No pensemos que no somos combatientes, sino simples civiles. Somos guerreros o somos víctimas. No hay término medio. Así que, es mejor que tomemos nuestra arma y luchemos.

Como le dijo el apóstol Pablo a su hijo espiritual Timoteo: «Tú, pues, sufre penalidades como buen soldado de Jesucristo. Ninguno que milita se enreda en los negocios de la vida, a fin de agradar a aquel que lo tomó por soldado» (2 Timoteo 2:3-4). Habrá pruebas y sufrimientos en esta guerra. El enemigo nos está disparando. Como ya somos su blanco, es mejor que seamos un blanco *fortalecido*. Es mejor que nos pongamos alguna armadura espiritual.

ARMADURA ESPIRITUAL

En Efesios 6, el apóstol Pablo habla acerca de la armadura espiritual que todo guerrero necesita para poder batallar. Escribe:

Por lo demás, hermanos míos, fortaleceos en el Señor, y en el poder de su fuerza. Vestíos de toda la armadura de Dios, para que podáis estar firmes contra las asechanzas del diablo. Porque no tenemos lucha contra carne y sangre, sino contra principados, contra potestades, contra los gobernadores de las tinieblas de este siglo, contra huestes espirituales de maldad en las regiones celestes. Por tanto, tomad toda la armadura de Dios, para que podáis resistir en el día malo, y habiendo acabado todo, estar firmes. Estad, pues, firmes, ceñidos vuestros lomos con la verdad, y vestidos con la coraza de justicia, y calzados los pies con el apresto del evangelio de la paz. Sobre todo, tomad el escudo de la fe, con que podáis apagar todos los dardos de fuego del maligno. Y tomad el yelmo de la salvación, y la espada del Espíritu, que es la palabra de Dios; orando en todo tiempo con toda oración y súplica en el Espíritu, y velando en ello con toda perseverancia y súplica por todos los santos. (vv. 10-18)

Examinemos más de cerca cada uno de estos elementos de la armadura espiritual.

El cinturón de la verdad

Primero, Pablo habla de *ceñirse con [el cinturón de] la verdad*. En la época de Pablo, los guerreros llevaban un cinturón con una vaina para la espada. Los guerreros en la infantería actual llevan cinturones para guardar municiones para sus rifles M16. En cualquiera de los casos, el cinturón de la verdad simboliza la integridad y honestidad del guerrero. La veracidad e integridad del carácter de la persona son factores cruciales para blindar el alma contra el ataque del enemigo.

Si uno vive como un hipócrita, con hábitos de pecado ocultos en los oscuros rincones de la vida, entonces se encamina a una derrota espiritual. Si uno pone en peligro la veracidad e integridad, entonces no hace sino entregar el cinturón de municiones y el arma al enemigo y rendirse. Este consigue colocarnos donde quería.

Nunca hay que entregar la integridad. Nunca hay que poner en peligro la verdad. Hay que ser un guerrero a carta cabal. Pongámonos el cinturón de la verdad.

La coraza de la justicia

Luego, Pablo nos dice que llevemos puesta *la coraza de la justicia*. Los guerreros romanos de la época de Pablo llevaban puesta una coraza que se componía de un peto frontal atado a otro en la espalda, de manera que el cuerpo quedara protegido desde el cuello hasta la cintura con una armadura metálica sólida. Los guerreros de hoy en lugares peligrosos, como Iraq y Afganistán, llevan un dispositivo llamado OTV (en inglés), o sea chaleco táctico externo.

Historia

El 2 de junio de 2005, el soldado raso Stephen Tschiderer se encontraba junto a su Humvee durante un patrullaje rutinario en el sector occidental de Bagdad. A unos setenta metros se ocultaba un francotirador en una camioneta. El francotirador apuntó con una carabina Dziugánov rusa de 7.62 x 54 por un hueco a un costado de la camioneta y disparó; el soldado Tschiderer recibió un impacto en el pecho que lo hizo retroceder y por último caer de espaldas. Se dio una vuelta, se incorporó con su arma levantada y se colocó detrás del Humvee. Aunque el soldado Tschiderer sabía que había recibido el impacto, no sabía cuán grave era la herida. Solo pensaba en ubicar al enemigo para acabar con él. El disparo había venido como de la posición 12 de un reloj, de frente a él. Una camioneta en el lado opuesto del cruce de calles era el único lugar de donde podía haber venido el disparo.

Tschiderer y los demás miembros de su patrulla dispararon, logrando que dos terroristas salieran corriendo de la camioneta y huyeran a pie. El grupo de patrullaje siguió un rastro de sangre hasta que encontró al francotirador herido tirado en el suelo. Tschiderer mismo le puso las esposas al hombre que le había disparado, y luego sacó un maletín de primeros auxilios para vendar las heridas del francotirador.

Más tarde, el soldado Tschiderer se examinó la parte superior del pecho, muy adolorida, para determinar la gravedad de la herida. Descubrió una contusión de color púrpura del tamaño de una toronja, ubicada sobre el corazón. Al proyectil que iba destinado a matarle lo había detenido la placa SAPI (inserción protectora contra armas pequeñas) hecha de sólida cerámica, de su OTV. Sin esa «coraza», hubiera muerto.

La coraza protege el corazón del guerrero. La coraza de la justicia protege nuestra seguridad y nuestro valor. Nos defiende de las acusaciones y tentaciones del enemigo. Cuando entregamos nuestras vidas a Jesucristo, Él nos cubre con su justicia y borra nuestro pecado. Luego, por medio del poder del Espíritu Santo, podemos vivir vidas justas. Claro que pecaremos, y cuando lo hagamos, el enemigo dirá: «¡Mírate! ¡Has fallado!». En esos momentos, necesitamos la coraza de la justicia de Jesús. Debemos decir: «¡Mi Señor y Comandante ha prometido protegerme con su justicia y restaurarme a su servicio!».

No escuchemos al acusador. No lo temamos. Se acerca su destrucción. El libro de Apocalipsis describe el destino final del enemigo de nuestras almas:

> Ha sido lanzado fuera el acusador de nuestros hermanos,
> el que los acusaba delante de nuestro Dios día y noche.
> (Apocalipsis 12:10)

Así pues, protejamos nuestro corazón de guerrero. Llevemos puesta la coraza de justicia. Con esa armadura espiritual en su lugar, el enemigo nos puede disparar, incluso puede derribarnos, pero ¡siempre podremos volver a ponernos de pie para perseguir al enemigo! ¿Por qué? Porque, con la coraza de justicia puesta, nuestro corazón de guerrero es *a prueba de balas*.

Las botas del evangelio

Luego, Pablo nos dice que debemos ir *calzados los pies con el apresto del evangelio de la paz. En otras palabras, necesitamos llevar puestas las botas del evangelio.* Las botas nos cubren los pies, las partes de nuestro cuerpo que nos llevan del punto A al punto B. Nos movilizamos y desplegamos con los pies. Perseguimos a nuestro enemigo con los pies. Cuando nuestro comandante nos envía desde el campamento a una posición en el campo de batalla, ¿qué nos da? ¡La orden de *marchar!* Y marchamos con los pies.

¿Cuándo nos dio el Rey-Guerrero la orden de marchar? Cuando nos dio la Gran Comisión en Mateo 28:19-20. La médula de la Gran Comisión se expresa con cuatro sencillas palabras en el versículo 19: «Id, y haced discípulos». Notemos, sobre todo, la primera palabra: «Id». Así que, nuestra tarea es ponernos las botas,

---

Con esa armadura espiritual en su lugar, el enemigo nos puede disparar, incluso puede derribarnos, pero ¡siempre podremos volver a ponernos de pie para perseguir al enemigo!

las botas del evangelio, las botas de la historia de Jesucristo y de la salvación que trae, e ir a llevar ese evangelio por todo el mundo, haciendo discípulos dondequiera que vayamos.

Así pues, cumplamos la Gran Comisión. Atémonos las botas y luego vayamos a hacer discípulos.

El escudo de la fe

Luego, Pablo nos dice que tomemos *el escudo de la fe*, con el que podamos rechazar todas las flechas encendidas del maligno. En la época de Pablo, los legionarios romanos utilizaban grandes escudos rectangulares de madera recubierta con cuero. Los guerreros podían formar un muro de escudos, sin ningún resquicio entre uno y otro. Este muro de escudos no podían penetrarlo ni siquiera las flechas encendidas del enemigo.

La fe, dice Pablo, es nuestro escudo contra las flechas de fuego de nuestro enemigo. ¿Qué es la fe? Es nuestra confianza y seguridad en Dios y en sus promesas. La fe es tomarle la palabra a Dios. ¿De dónde viene la fe? Pablo dice, «Así que la fe es por el oír, y el oír, por la palabra de Dios» (Romanos 10:17). El Señor nos da fe por medio de su Palabra, la Biblia. Cuanto más incorporemos su Palabra a nuestra vida, tanto más fuerte será nuestro escudo de fe, y más invulnerables nos volveremos a las flechas encendidas del enemigo de duda, desaliento y tentación.

El casco de la salvación

Luego, Pablo nos dice que tomemos *el yelmo de la salvación*. El soldado que va a batallar sin su casco asume un riesgo tonto. El casco cubre la cabeza, con lo que protege el cerebro, el órgano del pensamiento. El casco de la salvación protege los pensamientos del guerrero y su voluntad; protege su vida. Cuando el enemigo ataca y grita para perturbar nuestros pensamientos y corromper nuestra voluntad, podemos contar con nuestra salvación para repeler esos ataques: «Por difíciles que sean mis circunstancias, no importa cómo estén mis emociones, no importa cómo pueda atacarme Satanás, *sé* que Jesucristo me está salvando en este momento. Pongo mi confianza en el casco de mi salvación».

La espada del Espíritu

Luego, Pablo nos dice que tomemos *la espada del Espíritu*, que es la Palabra de Dios. Todos los otros elementos del equipo del que Pablo ha estado hablando hasta ahora han sido de la armadura *defensiva*. Pero la espada es un arma *ofensiva*. No sirve solo para proteger; mata al enemigo. Como lo dice el autor de Hebreos: «Porque la palabra de Dios es viva y eficaz, y más cortante que toda espada de dos filos; y penetra hasta partir el alma y el espíritu, las coyunturas y los tuétanos, y discierne los pensamientos y las intenciones del corazón» (Hebreos 4:12).

Cuando Jesús pasó por la tentación en el desierto se enfrentó a la misma clase de guerra espiritual que nosotros enfrentamos. ¿Cómo se defendió? ¡Yendo a la ofensiva! Esgrimió su espada, la Palabra de Dios. Mateo 4 nos dice que cuando Satanás tentó a Jesús, este estaba muy débil debido al ayuno de cuarenta días. El enemigo lo tentó para que convirtiera piedras en panes, para que pusiera a prueba a Dios saltando desde lo más alto del Templo, y para que consiguiera más poder adorando al príncipe del mal. Jesús respondió a cada una de las tentaciones con la Escritura: «Escrito está [...] escrito está [...] escrito está [...]» (vv. 4, 7, 10). Jesús no se limitó a defenderse; se lanzó a la ofensiva. El resultado: «El diablo entonces le dejó» (v. 11).

Lo mismo sucede cuando nosotros nos lanzamos a la ofensiva, atacando a Satanás con la espada del Espíritu, la Palabra de Dios: «Resistid al diablo, y huirá de vosotros» (Santiago 4:7). Para eso sirve la espada: ¡para obligar a nuestro enemigo a que huya! Cuando utilizamos la espada contra Satanás, ¡ponemos en él el temor de Dios! ¡Lo amenazamos! Leamos, pues, la Palabra de Dios a diario, estudiémosla y aprendámosla de memoria para que nuestra espada esté siempre lista para la batalla cuantas veces el enemigo muestre su horrendo rostro. Como dijo el salmista: «En mi corazón he guardado tus dichos para no pecar contra ti» (Salmo 119:11).

La línea de comunicación de la oración

Por último, Pablo dice: *orando en todo tiempo con toda oración y súplica en el Espíritu.* La oración es nuestro canal de comunicación. Por medio de la oración, tenemos acceso inmediato a nuestro Comandante en Jefe. Todo lo que necesitamos llevar con nosotros para cumplir con nuestra misión, y derrotar a nuestro enemigo está disponible en forma inmediata por medio de la oración.

Estas defensas y armas pueden no parecer gran cosa a nuestros ojos, porque no son físicas, no son visibles, pero nuestro enemigo teme a estas armas como si fueran bombas inteligentes guiadas por láser. Dios ha estado inmerso en el asunto de la guerra espiritual por mucho tiempo. Quizá no siempre sepamos qué está haciendo, pero lo hace. Confiemos en Él. Sigámoslo. Tengamos la seguridad de que está llevando a cabo todas las cosas para bien en nuestras vidas. Entonces vayamos a cumplir con nuestro deber como sus guerreros escogidos.

EL CAMPO DE BATALLA INTERNO

¿Dónde se desencadena esta guerra? En el campo de batalla espiritual de nuestro corazón y nuestra alma. El primer campo de batalla que debemos conquistar es el campo de batalla dentro de nosotros. Pongámonos la armadura completa de Dios para luego luchar por nuestra integridad, nuestro carácter, nuestra fidelidad y nuestra lealtad para con Dios. Hay que luchar contra la tentación, contra la transigencia y contra el pecado, por medio del poder de la Palabra de Dios y de la oración. Luchemos a fondo cuando nos tienten pensamientos de lujuria, de dinero fácil pero deshonesto, la tentación de perder la serenidad con los hijos. Allí mismo, en los lugares más profundos del corazón, seamos el guerrero virtuoso, justo, que nuestro Señor y Comandante nos invita a ser.

No importa lo que hagamos, no permitamos que el pecado triunfe sobre nosotros. El alma del guerrero debe siempre vigilar al enemigo que llevamos dentro. En *Salvaje de corazón*, John Eldredge dice que dentro de nosotros hay un traidor. Si bajamos la guardia, ese traidor someterá el castillo de nuestras almas al enemigo. Escribe Eldredge:

Afinquémonos en la verdad, y no la abandonemos. Punto. El traidor dentro del castillo tratará de bajar el puente levadizo pero no se lo permitamos... Como dice Tomás de Kempis: «Debemos estar alertas, sobre todo al comienzo de la tentación; porque entonces es más fácil dominar al enemigo, si no se le tolera que ingrese por la puerta de nuestro corazón, sino que se le resiste a la entrada, en cuanto toca»[3].

Recordemos que la guerra espiritual no se libra contra la carne y la sangre. Las personas pueden odiarnos, atacarnos e incluso tratar de matarnos, pero no son nuestros enemigos. Nuestra lucha es contra el enemigo diabólico, invisible pero muy real, que tiene prisioneras a esas personas. Cuando las personas nos odien, no las odiemos. Mantengamos nuestras armas apuntando a nuestro *verdadero* enemigo.

El siguiente campo de batalla en el que nos encontramos está alrededor nuestro. Salgamos al mundo con nuestras botas bien sujetas para batallar. Vayamos a nuestra oficina, nuestra escuela, nuestro vecindario, nuestra base militar, nuestra iglesia. Seamos guerreros amables, compasivos, por la verdad y gracia de Dios.

En 1665, un cristiano escocés llamado William Gurnall describió el resultado final atemorizante de la guerra que ahora nos abruma. En su libro *The Christian in Complete Armour*, escribió:

Como miembros del ejército de Cristo, formamos parte de las filas de espíritus valientes. Cada uno de nuestros compañeros soldados es hijo de un Rey. Algunos, como nosotros, nos encontramos en medio de la batalla, asediados por todos los lados por aflicciones y tentaciones. Otros, después de muchos ataques, rechazos y movilizaciones de su fe, ya se encuentran dentro de las murallas del cielo como vencedores. Desde allá nos miran e instan, como camaradas suyos en la tierra, a ascender por la colina hacia ellos. Este es su clamor: «¡Luchen hasta la muerte y la Ciudad es suya, como ahora es nuestra! Por enfrentarse al conflicto de unos pocos días, recibirán como recompensa la gloria del cielo»[4].

No permitamos que el pecado triunfe sobre nosotros.
El alma del guerrero debe siempre vigilar al enemigo
que llevamos dentro.

La guerra que libramos no es una simple metáfora. Es la realidad definitiva de nuestras vidas y de toda la eternidad.

EL VALOR DEL GUERRERO

¿Puede un guerrero tener alguna vez miedo? Desde luego que sí. No se puede decir que alguien tiene valor si nunca ha conocido el miedo. El valor *no* es la ausencia de miedo. Valor es *hacer algo que se teme* porque hacerlo es lo justo. En su libro *Orthodoxy*, G. K. Chesterton describió la paradoja del valor:

> El valor es casi una contradicción de términos. Significa un deseo sólido de vivir que asume la forma de estar dispuesto a morir. [...] [Un hombre] solo puede escapar de la muerte acercándose a un par de centímetros de ella. El soldado rodeado de enemigos, si quiere poder salirse, necesita mezclar un fuerte deseo de vivir con una extraña indiferencia en cuanto a morir. No debe limitarse a aferrarse a la vida, porque entonces será un cobarde, y no saldrá con vida. No debe esperar la muerte, porque entonces será un suicida, y no saldrá con vida. Debe buscar la vida con un espíritu de furiosa indiferencia hacia ella; debe desear la vida como el agua y sin embargo beber la muerte como vino[5].

La fuente del valor cristiano genuino es *la fe y la confianza en un Dios todopoderoso.* En 2 Crónicas 32 leemos acerca de un tiempo en que Jerusalén estaba a punto de sufrir el ataque de Senaquerib, el brutal rey de Asiria que no quería prisioneros. Ezequías, que gobernaba Judá (el reino meridional de Israel) convocó a sus guerreros y les hizo un discurso acerca del valor. «Esforzaos y animaos; no temáis, ni tengáis miedo del rey de Asiria, ni de toda la multitud que con él viene; porque hay más con nosotros que con él. Con él está el brazo de carne, mas con nosotros está Jehová nuestro Dios para ayudarnos y pelear nuestras batallas» (vv. 7-8).

El pueblo de Judá sintió confianza y valor con las palabras del rey Ezequías. La invasión asiria terminó con la destrucción del poderoso ejército de Senaquerib. El valor para hacer frente al brutal ejército asirio provino de la fe y la confianza en un Dios Todopoderoso.

En el Nuevo Testamento encontramos el mismo principio. En Hechos 4, vemos a Pedro y a los otros apóstoles de la Iglesia primitiva a los que el Sanedrín, los ancianos religiosos de Israel, amenazaban, perseguían y encarcelaban. Los apóstoles eran los hombres que habían caminado con Jesús, los fundadores de la Iglesia primitiva. Cuando el Sanedrín se enteró de que los apóstoles estaban enseñando sobre Jesús en los patios del Templo, enviaron a guardias para que los arrestaran.

Con los apóstoles ante el Sanedrín, el sumo sacerdote dijo: «¿No os mandamos estrictamente que no enseñaseis en ese nombre? Y ahora habéis llenado a Jerusalén de vuestra doctrina, y queréis echar sobre nosotros la sangre de ese hombre» (Hechos 5:28).

Los apóstoles respondieron con palabras de una valentía invencible. «Es necesario obedecer a Dios antes que a los hombres. El Dios de nuestros padres resucitó a Jesús, a quien vosotros matasteis colgándole de un madero» (vv. 29-30).

Cuando uno sabe que Dios Todopoderoso está del lado de uno, no se preocupa de lo que pueden hacerle los enemigos. Cuando la confianza está puesta en Él tenemos una fuente inagotable de valor.

«Velad», escribió el apóstol Pablo, «estad firmes en la fe; portaos varonilmente, y esforzaos» (1 Corintios 16:13). A Timoteo, Pablo le escribió: «Porque no nos ha dado Dios espíritu de cobardía, sino de poder, de amor y de dominio propio» (2 Timoteo 1:7). Y el autor de Hebreos escribió, «Pero Cristo como hijo sobre su casa, la cual casa somos nosotros, si retenemos firme hasta el fin la confianza y el gloriarnos en la esperanza» (Hechos 3:6).

Un guerrero verdadero es un hombre con valor porque es un hombre de fe. Sabe que cuando muera, Dios lo recibirá para recompensarle con las palabras: «Bien, buen siervo y fiel; sobre poco has sido fiel, sobre mucho te pondré; entra en el gozo de tu señor» (Mateo 25:21). Cuando nos superen en número, el guerrero dentro de nosotros no se perturba. Sabe que un guerrero valeroso junto con Dios supera en número cualquier ejército opositor.

Cuando se siente rodeado, no se rinde. Se alegra por encontrarse en un «entorno con muchos blancos».

El drama *King Henry V*, de Shakespeare, describe eventos en torno a la batalla de Agincourt en el norte de Francia el día de San Crispín, 25 de octubre de 1415. En esa batalla, una de las muchas durante la Guerra de los Cien Años, el ejército de Enrique V de Inglaterra se vio muy superado en número por las fuerzas de Carlos VI de Francia. En el cuarto acto, tercera escena de la obra de Shakespeare, el rey Enrique se encuentra con sus desmoralizadas tropas y les dirige un discurso conmovedor que concluye con estas palabras:

> Nosotros pocos, felices pocos, nosotros,
> banda de hermanos;
> pues el que hoy vierta conmigo su sangre
> será mi hermano; por villano que sea,
> este día le hará de noble rango:
> Y muchos caballeros de Inglaterra,
> que ahora están en la cama
> se considerarán malditos por no haber estado aquí,
> y les parecerá mísera su valentía cuando hable alguno
> que combatiera con nosotros el día de San Crispín.

Al oír ese discurso de su rey, este ejército de ingleses superados en número encontró audacia y valor nuevos. En ese momento, se convirtieron en un grupo de hermanos, un ejército de guerreros, y lucharon como hombres. La historia describe la batalla de Agincourt como un enfrentamiento brutal, sangriento, con espadas, hachas y cuchillos. Cuando todo acabó, las fuerzas francesas habían tenido más de cinco mil bajas; los ingleses, superados en número, bajo el liderazgo de Enrique V perdieron tan solo cien hombres. Hasta hoy, la batalla de Agincourt se considera como un símbolo de valor indomable frente a escasísimas probabilidades.

Antes de la batalla de Agincourt, los ingleses eran superados en número y se sentían derrotados por temor y desesperación. Después de la batalla, se sentían victoriosos. ¿Dónde encontraron esos guerreros el valor para ganar la batalla de Agincourt?

Encontraron el valor en las palabras de su rey.

¿Necesitamos valor para librar las batallas de nuestra vida? Entonces escuchemos las palabras de nuestro rey. ¡Permanezcamos firmes en la fe! ¡Seamos fuertes! ¡Seamos osados! ¡Dios no nos ha dado un espíritu de temor, sino de poder, de amor y de dominio propio! Cada uno de nosotros es uno de los valientes guerreros del Señor, ¡descendiente espiritual de Aser mismo! ¡Somos de los pocos, de los pocos felices, del grupo de hermanos que llevan puesta toda la armadura de Dios!

Podemos morir en la batalla, pero ¿qué importa? Ya hemos resuelto el asunto de nuestra muerte. Así que, salgamos al gozo del Señor. Luchemos con el valor de un verdadero guerrero del Rey.

La victoria ha sido nuestra desde el momento en que escogimos el lado correcto.

Notas

1. John Eldredge, *Waking the Dead: The Glory of a Heart Fully Alive.* Nelson Books, Nashville, TN, 2003. En castellano, *El despertar de los muertos.*
2. C.S. Lewis, *Mere Christianity.* HarperCollins, San Francisco, 2001). En castellano, *Cristianismo y nada más.*
3. John Eldredge, *Wild at Heart: Discovering the Secret of a Man's Soul.* Nelson Books, Nashville, TN, 2001. En castellano, *Salvaje de corazón.*
4. William Gurnall, *The Christian in Complete Armour.* Banner of Truth Press, London, 1979.
5. G. K. Chesterton, *Orthodoxy.* Ignatius Press, Fort Collins, CO, 1995.

Formar una generación de guerreros

Tenía veinticuatro años en septiembre de 1964, cuando el Tío Sam me mandó a llamar. Me había inscrito en las Reservas del Ejército el año anterior y había llegado el momento de reportarme para tomar ocho semanas de entrenamiento básico. Fui a Fort Jackson, Carolina del Sur, y pude saborear por primera vez la vida militar, cortesía del sargento Enrique Fishback.

El sargento Fishback era cubano-americano, y un clásico sargento instructor exigente. Su mandíbula era como un bloque de concreto, sus ojos como un cojinete de bolas y su postura tan tiesa como una barra de acero. Sus botas resplandecían como un espejo. Tenía la clase de voz que era imposible desobedecer. Hasta el día de hoy, no puedo pensar en el sargento Fishback sin sentir que se me contraen las entrañas. El sargento era un guerrero.

En nuestra unidad había otro recluta, un tipo llamado Don Wehde. Quiero decir de buenas a primeras que ¡Don Wehde no era el sargento Fishback! Don, pinchadiscos con una estatura de cerca de dos metros, y mucho encanto personal, era la vida del grupo, pero de veras que no tenía madera de soldado. Pero, por alguna extraña razón conocida solo de quienes mandaban, promovieron al bueno de Don a jefe de escuadra.

Les digo que no creo que nadie se sorprendiera más que el mismo Don. Pero pronto se recobró de su sorpresa. De hecho, ¡muy pronto se convirtió en un verdadero líder! en extremo exigente, de una escuadra del ejército. Comenzó a dar órdenes gritando, a corregir a voces, a ponernos a marchar alrededor del campamento, y a censurarnos por cualquier infracción por pequeña que fuera.

Bueno, durante unas pocas semanas, resultó bien desagradable estar en la escuadra de Don. Pero entonces hizo algo que enfureció al sargento Fishback. No sé qué fue, pero fue suficiente grande para que sacaran a Don de jefe de escuadra y tuviera que regresar a simple soldado. Significó un gran alivio que Don volviera a ser uno más del grupo.

Todavía puedo ver a Don, marchando en la última fila. Nunca olvidaré lo que dijo cuando regresó a nuestras filas después de que lo degradaran. «¡Bueno, muchachos, estoy de vuelta, a bailar con las tropas!».

Ahora, avancemos cuarenta años. En enero de 2005, me invitaron a una entrevista por radio para hablar de mi libro *Coaching Your Kids to Be Leaders*, que acababa de ser publicado. En ese libro, contaba la historia de Don Wehde y nuestras ocho semanas en Fort Jackson. La entrevista por radio iba a ser transmitida por una emisora de Chicago, originándose en vivo desde Disney World, en Orlando. Entré al estudio y el productor dijo: «Lo van a entrevistar el presentador Don Wehde y su esposa».

Me quedé boquiabierto. Dije: «¿Su nombre se escribe W-E-H-D-E? ¿Es un hombre alto y fuerte?». El productor respondió sí y sí. Dije: «¿Cuáles son las probabilidades? ¡Está en este libro!».

Así que, entré al estudio y allí estaba Don. ¡No lo había visto durante 40 años! Don se había acordado de Fort Jackson, de manera que cuando vino a Orlando, se trajo consigo su anuario del Ejército sobre entrenamiento básico. Sostuvimos una agradable conversación antes de salir al aire, y fuimos ojeando todas las fotos del anuario, incluyendo las del sargento Fishback.

Por fin, Don dijo:

—Cuénteme acerca de su nuevo libro.

—Don —dije—, ¡sales en él! ¡Tu historia se encuentra aquí, en la página 269! ¡Escribí acerca de ti y de Fort Jackson!».

Se puso pálido como un cadáver.

—¿Qué escribiste acerca de mí?

Abrí el libro y se lo pasé.

—Don —dije—, solo lee.

Se puso a leer, y luego soltó la risa. Salimos al aire, y Don inició el programa diciendo: «¡Saludos, queridos oyentes! ¡Estoy en el nuevo libro de Pat Williams!». Hablamos en el aire acerca de nuestros días en Fort Jackson.

Resultaba claro que la experiencia de Don en el Ejército le había producido una gran impresión. Quizá hizo bromas acerca de su destitución. Quizá se comportó en forma despreocupada cuando dijo que estaba «bailando con las tropas». Pero por un tiempo en ese lugar, ese pinchadiscos de conducta alegre había sido un guerrero denodado. En lo más profundo, todos los hombres sabemos que dentro de él había un guerrero.

Cuando hoy miro a muchachos, los míos, los que van a mi iglesia, aquellos con los que converso en diversos eventos juveniles, no puedo dejar de pensar en estos dos hombres del entrenamiento básico en Fort Jackson. No puedo dejar de pensar en el sargento Enrique Fishback, el consumado guerrero en el Ejército Regular, y en Don Wehde, marchando en las últimas filas del pelotón, bailando con las tropas. Incluso el bueno de Don tenía la materia prima de un guerrero en su alma.

Cuando se trata de la guerra espiritual, necesitamos formar una generación de jóvenes sargentos Fishback, jóvenes cristianos que darán sus vidas al servicio de Jesús, su Rey Guerrero. Quizá pensemos que los muchachos de nuestra aula o de nuestro grupo de jóvenes no hacen sino ir bailando por la vida. Pero me atrevería a decir que hay un poco del sargento Fishback dentro de cada uno de ellos. Nuestra tarea es convertir bailarines en guerreros.

Hay tantos jóvenes a nuestro alrededor con el potencial de ser guerreros, y solo están esperando que alguien los desafíe, los motive, los inspire, ponga en sus manos las armas espirituales, y les indique el campo de batalla. Podrían ser guerreros espirituales en sus escuelas, en los campos de juego, en sus hogares y vecindarios, en sus iglesias, si solo sus padres, maestros y entrenadores los buscaran.

Aser formó una genealogía con veintiséis mil guerreros valientes dispuestos a batallar. ¿Por qué nosotros no podríamos hacer lo mismo? ¿Por qué no podríamos formar generaciones de valientes guerreros espirituales para Dios, dispuestos a ir a batallar contra Satanás, armados, capacitados y ansiosos de hacer huir a este viejo enemigo?

EL MUNDO NECESITA JÓVENES GUERREROS

A los muchachos les gusta jugar a la guerra. Les encanta disparar, cortar, apuñalar, caer muertos, levantarse, y disparar-resistir-apuñalar a unos cuantos más. Aunque uno les quite sus juguetes y programas de TV violentos y les hable de la paz y del amor todo el día, no se puede frenar su preferencia por jugar a la guerra. ¿Por qué? Porque la agresión no está en los juguetes con los que se entretienen ni los dibujos animados que ven. Es algo innato. Los más pequeños se inclinan a jugar con armas que echan agua con las que se disparan unos a otros. De hecho, es *bueno* que jueguen así. Aprenden lecciones de cómo actuar en equipo y de estrategia. Hacen ejercicio y toman el sol.

Los muchachos *desean* tener una causa por la cual luchar, una batalla que ganar. *Desean* sentir fluir dentro de ellos el poder del guerrero. *Desean* dedicar la vida a algo que valga la pena, a algo que tenga significado.

El mundo necesita más jóvenes guerreros como Danny Rohrbough, de quince años de edad. Este alumno de primer año de secundaria era un genio en computación al que le gustaba mucho ayudar a su papá en el negocio de electrónica de la familia. Estaba anhelando conseguir su primer permiso para conducir. Un caluroso día de primavera de 1999, Danny se encontraba almorzando en la cafetería de la Escuela Secundaria Columbine.

Pero entonces se aparecieron dos estudiantes vestidos con impermeables negros, disparando a los que estaban en la cafetería y tratando de hacer explotar un par de bombas de butano. Los estudiantes comenzaron a gritar y a correr hacia las puertas. Danny Rohrbough era uno de ellos, pero una vez que consiguió salir, se dio la vuelta y volvió a entrar. ¿Por qué? Decidió mantener la puerta abierta para que más compañeros pudieran escapar.

Uno de los homicidas vio a Danny que sostenía la puerta, de manera que le apuntó y le disparó tres veces. Este valiente joven guerrero cayó en la acera y murió. Podía haberse salvado, pero se quedó para salvar a otros.

Este mundo necesita más jóvenes guerreros que estén dispuestos a permanecer firmes en las sangrientas encrucijadas de la historia

> Los muchachos *desean* tener una causa por la cual luchar, una batalla que ganar. *Desean* sentir fluir dentro de ellos el poder del guerrero. *Desean* dedicar la vida a algo que valga la pena, a algo que tenga significado.

y a mantener abierta la puerta de la vida para su generación. Si hubiera más jóvenes guerreros como Danny Rohrbough en el mundo, tendríamos menos homicidas de alma muerta como los que le quitaron la vida.

Todos nosotros tenemos delante de nosotros un gran desafío. Debemos inspirar y motivar a la siguiente generación de guerreros. Nuestro desafío es formar una generación de jóvenes guerreros fieles a Dios, descendientes espirituales de Aser. Debemos enseñarles cómo revestirse con toda la armadura de Dios de manera que estén pertrechados y dispuestos para las batallas espirituales de la vida.

Nuestros jóvenes guerreros serán derribados y heridos. Así son las batallas. Deben saber que estamos con ellos, animándolos, aplaudiéndolos, ganen o pierdan. Para ilustrar este punto voy a contar un par de historias acaecidas en los Juegos Olímpicos de Barcelona.

Derek Redmont de Gran Bretaña era un brillante corredor, y un guerrero herido. Para cuando llegó a Barcelona, sus esperanzas de conseguir una medalla de oro olímpica ya se habían visto frustradas una vez. En los Juegos Olímpicos de 1988 en Seúl. Corea, había sufrido una lesión en el talón de Aquiles en una carrera de clasificación para los 400 metros lisos. Esa lesión lo había llevado cinco veces al quirófano, la última de ellas apenas cuatro meses antes de Barcelona.

Pero cuando Derek ingresó a la pista para los Olímpicos de Barcelona se sintió bien y corrió bien. Después de ganar su eliminatoria, se dirigió al punto de partida para la semifinal. El disparo de partida resonó en el aire, y Derek realizó una buena salida, sin problemas. Sintió como si fuera la mejor carrera de su vida.

Entonces, a apenas una tercera parte de la carrera de los cuatrocientos metros, Derek sintió una dolorosa punzada en el muslo derecho. De repente, la pierna derecha se quedó sin fuerzas. Se tambaleó y cayó, con un tendón roto.

Los entrenadores y los socorristas corrieron hacia él para sacarlo de la pista. Derek se incorporó sobre la pierna izquierda y empujó a los que se le acercaban. «¡No!», dijo, «¡tengo que acabar la carrera!». Entonces sintió un brazo que lo rodeaba y escuchó una voz muy familiar que le decía, «Derek, ¡soy yo!». Derek levantó la vista, y vio a su padre, Jim Redmond.

El papá de Derek era muy corpulento y llevaba una camiseta que decía: ¿HAS ABRAZADO A TU HIJO HOY?

—No tienes que hacer esto —le dijo Jim Redmond a su hijo.

—Sí, tengo que hacerlo —respondió Derek, entre dientes—. Tengo que acabar la carrera.

—Si vas a terminarla —dijo Jim—, la terminaremos juntos.

Así que Derek Redmond, un guerrero herido, se apoyó en el hombro de su padre, y avanzó hacia la meta de llegada, manteniéndose todo el tiempo en su carril. Unos pocos metros antes de acabar la carrera, Jim soltó a su hijo. Derek cruzó la meta por sus propios medios. La multitud de sesenta y cinco mil personas se puso de pie, aclamándolo y llorando. Ese día habían visto al descubierto el corazón de un guerrero, y habían visto la razón de por qué Derek Redmond tenía un corazón tan valiente. Jim Redmond era su padre.

Cuando nuestros hijos caen en la lucha, necesitan que estemos junto a ellos. No para pelear sus batallas ni para sacarlos del campo de batalla. Solo necesitan que estemos ahí para ayudarlos y caminar junto a ellos por un tiempo para que puedan completar la tarea que vinieron a cumplir.

Durante la ceremonia de apertura de los Juegos Olímpicos de Barcelona de 1992, salieron atletas de todas las naciones llevando las banderas de sus respectivos países, en el desfile tradicional alrededor de la pista donde iban a competir. Uno de esos atletas era el nadador Ron Karnaugh de Mapletown, New Jersey. Favorito para ganar la medalla de oro en los doscientos metros combinados, Karnaugh estaba haciendo realidad el sueño de toda una vida. Al recorrer la pista, se sorprendió de poder ubicar a su padre en la gradería, vociferando su nombre y saludándolo con la mano. «En un estadio con todo ese gentío», recordaba Ron más tarde, «¿cuál era la probabilidad de que eso sucediera?».

Poco tiempo después, el sueño de Ron se vio frustrado por la tragedia. De inmediato después de la ceremonia de apertura, el padre de Ron, Peter, subía las gradas cuando sufrió un ataque masivo al corazón. Murió poco tiempo después.

Fue un golpe emocional aplastante para Ron Karnaugh. Aquel se esperaba que fuera el momento culminante de su vida. En vez de ello, los juegos de 1992 simbolizaron una pérdida aplastante. Pero Ron Karnaugh era un guerrero. Se negó a rendirse ante el dolor.

Cinco días después de la muerte de su padre, Ron Karnaugh se presentó para nadar los doscientos metros combinados. Llevaba puesto el sombrero favorito de su padre, el sombrero que Peter Karnaugh siempre se ponía cuando él y el joven Ron iban de pesca o a navegar juntos. Al llevar el sombrero de su papá al evento, Ron no solo rindió tributo a su difunto padre. De hecho se sintió más cercano a su papá, como si parte del espíritu entusiasta de su papá estuviera junto a la piscina con él.

Antes de la competencia, Ron con mucho cuidado se quitó el sombrero. Luego ocupó el puesto que le correspondía al borde de la piscina y compitió como un verdadero guerrero. No ganó la medalla de oro, y ni siquiera la de plata o bronce. Llegó sexto, un puesto respetable pero decepcionante. Incluso así, Ron sintió que el espíritu de su padre estaba ahí, radiante de orgullo.

La muerte de su papá produjo un impacto profundo en Ron Karnaugh; lo mismo ocurrió el año siguiente, cuando diagnosticaron que su madre tenía cáncer en la laringe. Esas dos tragedias convencieron a Ron Karnaugh que debía estudiar medicina. Hoy lo llaman «Doctor Ron», gracias en gran parte a George Steinbrenner, el dueño de los Yankees de Nueva York y vicepresidente del Comité Olímpico de los EE. UU. (1989-1996). Conmovido por la pérdida de Ron, Steinbrenner pagó la formación médica del joven Ron.

Mirando atrás, Ron se siente agradecido por esa última visión fugaz de su padre, apenas unos minutos antes del fatal ataque al corazón de Peter Karnaugh. «Es casi como que eso era lo que Dios quería que fuera», dijo Ron a un entrevistador para el *Swimming World Magazine*. «Por uno o dos años fue en extremo difícil sobrellevarlo. Pensaba: "¿Por qué yo? Y ¿por qué sucedió esto en los Juegos Olímpicos?" [...] Pero después de haber terminado mi carrera de medicina, veo cómo viven y mueren las personas cada día, y me siento muy agradecido por el tiempo que lo tuve»[1].

Si formamos a nuestros hijos para que sean guerreros, podemos saber lo que sabrán hacer frente a la batalla, incluso si ya no estamos allí con ellos. Cuando formamos a un guerrero, pasamos a formar una parte importante de su vida que nunca se borrará.

EL EJEMPLO DE JESÚS: CÓMO FORMAR A UN GUERRERO

Cuando las personas piensan en Jesús, tienden a verlo como predicador, maestro, sanador y hacedor de milagros. Pero si miramos con suma atención su vida, vemos que por encima de todo fue tutor. Dedicó mucho más tiempo a los Doce que a las multitudes. Iba guiando y capacitando a los Doce para que fueran sus soldados de a pie en una revolución espiritual. Jesús los sometió a minuciosas sesiones de formación. Los estimuló y les enseñó. Los disciplinó y enfrentó. Con frecuencia los envió a situaciones exigentes.

A medida que los Doce fueron aprendiendo y creciendo, Jesús fue poniendo sobre sus hombros cada vez más responsabilidad. Así es como opera la tutoría: Primero, el tutor dice: «Yo trabajo; tú observas». Luego dice: «Yo trabajo, tú ayudas». Luego dice: «Tú trabajas; yo ayudo». Por fin, dice: «Tú trabajas; yo observo».

En Mateo 10, vemos la culminación de este proceso cuando Jesús reúne a los Doce y luego los envía con poder, autoridad y un plan de batalla para llevar a cabo una lucha espiritual en su nombre. Cuando Jesús comenzó su ministerio, era apenas un guerrero. Al formar a los Doce, se multiplicó doce veces. He aquí la estrategia en cinco pasos de Jesús para guiar a los Doce.

1.ª parte: Advirtió a los Doce de los peligros que enfrentarían

Jesús sabía que sus discípulos se dirigían al campo de batalla, y los preparó para las acciones hostiles que encontrarían. «Los envío como ovejas en medio de lobos», dijo. «Por tanto, sean astutos como serpientes y sencillos como palomas» (v. 16).

El Rey-Guerrero envió a sus discípulos a un mundo hostil como ovejas entre lobos, y esto es lo que nos invita a que hagamos: Como padres, pastores, encargados de jóvenes, maestros, tutores y entrenadores, Jesús nos llama a que enviemos a nuestros muchachos a un mundo peligroso como ovejas entre lobos, como guerreros amables en un mundo que los odia.

Esto no es fácil, ¿no es así? Nuestro deseo es proteger a los hijos. Deseamos mimarlos e impedir que les hieran sus sentimientos. Pero como ha dicho el Dr. Tony Evans, «No debemos nunca limitarnos a proteger a nuestros hijos frente al mundo. Antes bien, nuestra meta debería ser formarlos para que ayuden a cambiar el mundo de manera que, cuando salgan para adentrarse en él, lo hagan como luces que brillan en la oscuridad. Si desempeñamos bien nuestro papel como padres, y escogen caminar con Dios, será más el mundo, y no ellos, el que estará en problemas, debido al impacto que harán en él».

2.ª parte: Jesús inspiró el valor de los Doce

Tres veces en Mateo 10, Jesús les dice a los discípulos: «No temáis» (ver vv. 26, 28, 31). Les advierte que todo lo que le había sido hecho a Él se lo harían a ellos, porque «el discípulo no es más que su maestro» (v. 24). Serían odiados, perseguidos y traicionados, pero, del mismo modo que él había sido valiente ante toda oposición, también ellos debían ser valientes.

Como padres, maestros y tutores, debemos fomentar el valor y audacia de nuestros jóvenes guerreros. Debemos estimularlos a que asuman riesgos e intenten tareas «imposibles». Hagámosles saber que si hacen grandes cosas, harán enemigos. Serán odiados, perseguidos y traicionados. Pero de todas maneras estimulémoslos a que hagan grandes cosas. Aplaudámoslos cuando ganan y alentémoslos cuando fracasan. Digámosles, «¡No tengas miedo! ¡Eres un guerrero!».

3.ª parte: Jesús dio autoridad a sus discípulos para actuar en su nombre

La Biblia nos dice: «Entonces, llamando a sus doce discípulos, les dio autoridad» (Mateo 10:1). No les impartió enseñanzas en un aula. Los envió con poder para llevar a cabo en su nombre el ministerio encomendado.

Al criar, capacitar y guiar a muchachos para que sean guerreros, debemos darles autoridad. Debemos darles el poder para tomar sus propias decisiones, y esto quiere decir ¡permitir que cometan sus propios errores! No aprenderán a ser guerreros si solo les damos clases en un aula. Necesitan experiencia en el campo de batalla, de modo que debemos enviarlos a la lucha con autoridad para actuar. Permitámosles que se ganen algunas Medallas al Valor. Dejémosles que se ganen el derecho de llamarse guerreros.

4.ª parte: Jesús puso sobre los Doce exigencias costosas

Jesús mandó lealtad a sus discípulos y les exigió sacrificio. Dijo: «A cualquiera, pues, que me confiese delante de los hombres, yo también le confesaré delante de mi Padre que está en los cielos. Y a cualquiera que me niegue delante de los hombres, yo también le negaré delante de mi Padre que está en los cielos. [...] El que ama a padre o madre más que a mí, no es digno de mí; el que ama a hijo o hija más que a mí, no es digno de mí; y el que no toma su cruz y sigue en pos de mí, no es digno de mí» (Mateo 10:32, 33, 37-38).

Si queremos formar generaciones de guerreros, como lo hizo Aser, entonces debemos desafiar a nuestros muchachos a que vivan vidas de sacrificio y negación de sí mismos. Esta es una guerra espiritual total, donde no se toman prisioneros. Nuestros jóvenes necesitan verse como soldados que viven en condiciones de campo de batalla. En lugar de reducir las exigencias a nuestros hijos para que les resulte fácil, deberíamos aumentar las exigencias y animarlos al aceptar el desafío.

5.ª parte: Jesús preparó a los Doce para la batalla

Jesús, de hecho, dijo a sus discípulos: «¡Esto es una guerra!». Dijo: «No penséis que he venido para traer paz a la tierra; no he venido para traer paz, sino espada. Porque he venido para poner en disensión al hombre contra su madre, y a la nuera contra su suegra; y los enemigos del hombre serán los de su casa» (Mateo 10:34-36). Jesús no quiso que sus discípulos pensaran ni por un momento que eran civiles ni espectadores inocentes. Eran guerreros. Este es un mensaje que también se les debe inculcar a nuestros jóvenes guerreros.

Al encargar a los Doce que fueran sus guerreros, para librar una batalla espiritual en su nombre, Jesús hizo esta promesa: «De cierto, de cierto os digo: El que en mí cree, las obras que yo hago, él las hará también; y aun mayores hará, porque yo voy al Padre» (Juan 14:12). Es cierto: Jesús se multiplicó doce veces; luego los Doce se multiplicaron muchas veces más; y las multiplicaciones continuaron, generación tras generación. Los seguidores de Jesús hicieron cosas mayores que Jesús mismo; hicieron la guerra, atacando los baluartes de Satanás, estableciendo nuevos frentes de batalla, conquistando nuevo territorio, ganando batalla tras batalla, incluso después de que el Rey-Guerrero mismo hubo regresado al Padre.

Nuestra tarea es seguir formando nuevos guerreros y enviarlos a batallar. Debemos inspirarlos y motivarlos para que expandan las primeras líneas y penetren en nuevo territorio. Somos los viejos guerreros que estamos formando la siguiente generación de soldados espirituales. Nuestra tarea es recordarles que no se trata de una guerra de odio, muerte o destrucción. Es una guerra de verdad, justicia y obediencia a nuestro Señor y Comandante.

Como ese viejo y fuerte guerrero, el apóstol Pablo, escribiera una vez: «Pues aunque andamos en la carne, no militamos según la carne; porque las armas de nuestra milicia no son carnales, sino poderosas en Dios para la destrucción de fortalezas» (2 Corintios 10:3-4).

CÓMO ORAR POR NUESTROS JÓVENES GUERREROS

Una de las formas más efectivas de formar a los guerreros espirituales es orando por ellos. Puedo afirmar por experiencia propia que Dios puede transformar corazones humanos, incluyendo los de hijos testarudos y rebeldes, con solo el poder de la oración. Cuando ninguna otra cosa puede llegarle al hijo, *Dios sí puede*, por medio de las oraciones de padres fieles, respetuosos de Dios. Debemos orar por ellos a diario, con regularidad y de manera específica. Algunas de las peticiones concretas para colocarlas delante de Dios al orar por nuestros jóvenes guerreros son las siguientes.

Si los hijos no tienen una relación personal con Dios, o si no estamos seguros de ello, oremos para que lleguen a tener esa relación personal con él. Si los hijos ya tienen una relación de fe con Dios, démosle gracias y pidámosle que profundice la fe de los hijos.

Pidamos la gracia de ser un ejemplo de fidelidad a Dios para nuestros hijos. Pidamos saber emplear las palabras adecuadas y la sabiduría y valentía de decir lo que pensamos. Oremos para que Dios nos inspire a ser un modelo de carácter fiel a Dios, de paciencia, perdón y fe.

Pidamos a Dios que dé a nuestros hijos un sentido de llamamiento y propósito en sus vidas, un deseo de servir a Dios y al prójimo.

Oremos que Dios pula y purifique el carácter de nuestros hijos de modo que puedan ir demostrando cada día más el fruto del Espíritu (ver Gálatas 5:22-23).

Pidamos a Dios que ayude a nuestros hijos a repudiar el relativismo moral del mundo que los rodea y a desarrollar una visión del mundo que sea cristiana, sana y moral. Pidámosle que proteja a nuestros hijos de las presiones y escollos de la cultura juvenil actual: drogas, alcohol, violencia, inmoralidad sexual y suicidio.

Meditemos sobre los pasajes de la Escritura que tratan de la oración. Al leer el pasaje, oremos repitiendo las palabras dirigiéndolas a Dios. Por ejemplo, leamos ese pasaje de Pablo a los filipenses:

> Y esto pido en oración, que vuestro amor abunde aun más y más en ciencia y en todo conocimiento, para que aprobéis lo mejor, a fin de que seáis sinceros e irreprensibles para el día de Cristo, llenos de frutos de justicia que son por medio de Jesucristo, para gloria y alabanza de Dios. (Filipenses 1:9-11)

Al ir leyendo el pasaje, podemos ir orando y dirigiendo estas mismas palabras al Señor a favor de nuestros hijos: «Señor, te pido esto para mis hijos. Te ruego que tu amor abunde cada vez más y más en sus vidas. Da a mis hijos más conocimiento y hondura de comprensión de tu verdad de manera que sepan discernir lo que es mejor y ser puros e irreprochables hasta el día de Cristo. Señor, llena sus vidas con el fruto de la rectitud que se produce por medio de Jesucristo, y te daré toda la gloria y la alabanza».

Algunos excelentes pasajes más que se pueden utilizar para orar al interceder por nuestros hijos son: Colosenses 1:9-12; 3:12-17; Efesios 1:15-19; 3:14-19; 4:12-15; 6:19-20; Filemón 1:6.

Por último, oremos que nuestros hijos sean guerreros fieles en la oración, que a diario busquen la intimidad con Dios, presentándole sus peticiones y buscando su guía. La oración es el arma secreta

del guerrero espiritual. Nadie debería librar ninguna batalla sin
dedicar tiempo a solas con su Señor y Comandante.

LAS BATALLAS JUSTAS, EL MAESTRO ADECUADO, LA CAUSA JUSTA

En diciembre de 1776, el destino de los Estados Unidos de
América colgaba del más delgado de los hilos. El improvisado
ejército del general George Washington había sufrido una serie
de derrotas humillantes y costosas en el campo de batalla. En la
batalla de Long Island, a finales de agosto, los soldados británicos
bajo el mando del general Howe habían infligido graves pérdidas
a los estadounidenses. Los británicos persiguieron al ejército de
Washington por todo New Jersey, a través del río Delaware y hasta
Pensilvania.

Las fuerzas de Washington se habían reducido de diecisiete
mil soldados a solo tres mil hombres exhaustos y mal alimentados,
algunos sin casacas ni zapatos para protegerse del duro invierno.
Cuando el Congreso Continental en Filadelfia se enteró de que el
general Washington se había batido en retirada hasta un lugar a
solo diecinueve kilómetros de distancia, se atemorizaron y salieron
huyendo a Baltimore, a ciento sesenta kilómetros al sur. Desde su
campamento cerca de las Cataratas de Trenton, un desalentado
general Washington le escribió a su hermano John: «Pienso que el
juego casi ha terminado».

Washington necesitaba una victoria. Un nuevo fracaso en el
campo de batalla, y su ejército se disolvería. Su última esperanza,
y la de los EE. UU., estaba al otro lado del río Delaware en la
tranquila ciudad de Trenton, New Jersey.

La ciudad estaba bajo la protección de mercenarios hessianos,
soldados traídos de Alemania para luchar junto a los británicos.
Estaban bajo el mando del coronel Johann Gottlieb Rall, hombre
vil y borrachín sin conciencia ni honor. Durante una batalla en
Nueva York, el coronel Rall había ordenado a sus soldados que
dieran muerte a los americanos que se rindieran.

El general Washington especuló que los soldados hessianos, de
escasa disciplina, tendrían una resaca tan grande de la celebración de

Navidad que Trenton caería en sus manos como una fruta madura. El día de Navidad, Washington dividió sus escasas fuerzas en tres unidades. Washington lideraría el grupo mayor, de unos dos mil hombres, a través del río Delaware en McKonkey's Ferry, a trece kilómetros al norte de Trenton. Los otros dos grupos cruzarían el río en dos puntos mucho más al sur. Washington y sus hombres avanzaron hacia McKonkey's Ferry, algunos de ellos con trapos en los pies en vez de botas. Sus pisadas dejaban rastros de sangre.

El cruce del río comenzó a las dos de la tarde. Les tomó catorce horas a los hombres de Washington, los caballos y los cañones ligeros cruzar el Delaware. Una fuerte tempestad de aguanieve y grandes témpanos de hielo hicieron que el cruce resultara bien penoso y traicionero. Fue bastante después de las tres de la madrugada que por fin toda la fuerza estuvo a salvo del lado de New Jersey.

Un partidario británico descubrió el ejército de Washington y envió por medio de un mensajero a los soldados de Hesse una nota de aviso escrita a mano. El mensajero se apresuró a llegar a Trenton y entregó el mensaje al coronel Rall. Este, que se encontraba jugando a las cartas con sus ayudantes, puso el mensaje en el bolsillo sin ni siquiera leerlo.

Entre tanto, el general Washington cabalgaba al frente de sus tropas en dirección a Trenton, a trece kilómetros de distancia. Por desgracia, la mayor parte de los mosquetes de sus soldados se habían empapado de agua con la tempestad. Aunque unos pocos soldados de infantería disponían todavía de pólvora seca para sus armas, la mayor parte tendría que atacar solo con bayonetas.

El ejército de Washington llegó a Trenton a las ocho de la mañana, y tomó desprevenidos a los guardias de Hesse, borrachos y durmiendo en sus puestos de vigilancia. A caballo al frente de sus tropas, el general Washington gritó: «¡Adelante, mis valientes camaradas! ¡Seguidme!». Y azuzó su caballo para guiar a sus hombres hacia la batalla.

Al oír gritos y disparos, un sorprendido coronel Rall salió tambaleándose a la calle. «¿Qué es esto?», gritó en alemán. Unos momentos después, cayó alcanzado por un disparo. Sus hombres lo llevaron a la Iglesia Metodista de la calle Queen, donde murió.

Uno de sus hombres notó la punta de un papel que sobresalía del bolsillo del coronel. El hombre abrió la nota y leyó: *El ejército americano está avanzando hacia Trenton.*

Los hessianos sufrieron fuertes bajas —más de doscientos muertos y heridos— y pronto se rindieron. Los americanos tuvieron solo cuatro bajas y tomaron cerca de mil prisioneros hessianos. El curso de la guerra cambió de manera completa aquel día, y los EE. UU. existen como una nación libre gracias al atrevido riesgo que tomó Washington en Trenton.

La moraleja de la historia es que si queremos formar una generación de guerreros, debemos ser ejemplo de qué significa ser un guerrero. No se puede empujar a los guerreros hacia la batalla desde atrás. Hay que avanzar al frente de las tropas y decirles: «¡Adelante, mis valientes compañeros! ¡Síganme!». Debemos mirar hacia el frente y penetrar en lo más reñido de la batalla.

Es probable que hayamos oído hablar de un joven estadounidense llamado John Phillip Walter Lindh, conocido también como «el talibán estadounidense». Después de los ataques terroristas del 11 de septiembre, los Estados Unidos invadieron Afganistán para destruir los campamentos de entrenamiento de terroristas y derribar el régimen talibán. John Walter Lindh cayó en manos de los afganos el 25 de noviembre de 2001. Cuando lo encontraron, tenía una herida de bala en la parte superior del muslo derecho y fue llevado a un bunker subterráneo con terroristas de Pakistán, Uzbekistán y Arabia Saudita. ¿Por qué un estadounidense estaba luchando al lado de terroristas?

Nacido de Frank Lindh y Marilyn Walter en 1981, John Walter Lindh se bautizó en la Iglesia Católica, pero luego se convirtió al Islam a los dieciséis años. Más adelante fue a Yemen para aprender árabe, y luego a Pakistán donde estudió la religión islámica en una *madrassa* (escuela islámica). En la primavera de 2001, fue a Afganistán, donde se entrenó en el campamento de Osama bin

Si queremos formar una generación de guerreros, debemos ser ejemplo de qué significa ser un guerrero.

Laden. Después de completar su entrenamiento, se hizo miembro de Al Ansar, unidad de lucha de bin Laden. Después de su captura a finales de 2001, confesó ser guerrillero de al-Qaeda.

En febrero de 2002, a John Walter Lindh lo acusaron de cometer delitos federales. Aceptó un acuerdo con la parte acusadora, que redujo su condena de cadena perpetua a veinte años sin opción de libertad condicional. En la actualidad está cumpliendo su condena en una cárcel federal en Victorville, al noreste de Los Angeles.

John Walter Lindh quiso ser un guerrero. En lugar de ello se convirtió en terrorista. Hoy es un prisionero. ¿Qué falló en la vida de este joven?

En un artículo de opinión en la *National Review*, el escritor Rob Long sugirió una explicación: exceso de tolerancia, padres permisivos que no supieron dar a su hijo orientación cuando tenía dieciséis años y andaba buscando significado para su vida. Long describió a Lindh como:

> El producto de padres divorciados del condado Marín, en California [...] educado en el crisol mismo de la necedad cultural [...] hijo de baños calientes en bañeras, terapia con masajes, relativismo cultural, divorcio amistoso, sentido de culpa racial, dietas vegetarianas, antiamericanismo, vino y calcomanías «Enseña paz» en los automóviles, [...] un muchacho estadounidense rico de una ciudad estadounidense rica que fue educado para creer que era válida cualquier idea disparatada e impulso loco que se le ocurrieran [...] y que los Estados Unidos de América eran un lugar muy malo[2].

Los padres del muchacho nunca trataron de disuadirle de su fascinación con el Islam. De hecho, la apoyaron. Financiaron sus viajes a Yemen y Pakistán. Pagaron sus estudios en las escuelas islámicas a las que asistió. Un articulo en *Time* cita estas palabras que su padre Frank le dirigió: «No creo que te hayas convertido de verdad al Islam sino que más bien lo has encontrado dentro de ti; como que descubriste tu musulmán interior»[3].

Cuando los padres de John Walter Lindh se divorciaron en 1999, el joven (por entonces de dieciocho años) se quitó el apellido de su padre y adoptó el apellido de soltera de su madre, Walter. Como concluía Rob Long:

> Creo que hay algo de cierto en ello, todo ese asunto de «odio hasta el nombre de mi padre». Sé que el divorcio fue quizá amistoso, al estilo del condado Marín, y que todos fueron muy «modernos» en cuanto a ello, y que su padre nunca lo fastidió por sus creencias e incipiente traición, pero quizá [...] es más fácil odiar a un papá que se niega a fastidiarlo a uno por cualquier cosa. Quizá se cambia uno el apellido, se cambia de religión, se va para Yemen y lucha de lado de un gobierno malvado y asqueroso no porque está uno inmerso en una especie de «itinerario espiritual», como han sugerido algunos parientes de John Walter, sino porque uno quiere que su papá lo lleve arrastrado a la casa [y] lo haga entrar en razón[4].

Como papás, maestros, entrenadores, encargados de jóvenes y tutores, debemos amar a nuestros hijos lo suficiente como para luchar con ellos, discutir con ellos y soportar su ira llena de confusiones. Cuando comienzan a avanzar en la dirección equivocada, debemos preocuparnos lo suficiente como para tomarlos por la nuca y decirles: «Te amo demasiado como para dejar que eches a perder tu vida».

No dejemos que nuestros hijos se desvíen para encontrar a su islamista dentro de sí, su miembro de pandillas dentro de sí, el adicto al sexo dentro de sí, su cabeza drogada dentro de sí. Les decimos: «Veo en ti algo poderoso y noble. Veo a un guerrero dentro de ti. Veo a un joven hecho a imagen de Dios, con la capacidad para significar una diferencia fiel a Dios en este mundo». Les enseñamos cómo pelear la buena pelea de la fe y luego liderar el camino a la batalla. Los enseñamos a servir al maestro adecuado y entregar su lealtad a la causa justa. No es suficiente ser guerrero. Los guerreros deben servir a la causa justa o no serán nada más que terroristas.

En este mundo, que tiene demasiados terroristas y jihadistas, asesinos en impermeables y pandilleros, debemos ser padres y tutores como Aser. Debemos formar generaciones de cabezas de familia cristianos, hombres escogidos cristianos, magníficos líderes cristianos y guerreros cristianos valientes, listos para la batalla, pertrechados para la guerra espiritual. Si no acertamos a formar guerreros, entonces ya hemos perdido la guerra. Dios ha declarado la guerra a los gobernantes, autoridades y poderes de este mundo en tinieblas, contra las fuerzas espirituales del mal que nos rodean. Rendirse no es una opción. Por Jesucristo y su reino, por nuestros hijos y sus almas eternas, esta es una guerra que debemos pelear y ganar, en nuestra generación y en generaciones venideras.

Notas

1. Kari Lydersen, «Doctor Ron», *Swimming World Magazine*, noviembre de 1997. http://www.swimmingworldmagazine.com/articles/swimmingworld/articles/199711-01sw_art.asp (consultado en noviembre del 2005).

2. Rob Long, «Free to Go Bad: John Walker Lindh, an American Tragedy», *National Review*, Diciembre 31, 2001.

3. Timothy Roche, Brian Bennett, Anne Berryman et al. «The Making of John Walker Lindh», *Time*, septiembre 29, 2002.

4. Long, «Free to Go Bad: John Walker Lindh, an American Tragedy».

4.ª Dimensión
LIDERAZGO

Imaginemos un líder...

El consejo de guerra de las tribus se celebró en la tienda de Zabulón en la llanura cubierta de nieve frente al Monte Tabor. El rostro demacrado de Zabulón estaba rojo de ira mientras apuntaba con su huesudo dedo índice el rostro de Aser. «¡Tu plan es una locura!», le gritó. «No entregaré a mis hijos para que mueran en esa táctica tonta».

Alrededor de la tienda, los otros líderes tribales se movían inquietos. Sabían que Aser era un hombre escogido de criterios comprobados, pero ninguno tenía el valor de enfrentarse a Zabulón.

Aser, mientras tanto, permanecía tranquilo mientras Zabulón ventilaba su furia. Aunque el rostro de Aser estaba lleno de arrugas, aunque tenía el cabello y la barba grises, sus ojos seguían siendo tan penetrantes como siempre. Aser imponía respeto.

—Si has terminado... —comenzó a decir Aser.

—¡No he terminado! —respondió con brusquedad Zabulón—. Te pregunto: ¿cuántos guerreros podemos enviar al campo de batalla? Unos pocos miles, en el mejor de los casos. Y ¿cuántos guerreros amalecitas están acampados en el llano contra nosotros?

—Nuestros exploradores dicen que veinte mil —respondió Aser—. Quizá más.

—¡Veinte mil! —dijo Zabulón levantando las manos al cielo en señal de frustración, aunque, para Aser, le pareció más bien una señal de capitulación.

—Todo lo que te oigo hablar, Zabulón —dijo Aser con calma—, es de retirada y derrota. Es cierto que nos superan en número, pero no están a nuestra altura. La fortaleza de un ejército depende de algo más que de los números.

—¿Qué quiere decir eso? —preguntó Zabulón con amargura.

—Mis hijos han estado observando los movimientos de las tropas amalecitas —dijo Aser—. Estarán de vuelta al atardecer para informarnos. Entonces tendremos una mejor idea de la verdadera fortaleza de nuestro enemigo. Hasta entonces, lo que digo es que mantengamos nuestra fe en el Dios Altísimo y nos preparemos para expulsar de nuestra tierra al enemigo.

Zabulón apuntó con su huesudo dedo.

—Yo digo que debemos ordenar que nuestras tropas retrocedan al otro lado del río y que concentremos nuestra fuerza en los lugares de vado. Sí, dejaríamos la llanura en manos de los amalecitas, pero al menos podríamos utilizar el río contra ellos.

—¿Por cuánto tiempo? —preguntó Aser—. Si los amalecitas piensan que tenemos miedo, traerán más guerreros y acabarán con nosotros. No podemos permitirnos el lujo de esperar. Tenemos que derrotarlos con decisión, aquí y ahora.

—Padre —dijo una voz grave desde el faldón de la tienda.

Todos los ojos se volvieron en dirección de la voz.

Un joven con la armadura puesta entró a la tienda. Tendría cerca de treinta años, alto y delgado, de rostro angular. Sostenía el casco de guerra en la curva del brazo y llevaba una espada en el costado.

—Espero no interrumpir —dijo.

Aser brillaba de orgullo.

—Casi todos conocen a mi tercer hijo, Isúi —dijo—. ¿Qué noticias nos traes, hijo mío?

Los ojos de Isúi brillaron.

—Vengo de los campamentos de mis hermanos, Imna e Isúa. Durante la noche, incursionaron en los puestos de avanzada del enemigo y mataron a algunos amalecitas. El enemigo casi no luchó. Aunque son muchos, están agotados por la travesía del Puerto Aruna. Incluso sus caballos están llenos de polvo y decaídos. Imna dice que este es el momento para atacar.

—¿Cuántos son? —preguntó Zabulón de manera abrupta—.

—Hay veinte mil guerreros amalecitas acampados en la llanura.

—Creo que nuestros primeros cálculos eran bajos —dijo Isúi—. Mi hermano Isúa tiene buen ojo, y piensa que son cerca de treinta mil guerreros.

Zabulón quedó boquiabierto. Por primera vez ese día, se quedó sin habla.

—Isúi —dijo Aser sonriendo—, ¿dónde está tu hermano Bería? Tenía que presentarse ante…

—Aquí estoy, Padre —dijo una voz fuerte a la entrada de la tienda.

Bería entró. Llevaba a rastras a un maltrecho prisionero. Bería era de menor estatura y más fornido que Isúi, pero bien musculoso. Su pelo era una melena espesa y negra como la de un león. También llevaba una armadura y una espada, y portaba el yelmo en una mano. Las manos del prisionero estaban atadas.

—Este es mi hijo menor, Bería —dijo Aser al presentar a su hijo a los líderes tribales—. Ya veo, Bería, que traes a un prisionero.

—Un desertor, Padre —dijo Bería—. Puede ver la condición en que está: enfermo, débil y hambriento. Dice que los obligan a marchar días enteros con media ración de comida. Los capitanes los azotan para que mantengan la marcha. No tienen voluntad de seguir luchando.

—Es lo que Imna e Isúa dijeron —Isúi añadió—. Si atacamos ahora, los amalecitas huirán.

—Ya han oído el informe de mis hijos —dijo Aser recorriendo la tienda con la mirada—. Han visto el maltrecho estado de este desertor amalecita. ¿Qué dicen? ¿Arrojaremos a estos paganos blasfemos de nuestra tierra… o nos iremos en retirada?

—¡Arrojémoslos! —dijo un líder tribal.

—¡Ataquémoslos ahora! —dijo otro.

—¡A la pelea! —dijo otro.

Al final, todos los delegados se pronunciaron menos uno. Zabulón miró a Aser a los ojos en silencio un largo tiempo. Después habló.

—Perdóname, Aser —dijo Zabulón en voz áspera—. Tenías razón. Yo estaba equivocado. Mis hijos y yo estamos contigo. Los echaremos.

Al amanecer lanzaron el ataque.

Ser un líder destacado

El primer y más influyente modelo de liderazgo fue mi papá, Jim Williams. Era maestro, entrenador y líder en la comunidad donde vivíamos. Por encima de todo, era líder en nuestro hogar.

Un poco más de un año después que mi papá regresara de la Segunda Guerra Mundial, mis padres esperaban su cuarto hijo. En febrero de 1947, llegó mi hermana Mary Ellen. Nació retrasada mental. En ese tiempo, esa condición recibía el nombre de «mongolismo», pero en la actualidad la conocemos como Síndrome de Down.

En esa época, era un estigma tener en la familia un hijo retrasado mental. Se veía como un fallo biológico de parte de los padres, y las familias solían mostrarse muy reservadas al respecto. Había pocos lugares a los que pudiera recurrir una familia para obtener información o apoyo. Se había hecho muy poca investigación acerca de los niños con necesidades especiales. Mis padres se preguntaban: «¿Por qué no podría la comunidad unirse para encontrar soluciones para este problema?».

Mi papá tenía la visión de cambiar la forma en que las personas veían el retraso mental. Tanto él como mi mamá consiguieron entrevistas con medios de comunicación y se esforzaron mucho por educar a la comunidad. Mi papá se reunió con su amigo Bob Carpenter, propietario de los Phillies de Filadelfia, y juntos crearon un evento anual, el Juego de Fútbol de Estrellas de las Escuelas Secundarias de Delaware. El primer juego se realizó en 1956, y el evento sigue celebrándose hasta hoy, en beneficio de la Fundación de Delaware para Niños Retrasados.

Mi papá no dedicó mucho tiempo a predicarme acerca del liderazgo. Liderazgo era algo que por naturaleza hacía. Al observar su ejemplo, llegué a la conclusión de que, en pocas palabras, liderazgo es lo que hacen las personas responsables. La norma en la familia de Aser es probable que fuera como la del hogar de los Williams. Los descendientes de Aser fueron líderes excepcionales porque Aser fue un modelo de liderazgo. Lo más probable es que Aser no tuviera que predicar liderazgo a sus hijos y nietos. Liderazgo era lo que Aser hacía. Dio ejemplo, y sus descendientes asimilaron su modelo de liderazgo por ósmosis.

¡SOY LÍDER!

Desde cuando era un enanito hasta llegar a la banca de reservas al borde de la cancha, he tenido una gran pasión por el deporte. Los deportes juveniles fueron mi campo de entrenamiento para el liderazgo. Pude tomar las lecciones sobre liderazgo que había asimilado de mi padre en el hogar para aplicarlas en el campo de juego. En la secundaria y la universidad, todas las posiciones que ocupé fueron posiciones de liderazgo. En baloncesto fui el armador; en fútbol, mariscal de campo; en béisbol, receptor. Aunque era líder, nunca me dediqué a pensar en qué consistía el liderazgo. Ningún adulto me enseñó los principios del liderazgo.

En 1960, durante mi primer año en la Universidad Wake Forest en Carolina del Norte, viví una experiencia que transformó mi concepto del liderazgo. De hecho, es probable que esa experiencia concreta marcara el curso de mi carrera como líder en deportes profesionales.

Cada noviembre, Wake Forest celebraba un gran encuentro de baloncesto entre jugadores de primer año contra el equipo oficial de la universidad en el coliseo de Winston-Salem. Cinco días antes de que fuera a celebrarse el partido, el presidente de nuestro club de atletas destacados, Jerry Steele, me dijo:

—Williams, te estoy ofreciendo como voluntario para organizar ese juego. Estás a cargo.

—¿A cargo de qué? —pregunté.

—De todo.

Y de veras quería decir *todo*. Nadie había hecho nada en lo absoluto para organizar el juego. Hasta ese momento, no había habido publicidad, ni se había confirmado el espectáculo para el medio tiempo, y ni siquiera se habían impreso las entradas. Deseaba rechazar la amable invitación de Jerry, pero no tuve el ánimo de decir no. El caso es que con más de dos metros de altura y con un peso superior a los cien kilos, Jerry tenía una personalidad muy convincente.

Los cinco días siguientes trabajé sin parar. Envié información para publicidad a una estación local de radio, a la TV y a las oficinas de periódicos. Llamé a la banda de una escuela secundaria local y preparamos un espectáculo para el medio tiempo. Encontré a un cantante para que interpretara el himno nacional. Busqué animadoras. Aprendí a delegar, a dar órdenes, a dirigir reuniones y a organizar a personas centradas en una meta concreta. De hecho, hice casi todas las cosas que haría más tarde en mi carrera como ejecutivo de la NBA.

Llegó la noche del partido y todo sucedió según lo programado. Recibí elogios del director del departamento de atletismo, del entrenador, de los jugadores y de los estudiantes. Incluso Jerry Steele dijo que lo había hecho muy bien, y agregó que me había asignado la tarea ¡porque sabía que no parecía posible realizarla!

Esa noche, me fui a la cama con un pensamiento sorprendente que me estuvo dando vueltas en la cabeza: *¡Vaya! ¡Soy líder!*

LAS SIETE DIMENSIONES DEL LIDERAZGO

¿Qué quiere decir ser líder?

En mi libro *The Magic of Teamwork*, identifico siete componentes o dimensiones esenciales de un liderazgo efectivo[1]. Deduje estos siete ingredientes del liderazgo de mi estudio de la vida del mayor de los líderes que haya existido jamás, Jesús de Nazaret. He seguido estudiando ese modelo de liderazgo en siete partes en mis libros *La paradoja del poder*[2] y *Coaching Your Kids to Be Leaders*. He hecho centenares de presentaciones sobre liderazgo por todo el país a grupos de negocios, deportivos y religiosos. Por la respuesta que he recibido, he llegado a un convencimiento sólido de que estas son en verdad las dimensiones esenciales del liderazgo auténtico:

1. Visión
2. Comunicación
3. Don de gentes

4. Buen carácter
5. Competencia
6. Audacia
7. Espíritu de servicio

Sin duda alguna, Aser debe haber poseído en forma abundante todas estas cualidades. Solo un hombre que fuera completo en todas estas siete dimensiones de liderazgo pudo haber producido generaciones de descendientes a los que la Biblia llamaría «jefes de príncipes».

Si queremos ser padres, abuelos y bisabuelos de líderes, excepcionales, entonces debemos ser nosotros líderes excepcionales. Las buenas nuevas acerca del liderazgo son que no es algo con lo que se nace. Es un conjunto de habilidades que se pueden aprender. Podemos aprender a ser más visionarios, a comunicar en forma más convincente, a trabajar de manera más efectiva con personas y a ser más competentes y excelentes en lo que hacemos. Podemos decidir dar pruebas de un carácter más cristiano, ser valientes y audaces y asumir más riesgos por medio de la fe en Dios, y a convertirnos en servidores de otros. Al ir convirtiéndonos en los líderes que Dios quiere que seamos, también llegaremos a ser modelos de liderazgo para nuestros hijos.

Así que, recorramos estas siete dimensiones cruciales del liderazgo para descubrir en qué consiste en realidad un liderazgo auténtico.

1. Visión

Todos los líderes deben tener una visión. El líder que ve lo invisible puede inspirar a sus seguidores para que hagan lo imposible. Cuando nuestro grupo puede ver la visión que tenemos para el futuro, tienen ante sí algo por lo que luchar y sacrificarse. Saben con exactitud en qué consistirá el éxito porque les hemos compartido una visión del éxito.

La visión siempre antecede a los logros. Mi amigo el Dr. Jay Strack, fundador de la Student Leadership University, utiliza para la visión una expresión que es combinación de latín y español: *carpe mañana*, que significa, según dice: «Haz tuyo el mañana». Él explica: «Líder es el que ve lo invisible. Mira mucho más adelante que los demás, porque piensa en el futuro. Ve el panorama general con visión de ángulo ancho».

La visión es una palabra gráfica que describe un futuro deseable. Cuando el sueño del líder llega a ser el sueño compartido de toda la organización, se producen milagros. Las personas trabajan unidas, actúan en sinergia y logran lo imposible.

Si no hubiera líderes visionarios, el futuro sería como el presente. No habría innovaciones, ni avance, ni cambio. Sin la visión de Walt Disney no habría ni Dineylandia ni el Mundo de Disney. Sin la visión de John F. Kennedy, no hubiéramos tenido hombres en la luna. Sin la visión de Ronald Reagan y del Papa Juan Pablo II, Berlín seguiría siendo una ciudad dividida y Polonia todavía sería un país detrás de la Cortina de Hierro. La visión cambia el mundo.

La visión debería ser clara y sencilla. En el Antiguo Testamento, Dios dijo: «Escribe la visión, y declárala en tablas, para que corra el que leyere en ella» (Habacuc 2:2). En otras palabras, hacer que la visión resulte tan grande, sencilla y memorable, que se pueda captar de inmediato.

La visión debe ser visual. Debería generar imágenes en la mente de las personas. Al comunicar nuestra visión, utilicemos palabras gráficas y metáforas vistosas. Utilicemos lecciones objetivas e imágenes. Nuestra visión debe ser visual y visible.

La visión debe exigir sacrificio. Los líderes deben inspirar a que sus seguidores paguen un precio por lograr la visión. «Si la visión no nos cuesta nada», dijo el gurú de liderazgo John C. Maxwell, «es solo una ilusión».

La visión debe involucrar las emociones e inspirar optimismo. Debe ser estimulante y optimista. «No existe lo que se llamaría una visión carente de emoción», dice Andy Stanley, pastor fundador

Al ir convirtiéndonos en los líderes que Dios quiere que seamos, también llegaremos a ser modelos de liderazgo para nuestros hijos.

de la North Point Community Church de Atlanta y autor de *Visioneering*. «La visión va siempre acompañada de intensa emoción, y cuanto más clara es la visión más intensa es la emoción»[3].

La visión debería constituir un enorme desafío, con un alcance abrumador, intimidante y audaz. Cuando presentamos la visión, nuestros seguidores deberían quedar asombrados. La visión debería hacer que los ojos de las personas dejaran de mirar hacia abajo para dirigirlos hacia el firmamento de ilimitadas posibilidades.

El Dr. Robert Jarvik es el inventor del primer implante permanente de corazón artificial y un visionario en el campo de la medicina. En cierta ocasión dijo: «Los líderes son visionarios con un sentido muy poco desarrollado de temor y sin ninguna idea de las probabilidades en contra. Hacen que suceda lo imposible».

Como padres y maestros, debemos ayudar a que nuestros hijos destapen su imaginación y lleguen a comprender su propio potencial ilimitado. Esto es lo que Jesús, el Visionario por antonomasia, hizo con sus discípulos, y en especial con un hombre llamado Simón Pedro. Cuando Jesús se encontró con él por primera vez, Simón era un pescador impetuoso y poco confiable. Pero Jesús tuvo una visión para el futuro de Simón, por lo que le puso un nombre nuevo, «Pedro», que significa «Piedra». A pesar de su nuevo nombre, ¡Pedro estuvo lejos de ser una piedra! Una y otra vez, Jesús tuvo que reprenderlo por ser muy impulsivo y jactancioso sin fundamento. En las horas anteriores a la crucifixión, Pedro negó a Jesús tres veces, incluso sellando su negación con un terrible juramento.

Pero la visión de Jesús para Pedro nunca flaqueó. Perdonó a Pedro y lo restableció. Al final, la visión del Señor para Pedro prevaleció sobre las tendencias inestables del mismo. En el libro de los Hechos y las dos cartas del Nuevo Testamento que llevan su nombre vemos que, en última instancia, Pedro llegó a ser el líder sabio, estable y confiable que Jesús había siempre imaginado.

Pero antes que un pescador llamado Simón pudiera convertirse en un líder llamado Pedro, Jesús tuvo que imaginar algo que no existía. Jesús tuvo que ver «la Piedra» en Pedro cuando no era más que arena movediza. Jesús no se acomodó a lo que las personas eran. Imaginó lo que podían llegar a ser. Esta es la clase de visión que todos nosotros debemos tener cuando miramos las vidas de nuestros hijos.

2. Comunicación

No basta con tener una visión. El líder debe saber comunicar su visión al grupo. «Los líderes son grandes habladores», dijo Tom Peters, experto en formación de gerentes. «El liderazgo exige un recurso casi inagotable de energía verbal... En estos días no se puede ser líder y ser un tipo de persona fuerte y silenciosa».

A comienzos de 2001, el gerente de béisbol Jim Tracy vino a un juego en casa de los Magic de Orlando. Acababa de ser contratado como gerente de los Dodgers de Los Angeles, de manera que le pregunté cuál era su filosofía del liderazgo. «La comunicación es la clave», contestó. «Se puede tener la visión más excelente del mundo, pero si no se sabe transmitirla al equipo, ¿de qué sirve?».

Hace dos mil años, Jesús tenía una visión de algo que llamaba «el reino de los cielos». Dondequiera que fuera, hablaba acerca de esa visión. La describía en historias, imágenes visuales y metáforas. «El reino de los cielos es semejante a un hombre que sembró buena semilla en su campo» (Mateo 13:24). «El reino de los cielos es semejante a la levadura» (v.33). «El reino de los cielos es semejante a un tesoro escondido en un campo» (v.44). Comparó el reino de los cielos con una red para pescar (v.47), un propietario (ver 20:1) y un grano de mostaza (ver Marcos 4:30).

Jesús no fue solo una nueva clase de líder, fue una nueva clase de comunicador. Nos mostró cómo liderar vigorizando a las personas con palabras. «Mis ovejas oyen mi voz», dijo, «y me siguen» (Juan 10:27). Esta es nuestra meta como líderes y comunicadores. Deseamos que nuestros hijos nos escuchen y sigan, así como nosotros seguimos al Buen Pastor.

3. Don de gentes

Los líderes para poder liderar deben ser hábiles con las personas. Deben saber cómo escuchar, inspirar, motivar, gestionar conflictos y formar equipos. Un «líder» sin habilidades con las personas no es más que un jefe.

El jefe se centra en conseguir resultados; el líder con habilidades con las personas se centra en desarrollar relaciones. El jefe se centra en conservar su propio poder; el líder se centra en empoderar a otros. Los jefes solo confían en si mismos; el líder dice: «confío en ti». Los jefes le tienen temor al éxito de otros; los líderes tienen éxito *por medio de* otros. Los jefes intimidan; los líderes motivan. Los jefes critican las debilidades; los líderes afianzan las fortalezas. El líder con habilidades genuinas con las personas se centra en los éxitos futuros, no en los fracasos previos. Sin duda que los líderes a veces deben enfrentarse, y el enfrentamiento nunca resulta fácil. Pero si un líder dedica el 98% de su tiempo a afianzar y desarrollar a las personas, se ganará el derecho de ser franco y duro el otro 2% del tiempo.

En tiempo reciente conversé con el empresario Howard Schultz. Compró una pequeña compañía llamada Starbucks y la expandió de tres cafeterías en 1987 a casi diez mil tiendas en la actualidad. Hace unos años, Howard compró a los Supersónicos de Seattle por $250 millones de dólares. Le pregunté:

—En una compañía del tamaño de Starbucks, ¿de dónde vienen los líderes?

—Estamos abriendo un promedio de cuatro tiendas por día —me respondió—. Tenemos que invertir mucho tiempo y dinero en formar líderes. Tenemos que encontrar a nuestros líderes dentro de la compañía. Fuera de ella no se puede encontrar la clase de cultura de Starbucks, de modo que tenemos que formar desde dentro.

—¿Cómo reconoce a los líderes —pregunté.

—¡Por su don de gentes! —me respondió—. Para ser líder en Starbucks, se debe saber tratar a las personas. En esto consiste nuestro negocio.

El 20 de marzo de 2005, entrené de tercera base para el equipo de la Liga Nacional en el juego de ex jugadores de la Liga Mayor de Béisbol en Clearwater, Florida. Wade Boggs jugaba de tercera base para la Liga Americana. A Boggs, claro está, se le recuerda sobre todo por los años en que jugó de tercera base con los Medias Rojas de Boston. Durante la década de los ochenta y de los noventa, su bateo dominó la Liga Americana. El año más difícil de su carrera fue 1986, cuando su madre, Sue, falleció en un accidente automovilístico. Durante el juego le pregunté a Boggs cuál de todos sus entrenadores había tenido un mayor impacto en su vida. Sin vacilar, dijo: «John McNamara, porque me ayudó a superar la muerte de mi madre».

John McNamara, quien dirigió a los Medias Rojas de Boston en la Serie Mundial de 1986, poseía una habilidad especial con las personas. Tenía un don, llamémosle compasión, empatía o misericordia, que ayudó a Wade Boggs a superar su dolor. Estamos ante una de las habilidades más escasa, más valiosa y más *humana* con las personas que un líder puede poseer.

4. Carácter

John Baldoni, autor de *Personal Leadership* formuló así la relación entre liderazgo y carácter: «El liderazgo tiene sus raíces en el carácter. Se define el carácter como la suma de los atributos que conforman lo que la persona es». Y el poeta Ralph Waldo Emerson dijo: «Toda gran institución es la sombra alargada de una sola persona. Su carácter determina el carácter de su organización».

Este mundo tiene abundancia de jefes, superiores, mandamases, y grandes gerifaltes, personas con mucho poder pero poco carácter. Lo que necesitamos desesperadamente son más hombres escogidos según el molde de Aser, líderes con auténtico carácter.

5. Competencia

El Dr. J. Richard Chase, ex presidente de la Universidad Biola, dijo: «Si un líder da pruebas de competencia, preocupación genuina por otros y carácter admirable, las personas dirán: "Me gusta lo que hace esa persona. Voy a seguirla"». Y John C. Maxwell dijo: «La competencia va más allá de las palabras. Es la capacidad del líder de decirlo, planificarlo y hacerlo de tal forma que los otros sepan que uno sabe cómo, y sepan que desean seguirnos».

Otra palabra que va a la par de «competencia» es «excelencia». Las personas competentes producen un trabajo excelente. Como líderes, deberíamos dar ejemplo de excelencia en todo lo que hacemos. Deberíamos predicar excelencia, esperar excelencia y promover ese sentimiento cálido de logro que proviene de una labor bien hecha. No dejemos nunca que los hijos se limiten a hacer esfuerzos a medias. Digámosles: «Vuelve a intentarlo. Sé que puedes lograr mucho más si buscas la excelencia».

Como dijo el apóstol Pablo: «Y todo lo que hagáis, hacedlo de corazón, como para el Señor y no para los hombres» (Colosenses

3:23). Como misionero y atleta olímpico Eric Liddle dijo en la película *Carros de fuego*: «Dios me hizo veloz. Y cuando corro, siento que le complace». Esa complacencia divina se produce cuando demostramos excelencia y competencia, llevando al máximo nuestros esfuerzos hasta el límite de nuestra capacidad.

6. Audacia

¡Si no somos audaces, no seremos líderes! Los líderes no pueden permitirse el lujo de ir sobre seguro. En la Universidad del Estado de la Florida el entrenador Bobby Borden dice: «La Biblia nos dice "No teman". Es un buen punto de partida para todo el que aspira a ser líder». Y el apóstol Pablo escribió: «Dios no nos ha dado espíritu de cobardía, sino de poder, de amor y de dominio propio» (2 Timoteo 1:7).

Walt Disney con frecuencia arriesgaba todo lo que tenía por una idea. El imperio Disney anduvo en la cuerda floja en finanzas a lo largo de la carrera de Walt. Si no hubiera sido un líder audaz y decidido, nunca hubiéramos tenido *Blanca Nieves y los Siete Enanitos, Fantasía* ni Disneylandia. Walt dijo en cierta ocasión: «La cualidad principal del liderazgo es la audacia. Si podemos soñarlo, podemos hacerlo».

La audacia no solo es la clave para tener éxito en los negocios. Es también la clave para un ministerio efectivo para Jesucristo. En el verano de 1978, cuando yo era gerente general de los 76ers de Filadelfia, adquirimos de los Nuggets de Denver al alero Bobby Jones. Bobby fue un factor importante en que los 76ers consiguieran el título en 1983, pero también fue un factor todavía más importante para el carácter moral del equipo.

Bobby Jones era un líder espiritual. Oriundo de Carolina del Norte y con más de dos metros de altura, Bobby nunca tomaba ni fumaba ni juraba. La única vez que Bobby discutió con un árbitro fue cuando ese árbitro le pitó por una supuesta falta cometida a otro jugador. Con su estilo suave Bobby dijo: «Señor, la falta me la hizo él». Por lo general silencioso y reservado, el rostro de Bobby se iluminaba siempre que hablaba de Jesucristo.

Poco después de su llegada al equipo, Bobby vino a verme con una nueva idea de veras valiente.

—Pat —dijo—, me gustaría que antes de cada juego el equipo se reuniera para pasar un tiempo en oración.

—¿Un tiempo en oración?

—Así es. Un pequeño culto. Cantar uno o dos himnos, orar, invitar a alguien para que venga a hablarnos. Más o menos como la iglesia. Y siempre voluntario.

—Vaya —dije—, nunca antes se ha hecho algo así. ¿Piensa que vendrá alguien?

—Solo hay una forma de averiguarlo.

Pensé que no iba a cuajar, pero no perjudicaba a nadie probarlo. El primer culto de toda la historia de la NBA se llevó a cabo en la Spectrum Arena de Filadelfia en febrero de 1979, poco antes del juego de los 76ers contra los Bucks de Milwaukee. Nuestro predicador invitado fue Melvin Floyd, que trabajaba con los jóvenes en la zona urbana de Filadelfia. Se presentaron tres jugadores: Bobby, Julius Irving y Kent Benson de Milwaukee. También estuvimos presentes el entrenador asistente Chuck Daly y yo.

Desde ese comienzo discreto, los cultos antes de los juegos se han extendido por toda la NBA. En la actualidad, todos los equipos de la liga celebran un culto antes de cada juego, gracias a la valiente iniciativa de Bobby Jones.

7. Espíritu de servicio

El verdadero liderazgo tiene que ver con servir, no con «ser el que manda». El Líder Más Grande que Jamás Haya Existido tomó una palangana y una toalla, y se arrodilló para lavar los pies sucios de los 11 discípulos verdaderos y de un traidor. Los líderes lideran sirviendo y sirven liderando. No podemos liderar si no servimos.

Edwin Louis Cole, autor de *Hombres fuertes en tiempos difíciles*, lo plantea así: «Solo podemos liderar en la medida en que estemos dispuestos a servir… Cuanto más servimos, tanto mayores llegamos

Los líderes lideran sirviendo y sirven liderando.
No podemos liderar si no servimos.

a ser. Muchas personas en la actualidad consideran que es humillante la condición de servidor, pero en el reino de Dios, en lugar de que se nos ponga para liderar, se nos unge para servir»[5].

Jesús enseñó a sus discípulos, con la palabra y el ejemplo, que la verdadera senda hacia la grandeza es servir, no «mandar»: «El que quiera hacerse grande entre vosotros será vuestro servidor» (Mateo 20:26). Nos llamamos seguidores de Cristo, pero en realidad no ponemos en práctica el liderazgo de servicio. Como líderes cristianos, ¿servimos a los demás estimulándolos a que liberen su creatividad, o nos limitamos a dar órdenes? ¿Servimos para encumbrar y dar poder a otros, o solo utilizamos a las personas para avanzar en nuestra propia carrera? ¿Somos líderes servidores o solo jefes?

No hace mucho asistí a una sesión de capacitación en liderazgo en el Centro de Capacitación de Billy Graham en The Cove en Ashville, Carolina del Norte. Durante la misma hablé con Cliff Barrows, quien había sido director musical para las cruzadas de Billy Graham por unos sesenta años. Le pregunté cómo describiría al Dr. Graham como líder. Respondió: «El Dr. Graham es un líder servidor porque tiene un corazón dilatado, un corazón muy grande para los demás. Con Billy no se trata nunca de poder y prestigio. Siempre se trata de los demás».

Herb Kelleher es ex presidente y director ejecutivo de la línea aérea Southwestern. La revista *Fortune* en cierta ocasión lo reconoció como «quizá el mejor Director Ejecutivo en los Estados Unidos de América» por dirigir una línea aérea que una vez tras otra ocupa el primer lugar en su campo en cuanto a puntualidad, satisfacción de los clientes y rentabilidad. «Siempre he creído que el mejor líder es el mejor servidor», dice Kelleher. «Y si uno no es servidor, por definición, no está controlando».

LÍDER-SIERVO EN EL HOGAR

El espíritu de líder-siervo es clave para un liderazgo triunfal no solo en los negocios y en la iglesia sino también en el hogar. Como padres cristianos, siguiendo el ejemplo de Aser, somos llamados a servir a nuestra familia. Esto significa que oramos con regularidad por nuestra esposa y nuestros hijos, los bendecimos y le pedimos al Señor que satisfaga nuestras necesidades más profundas. Significa que estudiamos la Palabra de Dios en forma regular y luego a diario hablamos de ella con nuestra familia.

En época reciente invité a Terry Meeuwsen a mi programa de radio de Orlando. Terry es coanfitriona del Club 700 y ex Miss América. Me dijo: «Un día entrevisté a Billy Graham y le pregunté: "Si pudiera retroceder unos años en su vida y cambiar algo, ¿qué sería?". El Dr. Graham respondió: "Haría menos inauguraciones y aperturas de tiendas, y dedicaría más tiempo a estar con el Señor en su Palabra"». Al escuchar esto, pensé: *¡Vaya! Si Billy Graham piensa así, ¿cuáles son mis prioridades?* Sin duda alguna, una de las formas más importantes de servir a nuestras familias es dedicar tiempo a estar con Dios, leyendo su Palabra.

Otra forma efectiva (y muy olvidada) de ser un líder siervo en el hogar es servir a nuestras esposas. Cuando realizamos acciones de servicio para nuestra esposa, no solo satisfacemos sus necesidades sino que también ofrecemos un ejemplo poderoso de liderazgo para nuestros hijos. Recordemos lo que dijo el apóstol Pablo:

> Maridos, amad a vuestras mujeres, así como amó a la iglesia, y se entregó a sí mismo por ella... Así también los maridos deben amar a sus mujeres como a su mismo cuerpo. El que ama a su mujer, a sí mismo se ama. (Efesios 5:25, 28)

Cuando servimos a nuestra esposa, mostramos a nuestros hijos cómo el Señor Jesús se sacrificó para servirnos, y cómo deberíamos, a su vez servir a otros. A continuación se presentan algunas formas prácticas de servir a nuestra esposa.

Tomemos la iniciativa de estudiar la Biblia y orar con ella todos los días. Tomemos la iniciativa para salir a pasear al parque o para caminar por el vecindario, solo para estar juntos y disfrutar el uno de la compañía del otro. Hablémosle, preguntémosle cómo se siente, preguntémosle si hay algo que podamos hacer por ella. Salgamos con ella a cenar, a una obra de teatro o una película, a un retiro en la montaña o la playa. Apaguemos la televisión para hablar con ella y escucharla, sin agenda, sin distracciones.

Ofrezcamos ayudar a nuestra esposa al ir al supermercado. Preparemos el desayuno los fines de semana o démosle una noche libre ofreciéndole preparar un asado. Quedémonos con los hijos para que pueda salir con unas amigas por unas horas o todo un fin de semana. Hagamos tareas en la casa sin que nos lo pidan. Tratémosla como una señora, pongámonos de pie cuando ella entre en la habitación, abrámosle la puerta, ayudémosla con la silla y a ponerse el abrigo. Elogiemos su peinado o su ropa.

La paráfrasis de Eugene Peterson en *The Message* [solo disponible en inglés] de la enseñanza de Pablo acerca del matrimonio sitúa en una nueva perspectiva todo el tema de servir a nuestras esposas.

Como lo dice Pablo con toda claridad, Jesús es nuestro ejemplo de liderazgo servidor en todas las esferas de nuestras vidas, en la oficina, en la iglesia y en el hogar:

> Haya, pues, en vosotros este sentir que hubo en Cristo Jesús, el cual, siendo en forma de Dios, no estimó el ser igual a Dios como cosa a que aferrarse, sino que se despojó a sí mismo, tomando forma de siervo, hecho semejante a los hombres. (Filipenses 2:5-7)

Larry Burkett, el difunto fundador de Conceptos Financieros Crown, dijo en cierta ocasión: «La mayor parte de las familias se desvían por falta de un timón, el liderazgo del padre. Si la necesidad más importante de una familia es un padre fiel a Dios, y desde luego que lo es, entonces esta necesidad es mucho más importante que todos los bienes materiales que un padre puede proporcionar». ¿Qué quiere decir ser el líder espiritual en el hogar? Para mí, liderazgo espiritual significa dos cosas: primero, orar *por* mi familia; y segundo, orar *con* mi familia. Creo que si un padre cristiano no demuestra liderazgo espiritual en estas dos esferas, despoja a su familia de alimento espiritual y la pone en peligro al dejar a su esposa e hijos expuestos al ataque del enemigo.

Dios ha colocado a nuestra esposa e hijos bajo nuestro cuidado. Somos los mayordomos y guardianes de su bienestar y seguridad. Como cristianos, estamos enfrascados en una guerra, una guerra espiritual. Esto no es una metáfora. Es una guerra real, y el enemigo desea que tanto nosotros como nuestras familias seamos víctimas de esa guerra. Como líder espiritual en el hogar, tenemos que desempeñar un papel estratégico. Nuestra tarea es orar por nuestra familia y con nuestra familia. Nuestra meta es liderar a nuestra familia hacia una relación más profunda con Jesucristo.

Dios espera tener líderes que oren por aquellos a quienes lideran. Un líder que no ora está fracasando en su responsabilidad de liderazgo delante de Dios. De hecho, un líder que no ora comete un *pecado* contra Dios. Vemos este principio en las palabras del profeta Samuel: «Así que lejos sea de mí que yo peque contra Jehová cesando de rogar por vosotros; antes os instruiré en el camino bueno y recto» (1 Samuel 12:23).

A veces olvidamos que la vida, incluyendo la vida de familia, es un campo de batalla. Olvidamos que el enemigo está al acecho para destruirnos, sea como sea. Como nos lo recuerda Pedro: «Sed sobrios, y velad; porque vuestro adversario el diablo, como león rugiente, anda alrededor buscando a quien devorar» (1 Pedro 5:8). ¿Qué padre amoroso permitiría que un león atacara a su querida familia? Protejamos a nuestra familia contra el enemigo por medio del poder de la oración.

CÓMO ORAR *POR* NUESTRA FAMILIA

Estas son algunas formas en las que podemos orar de una forma más efectiva por nuestra familia.

Desarrollar el hábito de orar a diario por nuestra familia

Seamos sinceros: si todavía no oramos a diario, resulta difícil desarrollar un nuevo hábito de oración. Así que, he aquí una sugerencia: Busquemos a otro padre cristiano que desee desarrollar este hábito en su vida, y entonces podamos apoyarnos el uno al otro en una disciplina cotidiana de la oración. Leamos la Biblia y llevemos un diario de ideas espirituales durante los momentos diarios de oración. Escribamos nuestras peticiones de oración, y registremos la fecha en que recibieron respuesta. Comprometámonos con esta disciplina por lo menos durante un mes y desarrollaremos un hábito que es difícil de romper.

Oremos en forma específica

Si llegamos a enterarnos de necesidades específicas en las vidas de nuestras esposas e hijos, pidamos a Dios que satisfaga las necesidades de cada persona. Por encima de todo, recordemos que cada miembro de nuestra familia es blanco de los ataques del enemigo, de modo que debemos pedir a Dios que proteja a cada uno de ellos frente a daños físicos, tentaciones, lujuria, presión de los iguales, presiones mundanas, dudas y otros peligros espirituales y morales.

Oremos por nosotros mismos

Pidamos a Dios que nos moldee para hacer de nosotros la persona que él desea que seamos. Pidámosle la fortaleza y gracia de servir como buenos modelos y ejemplos de carácter cristiano. Pidámosle que nos ayude a reflejar la paternidad perfecta y celestial de Dios por medio de nuestra paternidad terrenal. Oremos la Oración del Señor, Mateo 6:9-13.

CÓMO ORAR *CON* NUESTRA FAMILIA

Orar *por* nuestra familia es solo la mitad de la batalla. La otra mitad es orar *con* nuestra familia. Dios mandó a los padres que fueran líderes espirituales en el hogar cuando dijo:

> Oye, Israel: Jehová nuestro Dios, Jehová uno es. Y amarás a Jehová tu Dios de todo tu corazón, y de toda tu alma, y con todas tus fuerzas. Y estas palabras que yo te mando hoy, estarán sobre tu corazón; y las repetirás a tus hijos, y hablarás de ellas estando en tu casa, y andando por el camino, y al acostarte, y cuando te levantes (Deuteronomio 6:4-7).

Dios nos llama a cada uno de nosotros, como padres cristianos, a enseñar su verdad a nuestras familias, a orar por ellas, y a liderarlas en culto diario del Señor. Nos equivocamos si pensamos que el culto se da solo en la iglesia. Dios quiso que el culto fuera la pieza fundamental de la vida familiar.

Se requiere iniciativa y autodisciplina para ser líder espiritual en la familia. Significa que tenemos que definir un tiempo en que la TV permanecerá apagada, se interrumpirán los trabajos domésticos, no se responderá el teléfono y la familia se reunirá para un tiempo dedicado a Dios. Algunas familias cristianas prefieren que este sea un ritual nocturno, antes de acostarse. A otros les gusta tenerlo con la familia después de la cena, cuando ya se encuentran todos alrededor de la mesa. Otras familias prefieren tenerlo alrededor de la mesa de desayuno antes de comenzar las labores del día. Que nadie diga: «Estoy demasiado ocupado» o «La agenda de mi familia es demasiado apretada». Si nosotros y nuestras familias estamos demasiado ocupados para dedicar tiempo a Dios en familia, estamos demasiado ocupados, punto.

Algunas familias llaman a ese tiempo dedicado a Dios el «altar familiar». Este término se refiere a los tiempos bíblicos cuando un padre, como cabeza del hogar, levantaba en sentido literal un altar de piedras donde él y su familia rendían culto a Dios. Por ejemplo, leemos que «edificó Noé un altar a Jehová, y tomó de todo animal limpio y de toda ave limpia, y ofreció holocausto en el altar» (Génesis 8:20). Y leemos que Abram (que más adelante recibió el nombre de Abraham) llegó a un lugar llamado Betel, «al lugar del altar que había hecho allí antes; e invocó Abram allí el nombre de Jehová» (Génesis 13:4).

En la actualidad no necesitamos un altar literal de piedras para adorar a Dios. En cualquier lugar en que se reúna nuestra familia para rendir culto está nuestro altar. He aquí algunas sugerencias para desarrollar la tradición de altar de familia en nuestro hogar.

Comencemos con la lectura de la Escritura

El pasaje no tiene que ser largo. De hecho, es una buena idea ser sensible a que la atención suele durar poco. A veces nosotros y nuestra familia podemos encontrar verdadera profundidad de significado en

Nos equivocamos si pensamos que el culto se da solo en la iglesia. Dios quiso que el culto fuera la pieza fundamental de la vida familiar.

unos pocos versículos. Escojamos una versión de la Biblia que todos puedan entender con facilidad. Como líderes espirituales, quizá queramos ser nosotros quienes leemos la Biblia, aunque es bueno que los hijos vayan adquiriendo experiencia de leer en voz alta la Biblia.

Tomemos unos pocos minutos para conversar sobre el pasaje

Facilitemos la conversación, pero no la monopolicemos. Evitemos mortificar a nuestros hijos si dan una respuesta que nos parezca «equivocada». Encontremos una forma de reforzar sus ideas y su sinceridad, y luego apoyémonos en lo que dicen con el fin de extraer las verdades más profundas del pasaje.

Compartamos acciones de gracias y peticiones de oración

Tomemos uno o dos minutos para que cada miembro de la familia exprese en una sola frase su gratitud a Dios («Te doy gracias Señor por...») y una breve oración de petición. Animemos a nuestros hijos a compartir sus peticiones de oración acerca de sus temores, conflictos y problemas. Tomemos en serio cada una de las peticiones, y asegurémonos de que se ore por cada una de ellas.

Oremos en círculo

Procuremos que cada miembro de la familia ore en voz alta. Las oraciones no deben ser largas. Repito: seamos sensibles a que la duración de la atención tiende a ser breve.

Oremos por las necesidades externas a la familia inmediata

Demostremos la importancia de interceder en oración por otros, por parientes, amigos, vecinos, misioneros, la iglesia, personas con necesitadas materiales, enfermos y personas que necesitan conocer al Señor. Oremos también por nuestros líderes en el gobierno, por nuestra nación, nuestros soldados, nuestro mundo. Oremos por los cristianos que sufren persecución. Al compartir peticiones de oración por las necesidades de los demás, asegurémonos de que nuestras «peticiones» no se conviertan en chismes ni críticas de otros. Lo que queremos es contribuir con la oración a la vida de los demás, no a destruirlos.

Evitemos el aburrimiento

No permitamos que nuestro altar familiar se convierta en un ritual árido y tortuoso. Mostremos entusiasmo y energía en todo momento. Encontremos formas de variar la experiencia y mantenerla interesante. Presentemos un video corto que ilustre un pasaje bíblico. Utilicemos fotografías, mapas y lecciones objetivas. Saquemos la guitarra para guiar a la familia en cánticos de adoración. No permitamos que el tiempo se alargue sin fin; mantengámoslo corto y cordial e interesante. Asegurémonos de que nuestros hijos sepan que es agradable estar en la presencia del Señor.

Memoricemos juntos pasajes de la Biblia

Aprendamos juntos un pasaje bíblico cada semana. Utilicemos una versión de la Biblia fácil de entender. Enseñemos a nuestros hijos a memorizar una frase por vez. Utilicemos tarjetas con textos para ayudarlos a que retengan el versículo en su memoria. Alentemos mucho y reafirmemos a los hijos cuando recitan bien los versículos. Ofrecemos algunos pasajes para memorizar:

> Mira que te mando que te esfuerces y seas valiente; no temas ni desmayes, porque Jehová tu Dios estará contigo en dondequiera que vayas. (Josué 1:9)

> Jehová es mi pastor, nada me faltará. En lugares de delicados pastos me hará descansar; junto a aguas de reposo me pastoreará. Confortará mi alma. Me guiará por sendas de justicia por amor de su nombre. Aunque ande en valle de sombra de muerte, no temeré mal alguno, porque tú estarás conmigo; tu vara y tu cayado me infundirán aliento. Aderezas mesa delante de mí en presencia de mis angustiadores; unges mi cabeza con aceite; mi copa está rebosando. Ciertamente el bien y la misericordia me seguirán todos los días de mi vida, y en la casa de Jehová moraré por largos días. (Salmo 23)

Fíate de Jehová de todo tu corazón, y no te apoyes en tu propia prudencia. (Proverbios 3:5-6)

Pero los que esperan a Jehová tendrán nuevas fuerzas; levantarán alas como las águilas; correrán, y no se cansarán; caminarán, y no se fatigarán. (Isaías 40:31)

Pedid, y se os dará; buscad, y hallaréis; llamad, y se os abrirá. (Mateo 7:7)

Porque de tal manera amó Dios al mundo, que ha dado a su Hijo unigénito, para que todo aquel que en él cree, no se pierda, mas tenga vida eterna. (Juan 3:16)

Yo soy la resurrección y la vida; el que cree en mí, aunque esté muerto, vivirá; y todo aquel que vive y cree en mí no morirá eternamente. (Juan 11:25)

Yo soy el camino, y la verdad y la vida, le contestó Jesús; nadie viene al Padre, sino por mí. (Juan. 14:6)

Por cuanto todos pecaron, y están destituidos de la gloria de Dios. (Romanos 3:23)

Porque la paga del pecado es muerte, mas la dádiva de Dios es vida eterna en Cristo Jesús Señor nuestro. (Romanos 6:23)

El amor es sufrido, es benigno; el amor no tiene envidia, el amor no es jactancioso, no se envanece; no hace nada indebido, no busca lo suyo, no se irrita, no guarda rencor; no se goza de la injusticia, mas se goza de la verdad. Todo lo sufre, todo lo cree, todo lo espera, todo lo soporta. El amor nunca deja de ser. (1 Corintios 13:4-8)

Mas el fruto del Espíritu es amor, gozo, paz, paciencia, benignidad, bondad, fe, mansedumbre, templanza; contra tales cosas no hay ley. (Gálatas 5:22-23)

Porque por gracia sois salvos por medio de la fe; y esto no de vosotros, pues es don de Dios; no por obras, para que nadie se gloríe. (Efesios 2:8-9)

Antes sed benignos unos con otros, misericordiosos, perdonándoos unos a otros, como Dios también os perdonó a vosotros en Cristo. (Efesios 4:32)

Echando toda vuestra ansiedad sobre él, porque él tiene cuidado de vosotros. (1 Pedro 5:7)

Si confesamos nuestros pecados, él es fiel y justo para perdonar nuestros pecados y limpiarnos de toda maldad. (1 Juan 1:9)

He aquí, yo estoy a la puerta y llamo; si alguno oye mi voz y abre la puerta, entraré a él, y cenaré con él, y él conmigo. (Apocalipsis 3:20)

Asimismo, hagamos que nuestros hijos memoricen el orden de los libros de la Biblia de manera que siempre puedan buscar cualquier pasaje sin tropezar ni mirar la página del índice.

GUIEMOS A NUESTROS HIJOS A CRISTO

Oh, ¡y no olvidemos la responsabilidad número uno como líderes espirituales en nuestro hogar: *¡Guiemos a nuestros hijos a Cristo!* ¿Cómo lo hacemos? Leámosles historias bíblicas. Enseñémosles a orar. Respondamos a sus preguntas sobre Dios y la Biblia. Y por encima de todo, invitémoslos a orar con nosotros para recibir a Jesucristo como Señor y Salvador de sus vidas. Espero que todos hayamos tenido esa experiencia. Espero que conozcamos el gozo de explicar el plan de salvación a nuestros hijos, y digamos una oración sencilla con ellos, una oración como esta:

Padre celestial:
Te doy gracias por amarme y por tener un plan para mi vida.
He pecado tantas veces, Señor, lamento mis pecados, y en este

momento deseo apartarme de mi pecado y deseo vivir por ti.
Invito a que Jesús entre en mi vida como Señor y Salvador.
Gracias por escuchar y responder a mi oración.
Te suplico que selles esta decisión que he tomado
y ¡ayúdame a vivir cada minuto del resto de mi vida para ti!
Gracias en el nombre de Jesús. Amén.

En febrero de 2005, el Dr. James Dobson habló en el servicio de fin de semana del Juego de Estrellas de la NBA. Su mensaje fue desafiante y concluyó contando la historia de cómo en el invierno de 1988 había invitado a la leyenda de la NBA Pete Maravich a dar su testimonio cristiano en el programa de radio Enfoque a la Familia. Pete había llegado a conocer a Jesucristo como Señor y Salvador en 1982, y el Dr. Dobson esperaba con ansia entrevistarlo en el programa.

Antes de la grabación ya programada, Dobson invitó a Pete a un gimnasio en Pasadena para un juego de uno contra uno en baloncesto. Después que hubieron jugado cuarenta y cinco minutos, el Dr. Dobson dijo:

—¡Pete, no puedes abandonar este deporte! ¡Eres demasiado bueno!

—No he jugado al menos por un año —dijo Maravich—. No me he estado sintiendo muy bien. He tenido dolores en el pecho.

—¿Cómo te sientes hoy?

—¡Excelente! —dijo Pete—. Y estas fueron sus últimas palabras.

El Dr. Dobson había comenzado a alejarse, cuando oyó que Pete cayó al suelo. El Dr. Dobson y otro hombre le aplicaron la técnica de resucitación mientras alguien más llamaba una ambulancia. Pero Pete Maravich ya había fallecido, a la edad de 40 años. La autopsia que le realizaron reveló un defecto cardíaco nunca antes detectado, una arteria coronaria desconectada. Pete había muerto llevando puesta una camiseta en la que se leía «Estoy mirando a Jesús».

Esa noche, el Dr. Dobson llegó a la casa y puso al corriente de la muerte de Pete a su hijo adolescente, Ryan. Luego dijo: «Ryan un día te van a dar la misma noticia acerca de mí. No voy a estar aquí

para siempre. Es solo cuestión de tiempo hasta que vaya al mismo
lugar donde está Pete hoy. Y solo quiero decirte una cosa: Te espero
allá. Voy al cielo, Ryan, y deseo que tú también llegues ahí».

Me correspondía tener la oración final tras el mensaje del Dr.
Dobson. Me tomó dos minutos recobrar la compostura. Quería para
mis hijos lo mismo que el Dr. Dobson quería para su hijo. Quiero
que mis hijos estén allí. Algún día estaré en el cielo con el Señor y
quiero que todos mis hijos estén conmigo.

No hay gozo en el mundo como el de saber que nuestros hijos
estarán con nosotros en la eternidad. Y no hay tarea de líder más
crucial que la de guiar a nuestros hijos a Cristo.

Notas
1. Pat Williams con Jim Denny, *The Magic of Teamwork: Proven Principles for Building a Winning Team*, Thomas Nelson Publishers, Nashville, TN, 1997.
2. Pat Williams, *The Paradox of Power: A Transforming View of Leadership*. Warner Faith, New York, 2002.
3. Andy Stanley, *Visionering: God's Blueprint for Developing and Maintaining Personal Vision*. Multnomah Publishers, Sisters, OR, 2001.
4. John Baldoni, *Personal Leadership: Taking Control of your Work Life*. Elsewhere Press, Rochester, MI, 2001.
5. Edwin Louis Cole, *Strong Men in Tough Times*. Watercolor Books, Southlake, TX, 2002. En castellano, *Hombres fuerte n tiempos difíciles*.

Formar una generación de líderes destacados

La primera vez que vimos a nuestras dos hijas nacidas en Corea fue en junio de 1983, cuando recibimos una fotografía en blanco y negro de tres por cinco de un par de niñitas. Tenían las caritas sucias y su cabello parecía como que se lo habían cortado con una sierra. Ninguna de las dos sonreía. Su vida había comenzado con el abandono en las gradas de un puesto de policía en Seúl. Los nombres en sus herretes de identificación eran Yoo Jung y Yoo Jin, pero les pusimos los nombres de Andrea Michelle y Sarah Elizabeth.

Las niñas llegaron a Filadelfia el miércoles, 23 de septiembre de 1983, después de un vuelo de veintisiete horas en la línea aérea Northwest. A Andrea, de dos años, y Sarah, de tres, las condujo del avión a la sala de llegada una azafata fuera de servicio quien sirvió de acompañante de las niñas. De inmediato sentí que me invadía el mismo gozo indescriptible que había experimentado cuando nació nuestro primer hijo. Habíamos llegado al aeropuerto como familia de cinco y nos íbamos a casa como familia de siete. Así fue como nuestra familia entró en contacto con el milagro de la adopción, un milagro que experimentaríamos varias veces en los años siguientes.

Solicitamos otra pareja de niños a Corea. A instancias de Jimmy y Bobby, esta vez pedimos niños. En esa época vivíamos en Orlando, donde yo me encontraba trabajando en desarrollar un nuevo equipo de la NBA, los Magic de Orlando. El 1 de mayo de 1987, nuestra familia se reunió en el aeropuerto de Orlando para acoger a dos nuevos hermanos de cinco años de edad, Sang Wan y Sang Hyung, a quienes les cambiamos los nombres por Stephen y Thomas. Al llegar a casa, Stephen y Thomas se detuvieron en la puerta principal, se quitaron los zapatos, y los colocaron con cuidado junto a la puerta. Pensamos: *¡Qué idea tan excelente!*

Lo que sucedió de inmediato fue que *todos* comenzamos a quitarnos los zapatos y los colocábamos en fila junto a la puerta. Así comenzó una tradición familiar de los Williams. A partir de entonces, siempre que algún hijo Williams entraba a la casa, tenían que quitarse los zapatos, no solo para honrar las tradiciones de nuestros dos hermanos más nuevos, ¡sino también para ahorrar desgaste en nuestras alfombras!

Aprendimos otras cosas de cuatro hermanos filipinos, de entre cuatro y nueve años, que estaban bajo tutela de la corte. Aceptándolos en la casa iba a expandir nuestra prole de ocho a doce. Significaría agregar habitaciones a la casa, comprar más literas, adquirir otra camioneta, ¡y empezar a pensar en los costos de la universidad! Pero cuando vimos la fotografía de esos cuatro muchachos enfrente del orfanato, sonriendo de oreja a oreja a pesar de sus adversidades, nuestros corazones se derritieron. David, Peter, Brian y Samuel se unieron a nuestra familia en noviembre de 1988.

En dos orfanatos rumanos, uno en el pequeño pueblo en los Cárpatos, Sibu, y el otro en el centro de Bucarest, encontramos dos niñitas que cautivaron nuestros corazones. Gabriela y Katarina se unieron a nuestra familia en 1991, con lo que llegamos a ser 14.

En verano de 1982, visitamos los barrios bajos y orfanatos de Sao Paulo y Río de Janeiro en Brasil. Era mi primer viaje a un país del Tercer Mundo, y fue toda una revelación. Dondequiera que íbamos, veía niños y decía: «¡Adoptemos ese! ¡Y ese! ¡Y ese!». Me partía el corazón no poder llevármelos a todos a casa.

Al final, adoptamos una niña de once años, Rita Gómez, que había crecido en las calles de Sao Paulo, y un niño de once años, Anderson D'Oliveira. Le cambiamos el nombre por Richie por mi amigo Rich DeVos, y Rita escogió su propio nombre, Daniela (Dani, abreviado). Pasaron a formar parte de nuestra familia el 22 de febrero de 1993, con lo que el total de los hijos Williams aumentó a dieciséis.

En la época en que Richie y Dani se unieron a nuestro clan, oímos hablar de dos hermanos de Brasil cuyo padre había muerto y cuya madre estaba en la cárcel, de manera que dos muchachos brasileños más se unieron a nuestra familia. Al muchacho de ocho años le pusimos por nombre Alan y a la niña de diez años Caroline. Los trajimos a nuestra casa la noche de Navidad de 1993. Seis meses después de que Caroline se uniera a nuestra familia, estaba sentado con ella y varios de nuestros otros hijos, viendo la película *Annie*. Después de ver la película y de que los otros niños salieran a nadar, Caroline se quedó en la sala y comenzó a llorar. Le pregunté:

—¿Por qué lloras, cariño?

Me rodeó con los brazos y dijo:

—¡Me siento tan feliz de tener un papá!

Bueno, ¡los *dos* teníamos lágrimas en los ojos! Y por si esto no bastara para derretir mi corazón, también me escribió una carta más o menos por esos mismos días:

Querido Papá:

Me va muy bien en la escuela, y casi me va bien en natación. Estoy mejorando en la escuela. Me acuerdo de cuando llegué aquí y no sabía ni una palabra de inglés. Gracias a ti y a mamá ya sé hablar inglés. Gracias por haberme matriculado en la Escuela Elemental Killarney y por ponerme en la clase de inglés para los que hablan otro idioma.

Me acuerdo de cuando fuiste a Brasil y me escogiste a mí y a Alan para traerme a EE. UU. Gracias a ti, Papá, ahora tengo una nueva vida y una nueva familia y hermanos y hermanas. Ahora yo y Alan no somos personas de la calle que piden de puerta en puerta para conseguir comida.

Papá, quiero decirte gracias por todas las cosas que hiciste por mí. Dios te bendiga y te guarde siempre en todo lo que hagas.

Gracias de nuevo por todo, Papá.

Te amo, Papi,

Caroline

¡Todavía me estremezco cuando leo eso! Y ¿saben qué? ¡Estuve recibiendo abrazos, besos, te quieros, y notas como esta de todos mis hijos todo el tiempo en que estuvieron creciendo! El salmista escribió: «He aquí, herencia de Jehová son los hijos; cosa de estima el fruto del vientre» (Salmo 127:3), y ¿quién conoce la verdad de estas palabras mejor que un hombre con diecinueve hijos? Hasta el día de hoy, cuando las personas me preguntan cuántos hijos tengo, digo: «Diecinueve, incluyendo catorce adoptados, pero ¡no sé quiénes son esos catorce!».

NUNCA SE ES DEMASIADO JOVEN PARA LIDERAR

Si queremos formar una generación de líderes según la tradición de Aser, es preciso comenzar hoy. Cualquier muchacho puede llegar a ser líder si se le da la oportunidad. Todos los muchachos deben tener la oportunidad de liderar la clase o el pelotón de Exploradores, dirigir los tiempos de devociones de la familia, ser capitán del equipo.

Después del primer año de Donovan McNabb con los Eagles de Filadelfia (1999), creó la Fundación McNabb, organización caritativa que financia investigaciones sobre la diabetes. Donovan se ha desempeñado también como portavoz nacional de la Asociación Estadounidenses de Diabetes.

Donovan me invitó a ser el orador principal para la cena inaugural de la Fundación, en junio de 2000 en el hotel Hyatt Regency de Chicago. Fue un domingo por la noche que recordaré por mucho tiempo. Me senté a la mesa con Donovan, su novia, sus padres y su hermano Sean. Había crecido en el área de Chicago, y uno podía decir a primera vista que los McNabb eran una familia única. Durante esa velada, tuve la suerte de poder conversar largo rato con Donovan McNabb y su familia, y pude ver que Sam y Wilma McNabb habían llevado a cabo una excelente labor al formar a Donovan para que fuera un destacado líder.

«Mis padres siempre me han apoyado de manera incondicional, y siempre han sido mis críticos número uno», dijo en cierta ocasión Donovan. «Han hecho lo posible para que me mantenga humilde. Siempre han estado al tanto para hacerme saber que debo dar un buen ejemplo, porque los muchachos están mirando. Es importante lo que decimos y lo que hacemos. Somos modelos, sobre todo y ante todo, de modo que debemos asegurarnos de que estamos haciendo lo correcto».

Sam McNabb concuerda. «He enseñado a mis dos hijos que sus acciones deben hablar por ellos», dijo en cierta ocasión a un entrevistador. «En Proverbios hay un impactante versículo que dice que si formamos a un hijo en la dirección correcta, cuando vaya creciendo no se apartará. Donovan ha manejado algunas situaciones mejor de lo que yo lo hubiera podido hacer. Estoy orgulloso de ver cómo ha crecido y se ha desarrollado como hombre. Me siento orgulloso de que consiga que sus acciones hablen por él. Las palabras no siempre comunican con efectividad. Las acciones resuelven cualquier incertidumbre». ¡Aser mismo no lo hubiera podido decir mejor!

En la película *Las aventuras de Robin Hood* de 1938, hay una escena en la que Robin, interpretado por Errol Flynn, llega al bosque de Sherwood. Los Alegres Compañeros se le acercan y uno de ellos dice: «¡Robin Hood! ¡Has venido a unirte a nosotros!». A lo que Robin Hood replica: «¡No, he venido a capitanearlos!».

Todo avanza y decae dependiendo del liderazgo; siempre ha sido así y siempre lo será. John Quincy Adams, sexto presidente de los Estados Unidos de América, lo dijo así: «Si sus acciones inspiran a otros a soñar más, aprender más, hacer más y llegar a ser más, ustedes son líderes».

Vince Lombardi, el gran entrenador de los Packers de Green Bay en la década de los sesenta era un magnífico líder. Cada jueves por la mañana, antes del entrenamiento, Lombardi preguntaba a sus jugadores: «¿Quién va a liderar hoy?». Es una buena pregunta para todos nosotros: ¿Quién va a liderar hoy? Más importante aún, ¿quién va a liderar mañana?

Los muchachos *desean* liderar. Les gusta definir metas y luego dar los pasos necesarios para lograr esas metas. ¿Cuándo se aburren los muchachos? Cuando sienten que se los está obligando a hacer algo por lo que no tienen interés. ¿Cuándo se rebelan? Cuando sienten que se les dice qué hacer y cómo hacerlo. Pero si se les da la oportunidad de liderar, démosles la oportunidad y responsabilidad de tomar sus propias decisiones, y nos sorprenderán con su capacidad para conseguir que las cosas se hagan.

En 2 Crónicas 34:1-2, hay una excelente declaración acerca de uno de los gobernantes más sabios y fieles al Dios de Israel: «De ocho años era Josías cuando comenzó a reinar, y treinta y un años reinó en Jerusalén. Este hizo lo recto ante los ojos de Jehová, y anduvo en los caminos de David su padre, sin apartarse a la derecha ni a la izquierda». No es un error de imprenta. Josías tenía *ocho años* cuando comenzó a gobernar Israel, y ¡la Escritura habla con más encomio de este joven líder que de casi cualquier otro rey de la historia de Israel! El resto de 2 Crónicas 34 es una historia fascinante del reinado de este joven rey y el capítulo concluye con estas palabras en el versículo 33: «No se apartaron de en pos de Jehová el Dios de sus padres [el pueblo de Israel] todo el tiempo que él vivió». De manera que ¡nadie me diga que los muchachos no pueden ser líderes!

¿Qué necesitan los muchachos de parte nuestra para liderar? Sobre todo, solo necesitan confianza. Necesitan oírnos decir: «Creo en ti, y estoy a tu lado en todo. Tú decides qué hacer; tú tomas las decisiones, pero si necesitas ayuda o apoyo, no tienes más que decírmelo y allí estaré».

A medida que nuestros hijos van aprendiendo y desarrollando su capacidad para liderar, convirtámonos en animadores. Valoremos incluso los pequeños logros. Quitemos importancia a los errores y fracasos. Centrémonos en el crecimiento y el desarrollo de confianza, no en la perfección. Tratemos cualquier fracaso no como una derrota sino como una oportunidad de aprender lecciones y lograr éxitos futuros.

Me gusta mucho observar cómo los muchachos descubren su propia capacidad para liderar. Cada muchacho es único. Cada uno aborda la tarea de liderar a su propia manera. He visto a muchachos que aceptan papeles de liderazgo en el hogar, en grupos juveniles

---

Si se les da la oportunidad de liderar, démosles la oportunidad y responsabilidad de tomar sus propias decisiones, y nos sorprenderán con su capacidad para conseguir que las cosas se hagan.

de la iglesia, en equipos de deportes y en muchos otros entornos, y produce una fascinación inagotable ver cómo cada muchacho va descubriendo un estilo de liderazgo que armoniza con su personalidad única.

Veamos de nuevo las siete dimensiones del liderazgo:

1. Visión
2. Comunicación
3. Don de gentes
4. Buen carácter
5. Competencia
6. Audacia
7. Espíritu de servicio

Cada una de estas destrezas o rasgos se puede enseñar. Ninguno de estos componentes del liderazgo está fuera del alcance de un niño o adolescente. Nuestros hijos pueden crecer en cada una de estas siete dimensiones de liderazgo fiel a Dios. A continuación se proponen algunas formas en que podemos ayudar a incorporar estas siete dimensiones de liderazgo en las vidas de nuestros hijos.

1. Visión

Una de nuestras responsabilidades como padres es fomentar que nuestros hijos sueñen en grande, ¡sueños enormes, impresionantes, del tamaño del Everest! A veces nosotros, los padres, cometemos el error de tratar de desinflar algo los sueños de nuestros hijos. Tememos que si sus sueños son demasiado grandes sufran desengaños cuando no se realicen. Creo que engañamos a nuestros hijos cuando tratamos de protegerlos frente a grandes sueños.

Mi padre cometió este error cuando yo estaba en la escuela secundaria. Fue un padre maravilloso, que siempre estimuló, excepto en esa sola ocasión. Sabía que yo soñaba con llegar a ser un buen pelotero de las Grandes Ligas, y creo que le preocupaba que un día mis sueños se fueran a ver frustrados. Como muchos padres, es probable que pensara que debía tener «algo a qué recurrir» en caso de que mis sueños no llegaran a hacerse realidad. Así que, un día sin más preámbulos, me dijo: «Sabes, Pat, nunca vas a llegar a jugar en las Grandes Ligas».

Sentí como si me aplastaran. Él se dio cuenta por mi expresión, y trató de suavizarlo.

«Mira, Pat, tú sabes que creo en ti», agregó. «Un día vas a lograr grandes cosas. Solo quiero que no vayas a sentirte frustrado si no llegas a las Grandes Ligas».

Bueno, si no llegaba a las Grandes Ligas, me iba a sentir decepcionado, ¿y qué? La vida está llena de decepciones. El carácter se forja con las decepciones. Nunca deberíamos quitarles a nuestros hijos sus sueños. Si un hijo quiere ir a la Luna, quizá no supere mas que el primer obstáculo, pero ¿qué importa? Dejemos que apunte alto. De hecho, ¡ayudémoslo a apuntar alto! Si aspira llegar a la Luna, digámosle: «¡Piensa en algo más, piensa en llegar hasta el mismo Marte!». Si aspira llegar a Marte, digámosle: «¡Piensa en llegar a la siguiente galaxia!». Ayudemos a nuestros hijos a soñar en grande y a contemplar sorprendentes visiones.

Condoleezza Rice es la primera mujer afroamericana que ha ocupado el puesto de Secretaria de Estado de los EE. UU. Creció en Birmingham, Alabama, durante una época de tensiones raciales. Recuerda que sus padres, John y Angelena Rice, tenían un plan elaborado para su vida. Querían que tuviera contacto con todas las cosas buenas que el mundo podía ofrecer, aunque siempre protegiéndola de la intolerancia de una sociedad segregada. «Mis padres fueron muy estratégicos», le dijo al *Washington Post*. «Iba a estar tan bien preparada que iba a hacer tan bien todas estas cosas que se valoran en la sociedad blanca, que me iba a sentir de algún modo protegida frente al racismo. Iba a poder hacer frente a la sociedad blanca en sus propios términos».

Angelena Rice enseñó a Condi a tocar el piano cuando tenía tres años. John Rice le enseñó a diseñar jugadas de fútbol desde que tenía cuatro años. Padre e hija se sentaban a menudo juntos frente a su TV en blanco y negro para ver los juegos de los Browns de Cleveland. Pero sus padres no podían protegerla siempre de los efectos del odio racial. En septiembre de 1963, la amiga de Condi, Dense McNair, de once años, fue una de las cuatro niñas que murieron debido al tristemente célebre lanzamiento de bombas contra la Iglesia Bautista de la Calle 16.

Aunque Condoleezza creció en una sociedad segregada, sus padres le enseñaron a no aceptar ninguna clase de límites de sus sueños. Tal como lo dijo ella misma: «Mis padres me habían convencido de que «bueno, quizá no podrás comerte una hamburguesa en Woolworth, ¡pero puedes llegar a ser presidenta de los Estados Unidos de América!»[2].

Así que fomentemos en nuestros hijos que tengan grandes sueños y se enfrenen a desafíos imposibles. Si nuestro hijo sueña con cazar una gran ballena blanca, digamos: «Sé que lo puedes hacer, y yo traeré la salsa tártara».

2. Comunicación

El líder tiene que ser un comunicador. Con frecuencia la capacidad para comunicar resulta ser el catalizador que transforma a un joven sin rumbo en un líder motivado.

El senador George McGovern, candidato demócrata a la presidencia en 1972, descubrió su capacidad de liderazgo gracias a su intervención en público. «Mi profesora de inglés en la escuela secundaria me dijo que tenía talento, tanto en la expresión literaria como al hablar». El senador me dijo: «La profesora me presentó al instructor de debates de la escuela, que me transformó de un estudiante algo tímido y reticente en un orador con más confianza y persuasión». En la universidad, el joven McGovern fue elegido presidente de su clase y ganó una competencia estatal de oratoria con una charla titulada «Cuidador de mi hermano». Solo cuando se vio a sí mismo como orador cayó en la cuenta de que también era un líder.

Cuando los jóvenes dominan la capacidad de hablar en público, se incrementa su nivel de confianza. La confianza que se gana en

Con frecuencia la capacidad para comunicar resulta ser el catalizador que transforma a un joven sin rumbo en un líder motivado.

una esfera de la vida se transmite a todas las otras. La confianza para comunicar es la confianza para liderar. A continuación se ofrecen algunos consejos prácticos que se pueden compartir con los jóvenes para ayudarlos a que lleguen a ser comunicadores más seguros:

- *Estar preparados.* Tener el material tan bien organizado y practicado que uno lo pueda exponer durmiendo.

- *Mantenerlo sencillo.* Limitar la charla a tres puntos principales. Contar una historia al comienzo para captar la atención del público, y luego mencionar a la audiencia los tres puntos. Que la audiencia sepa a donde nos encaminamos. Al final, repetir los tres puntos principales de manera que la audiencia tome conciencia de donde hemos estado. Cuando se mantiene sencillo, resulta fácil de recordar.

- *Mantenerlo coloquial.* Hablar a partir de unas cuantas notas sencillas; no hay que leer un texto. En las notas, utilizar palabras de referencia y símbolos para refrescar la memoria. No hay que pronunciar un discurso; hay que conversar con la audiencia.

- *Contar historias.* Nada atrae tanto la atención ni ilustra mejor un principio que una buena historia. Siempre que hablo a una audiencia, observo si hay personas que comienzan a mirar la hora. Si su atención se desvía, siempre puedo recuperarla diciendo: «Déjenme contarles una historia...».

- *Practicar.* Repetir la charla una y otra vez. Practicarla exponiéndola de diversas maneras. ¡No hay que aprenderla de memoria! En vez de ello, asegurémonos de que nuestra charla suene nueva, fresca y coloquial cada vez que la practicamos.

- *Moverse.* De ser posible, caminar por el escenario, e incluso avanzar hacia la audiencia. Utilizar grandes gestos para subrayar un punto. Al hablar, utilizar las manos, y nunca colocarlas frente a uno en la posición de dedos entrecruzados (que hacen que uno parezca estar nervioso). Hacer contacto visual con personas en la audiencia. Hay que ser enérgico, entusiasta y ¡sonreír!

- *No preocuparse por los fallos.* Si perdemos el hilo, hagamos una pausa, tomemos un sorbo de agua, o contemos una historia. No tengamos miedo de que las personas nos vayan a juzgar por una o dos equivocaciones. Lo más probable es que ni siquiera lo noten.

Doy alrededor de ciento cincuenta charlas al año, y tengo presentes estos siete principios cada vez que hablo. Si nuestros hijos siguieran estas normas tan sencillas, muy pronto desarrollarían la confianza para comunicar en público, y para liderar.

3. Don de gentes

Los líderes necesitan saber tratar a las personas. Deben saber cómo causar una buena impresión, cómo escuchar y hablar, cómo motivar a otros, cómo resolver conflictos, y cómo reforzar y alabar. Cuanto más nuestros hijos sepan tratar a las personas, más influencia tendrán por Jesucristo. Estas son destrezas básicas para tratar a las personas, que deberíamos enseñar a nuestros hijos:

- Entrar siempre a una habitación con confianza y determinación.
- Saludar a las personas con un apretón firme de manos y una sonrisa cálida.
- Mantenerse erguidos y mirar a las personas a los ojos.
- Hablar con voz clara y firme.
- Utilizar las palabras siguientes con frecuencia: «Por favor». «Gracias». «No lo sé, pero lo voy a averiguar». «El error es mío. No volverá a suceder». «Lo siento. Perdóneme».
- Escuchar antes de hablar. No interrumpir.

- Aceptar con gentileza los cumplidos, sin volverse vanidoso.

- Aceptar las críticas sin ponerse a la defensiva ni enojarse.

- Ofrecer a menudo cumplidos, reconocimientos y alabanzas, y manifestarlos delante de todo el grupo.

- Hacer críticas en forma amable y en privado.

- Guardar las confidencias. No murmurar. (Incluso si es «verdad», sigue siendo murmuración).

- No recargarse demasiado. Aprender a decir no con educación, pero de manera firme.

- Ser un buen ser humano. Tratar a los demás como deseamos que nos traten.

Ah, y hay todavía unos cuantos consejos más que deberían darles a los hijos. Nunca decir ni hacer nada por enojo. Donar sangre cada año. Dar propinas generosas. Dar con alegría a la iglesia y a otras obras caritativas. No dar solo dinero, sino también tiempo. (No sé si este último párrafo tiene que ver en realidad con destrezas con las personas, pero ¡de todos modos son consejos buenos!).

4. Buen carácter

Las personas admiran y siguen a hombres especiales y a mujeres especiales que han demostrado carácter. Debemos enseñar a jóvenes líderes a desarrollar e incorporar a sus vidas rasgos sólidos y positivos de carácter: honestidad, integridad, humildad, una sólida ética de trabajo, responsabilidad, disciplina de sí mismos, valor, amabilidad, sentido de justicia, tolerancia y cosas por el estilo.

En la Biblia vemos con claridad que Dios ve el carácter como una parte integral de un líder auténtico. En el Salmo 78, leemos:

[El Señor] eligió a David su siervo,
Y lo tomó de las majadas de las ovejas;
De tras las paridas lo trajo,

Para que apacentase a Jacob su pueblo,
Y a Israel su heredad.
Y los apacentó conforme a la integridad de su corazón,
Los pastoreó con la pericia de sus manos. (Salmo 78:70-72)

En eso vislumbramos cómo Dios escogió a un muchacho pastor y lo formó para que fuera líder. David necesitaba aprender a pastorear ovejas antes de que pudiera pastorear una nación. Y ¿qué buscaba Dios en un pastor de su pueblo? Integridad de corazón. En una palabra, *carácter.*

5. Competencia

La dimensión de competencia en el caso del liderazgo es una combinación de varios factores; espíritu competitivo, capacitación, experiencia, capacidad de delegar responsabilidad a otros, y compromiso con la excelencia. ¿Cómo ayudamos a desarrollar competencia en un joven líder? He aquí algunos consejos prácticos:

- *Enseñar diligencia.* Asegurémonos de que nuestro hijo sabe que el trabajo está antes que el juego. La TV, los juegos de video y otras formas de entretenimiento no son un derecho; son una recompensa *después* de haber hecho el trabajo y de haberlo hecho *bien.* Asegurémonos de que saben que si no han realizado un trabajo con diligencia y excelencia, no lo han hecho, y punto. Y si no lo han hecho, tendrán que hacerlo de nuevo y de nuevo hasta que lo concluyan.

- *Enseñar responsabilidad.* Cada hijo debe tener un conjunto de tareas (colocadas en la puerta del refrigerador o en el tablero de la familia) por el que sea responsable. A nadie en la familia debería recordársele una docena de veces que haga una tarea determinada; el hijo es responsable de hacerlo sin necesidad de que se lo digan. El comportamiento responsable recibe recompensa; el irresponsable, castigo. Enseñar a los hijos a tomar la iniciativa y a llevar a cabo las tareas sin que haya que darles la lata.

- *Enseñar respeto por la autoridad.* A los hijos hay que decirles que no se permite discutir ni faltar al respeto, y punto. Claro que el papá debe estar dispuesto a escuchar cuando planteen algún punto en una forma razonable y respetuosa. Pero en el momento en que el hijo nos trate con falta de respeto, hay que acabar la discusión y vienen las consecuencias. Asegurémonos de manejar la situación con calma. Evitemos disciplinar cuando estamos enfadados.

- *Enseñar a los hijos una actitud sana hacia el trabajo.* La Biblia nos enseña que el trabajo es un don de Dios. Salomón escribió con mucha sabiduría: «y también que es don de Dios que todo hombre coma y beba, y goce el bien de toda su labor» (Eclesiastés 3:13). Y Pablo nos dice: «Y todo lo que hagáis, hacedlo de corazón, como para el Señor y no para los hombres» (Colosenses 3:23).

- *Permitir que los hijos nos vean trabajando.* Llevemos a los hijos a la oficina cuando se pueda. Dejemos que nos ayuden con el trabajo en el jardín y con otras tareas. Involucrémoslos en proyectos familiares grandes como remodelar la casa o la jardinería ornamental de manera que nos puedan ver trabajando y experimenten con nosotros la satisfacción de una labor bien hecha. Asesorémoslos y ayudémoslos a adquirir las destrezas de trabajo que aprendimos de nuestros padres y tutores.

- *Enseñar a los hijos qué hacer con el dinero.* Cuando les demos a los hijos la paga semanal o quincenal, estimulémoslos a guardar por lo menos el 20% (el 10% mínimo como diezmo para el Señor y el otro 10% como ahorro). Enseñémosles las trampas del materialismo, el consumismo y las deudas. Enseñémosles acerca de invertir, y en especial acerca del «milagro del interés compuesto». Mostrémosles que si invierten pronto y permiten que su dinero vaya ganando intereses año tras año, irán ganando interés sobre el principal y sobre el interés.

- *Invertir en la competencia de los hijos.* Si queremos formar jóvenes líderes competentes, debemos brindar a los hijos oportunidades para mejorar su competencia, y esto no es barato. Quizá haya que comprar instrumentos musicales, o equipo deportivo; quizá haya que asistir a juegos de Pequeñas Ligas o a recitales de danza. Los hijos que logran competencia en algún campo son aquellos cuyos padres estuvieron dispuestos a sacrificar mucho tiempo y mucho dinero por ellos.

Bob Feller era un joven campesino de dieciséis años que vivía en Iowa cuando lo contrataron para jugar de lanzador con los Indios de Cleveland en 1935. En su primera temporada, ganó diecisiete juegos; al año siguiente, veinticuatro. Siguió lanzando para Cleveland por dieciocho años, con un total de doscientos sesenta y seis juegos ganados y ciento sesenta y dos perdidos. Su carrera se vio interrumpida por cuatro años de servicio en la Marina, donde recibió muchas medallas como artillero antiaéreo a bordo del buque de guerra *Alabama*. Los historiadores del béisbol creen que, de no haber visto interrumpida su carrera cuando se encontraba en su apogeo, hubiera podido llegar a trescientas cincuenta victorias y tres mil quinientos ponches.

Feller atribuye a su papá haberle dado la oportunidad de desarrollar sus destrezas a una edad muy temprana. «Mi padre nunca jugó a la pelota», recordaba Feller en cierta ocasión, «pero tenía grandes sueños para mí. Creo que nunca dudó de que llegara a jugar pelota profesional. Jugábamos béisbol juntos mientras crecía. Lanzaba para que yo practicara el bateo e incluso construyó una jaula de bateo con madera sobrante y malla de alambre. [...] Me compró también el equipo que necesitaba: uniforme, *spikes*, siempre un buen guante, y pelotas de ligas oficiales.

»Quizá lo más importante que hizo para mí fue cuando tenía doce años y construimos un terreno completo en nuestra finca. Le llamamos Oakview, porque estaba en lo alto de una colina desde donde se dominaba el río Raccoon y tenía una vista muy hermosa de un bosquecillo de encinas. Teníamos un diamante completo con una cerca en el jardín exterior y marcador, e incluso una pequeña tribuna detrás de primera base. Cobrábamos algo por la entrada para cubrir los costos. Mi padre llevaba y traía a los jugadores y mi madre les daba de comer... Conseguíamos algunas asistencias muy buenas ciertos fines de semana. Yo era el único "muchacho" de verdad en el equipo, pero lo hacíamos bastante bien. El terreno Oakview fue mi incubadora como lanzador. Al recordarlo ahora, tengo que sentirme muy agradecido de que mi padre haya sido el hombre que fue».

¿Qué sacrificios estamos dispuestos a hacer para desarrollar la competencia de nuestro joven líder? ¿Cuánto estamos dispuestos a gastar? ¿Cuánto tiempo estamos dispuestos a invertir?

6. Audacia

No se puede ser líder si no se tiene valor. Como dijo en cierta ocasión el general Omar Bradley: «Actúa con valor y unas fuerzas invisibles acudirán a ayudarte». Para ser líderes, nuestros hijos tendrán que superar la timidez, el temor y el deseo de ir sobre seguro. Como padres, maestros, entrenadores y tutores, debemos empujar a nuestros muchachos para que salgan de sus zonas de confort. Tenemos que ayudarlos a ganarse la confianza y el espíritu de aventura que necesita todo verdadero líder. El siguiente plan de juego puede ayudar a fomentar el valor y la audacia de nuestros jóvenes líderes:

- *Alentar a nuestros jóvenes líderes a evaluar los riesgos.* Un buen líder siempre es audaz, pero nunca imprudente. Asume riesgos, pero solo riesgos *calculados*. Los buenos líderes inclinan las probabilidades a su favor estando informados y dejando lo menos posible al azar.

- *Enseñar a nuestros jóvenes líderes a organizarse y planificar.* La dejadez y la deficiente preparación nunca deberían

Para ser líderes, nuestros hijos tendrán que superar la timidez, el temor y el deseo de ir sobre seguro. Debemos empujar a nuestros muchachos para que salgan de sus zonas de confort.

confundirse con la audacia. La planificación estratégica es la clave para la victoria en cualquier empresa audaz.

- *Alentar a nuestros jóvenes líderes a ser audaces y resueltos.* El orador de motivación Brian Tracy lo formuló así: «Ser resueltos es una característica de los hombres y mujeres que se desempeñan muy bien. Casi cualquier decisión es mejor que ninguna decisión». Y el inimitable Yogi Berra lo dijo en una forma todavía más sucinta: «Cuando uno llega a una bifurcación, la toma».

- *Desarrollar optimismo.* Los líderes deben poseer una confianza optimista en Dios, en sí mismos y en sus ideas y decisiones. El optimismo es contagioso; se difunde de los líderes hacia los seguidores, con lo que todo el grupo se estimula.

- *Aceptar el fracaso como una lección, no como una derrota.* El inconveniente de asumir riesgos es obvio. A veces se pierde. Pero ¿y qué? El fracaso puede muy bien ser el mejor maestro que jamás tendrá nuestro joven líder. Lo superará, y quizá no volverá a cometer el mismo error.

Walt Disney tenía veintiún años cuando fundó su primera compañía de dibujos animados, Laugh-o-Gram Films. Un año más tarde, quebró. Cuando se acercaba ya a la treintena, un distribuidor inescrupuloso se robó su personaje más popular de dibujos animados, de manera que Walt creó un valiente ratoncito llamado Mickey, y el resto es historia. Si Walt no hubiera tenido unos cuantos fracasos antes, nunca habría inventado al ratón Mickey. Más tarde comentó: «Es importante tener un buen fracaso cuando se es joven. Aprendí mucho de ello. Nunca he tenido temor».

La audacia y la confianza son ingredientes necesarios en la conformación de todo guerrero y de todo líder. Como dice John C. Maxwell: «Los líderes deben conducir a otros hacia lo desconocido y guiarlos hasta salirse del mapa». No podemos decir a nuestros muchachos: «Sueña en grande, pero ¡ve a lo seguro! ¡No corras riesgos!». No, tenemos que decirles: «¡Persigue tus sueños! ¡Actúa con audacia y haz que tus sueños se conviertan en realidad!».

7. Espíritu de servicio

Debemos formar una generación de jóvenes líderes que comprendan que no están aquí para intimidar, dominar y oprimir a las personas; están aquí para *servir* a las personas. El liderazgo genuino, basado en el ejemplo de Jesús, no tiene que ver con ser quien manda sino con ser servidor.

El 28 de junio de 2005, asistí a la Gala del 25.º Aniversario del Speakers Bureau de Washington, la agencia más prestigiosa en el país. Muchos de los oradores más destacados de la agencia estaban presentes, incluyendo a Rudy Giuliani, Lou Holtz, Tom Peters, Tom Ridge, Joseph Theissman y Colin Powell. Hacia el final del postre de la recepción, vi que el general Colin Powell y su esposa estaban a punto de irse. Me presenté y le conté que mi hijo de veintiocho años, Bobby, era gerente de béisbol en el sistema de filiales de los Nationals de Washington. El general Powell es socio de un grupo que trataba de comprar ese equipo.

—General Powell —dije—, ¿qué consejo le daría a mi hijo ahora que comienza su carrera gerencial?

Sin vacilar, el general respondió:

—Dígale a su hijo estas tres cosas: Primera, que cuide a sus tropas. Segunda, que se mantenga callado y cumpla con su deber todos los días. Tercera, que no se preocupe por su próximo trabajo.

Con esto, se dio la vuelta y se adentró hacia la noche. Esas son tres ideas contundentes acerca de qué significa ser líder, y la primera de esas ideas, «cuida de tus tropas», es una invitación a servir. El líder cuida de sus tropas.

Mi amigo Gil McGregor, anunciador y florido comentarista para los Hornets de Nueva Orleáns, me enseñó un concepto al que llama «El principio de las espaldas sucias». «Los servidores siempre tienen las espaldas sucias», me dijo. «Siempre están aupando a personas, ayudándolas a que se mantengan erguidas sobre sus espaldas. El servidor no piensa en quién se llevará el mérito. Pero aúpa a otros».

Hace poco visité al entrenador John Wooden en su casa en el sur de California. El entrenador Wooden es «el mago de Westwood», el legendario entrenador de los Bruins de UCLA desde 1948 hasta 1975. Al entrar a la casa del entrenador, me encontré con un museo de sus pertenencias de su larga carrera en los deportes universitarios. Pero la sección más llamativa del museo personal del entrenador Wooden era un área de su pasillo de entrada dedicado a personas que no tenían nada que ver con los deportes: Abraham Lincoln y la Madre Teresa.

—Dígame, entrenador —le pregunté—, ¿por qué ha dedicado esta parte de su casa a Abe Lincoln y a la Madre Teresa?

—Son mis héroes —respondió—. Los admiro porque fueron servidores. Tenían unas cualidades tan maravillosas de carácter: valor, integridad, humildad, sacrificio propio, todas las cosas que conforman a un gran servidor. ¿Puede alguien pensar en tener dos héroes mejores que Lincoln y la Madre Teresa?

Yo no. El entrenador Wooden había escogido como sus héroes a dos personas que estuvieron entre los más grandes líderes que el mundo haya jamás conocido y, lo que no es una coincidencia, dos de sus más grandes servidores.

De manera que la próxima vez que un joven nos pregunte cómo se puede llegar a ser líder, solo respondamos: «Si quieres ser líder, ¡sé un servidor! Encuentra un césped que necesita un corte, y córtalo, sin cobrar. Encuentra una casa que necesita pintura y píntala. Ordena tu habitación, pon los platos en el lavavajillas, pon la mesa, lava el automóvil. Si ves algo desordenado, límpialo, aunque el desorden no se deba a ti. Arranca la mala hierba en el jardín del vecino. Ve al albergue de desamparados y haz bocadillos y sopa. Ve a Starbucks o a un concierto de rock y comparte tu fe con alguien. Si quieres ser un líder, sé un servidor».

En su libro *The Legacy: Ten Core Values Every Father Must Leave His Child*, Steven J. Lawson cuenta la historia de una niña que admiraba mucho a su padre, que era artista. Cuando él estaba en su caballete, aplicando pintura al óleo en grandes lienzos, la niña se tendía a sus pies, coloreando su librito de dibujos.

De vez en cuando, el padre la subía a su regazo, colocaba uno de sus pinceles en su manita y luego iba dirigiendo la mano. Juntos, padre e hija mojarían el pincel de pintura y luego aplicarían los colores en el lienzo. En el proceso, a esta niña llegó a gustarle la pintura.

Pasaron los años. La niña se convirtió en adolescente. Un día de verano en 1967 estaba nadando cerca del río Magothy, en la bahía Chesapeake. Se tiró de cabeza desde una lancha sin darse cuenta de que el agua tenía poca profundidad como para zambullirse de un salto. Golpeó el fondo y se rompió el cuello.

Aunque quedó paralítica del cuello hacia abajo, en la actualidad es una gran artista como su padre. Su nombre es Joni Eareckson Tada, y pinta sosteniendo los pinceles con la boca. Sus cuadros y libros son un ministerio de la gracia de Dios en millones de vidas. Joni es una líder servidora cristiana y descendiente espiritual de Aser. Su padre la fue guiando y le transmitió el don de la expresión artística, un don que ni siquiera un accidente que la paralizó pudo quitarle[3].

Esta es la tarea que Dios nos propone a cada uno de nosotros como padres, abuelos, entrenadores, maestros y tutores. Tenemos que tomar las manos de estos jóvenes líderes y, con suavidad pero con firmeza, guiarlos hacia vidas con propósito, significado, liderazgo y espíritu de servicio. Si hacemos nuestra parte, Dios hará la suya. Los guiará a lo largo de la senda hacia un futuro de servicio y de espíritu servidor.

Si formamos una generación de líderes que sean descendientes espirituales de Aser, Dios los utilizará en una forma poderosa. Serán una fuerza imparable para el bien en el mundo. Dios asegurará que nada los impida llegar a ser lo que él los ha llamado a ser.

HAGAMOS NÚMEROS

A veces me pregunto si Aser había planificado toda esta cosa. ¿Se dedicó en forma conciente a formar a miles de descendientes para que fueran padres, hombres de carácter, guerreros y líderes? ¿O fue todo ello una consecuencia natural de la clase de hombre que fue Aser y de la forma en que vivió su vida?

Si formamos una generación de líderes que sean descendientes espirituales de Aser, Dios los utilizará en una forma poderosa. Serán una fuerza imparable para el bien en el mundo.

No lo sé. La Biblia no nos lo dice. Pero sí sé esto: Todos nosotros podemos *escoger* ser como Aser. Podemos, en forma estratégica y conciente, poner en práctica los principios de Aser y *escoger* llegar a ser hombres influyentes, guerreros que moldean el destino de generaciones venideras.

Como padre de diecinueve hijos, he reflexionado mucho sobre esto. ¿Se dan cuenta de cuántos nietos podría tener yo algún día? La familia promedio tiene 2,3 hijos. Hagamos números y descubrirán que puedo esperar tener 43,7 nietos. Pero ¿qué pasa si mis hijos superan el promedio y tienen cuatro, cinco o seis hijos por familia? ¿Qué pasa si a todos les entra el gusanillo de la adopción y (¡respiremos hondo!) tienen ocho hijos? ¿O doce? ¿O...?

¡Qué barbaridad! ¡No hay ni que imaginarlo! Me pasó por la mente el cuadro de una futura celebración del Día de Acción de Gracias de la familia Williams, ¡con un elenco de miles!

Cuando comenzamos a adoptar, nunca me senté con un planificador financiero para calcular el costo. Solo me zambullí. ¿De dónde provenía ese ardor en mi alma, esta manía por adoptar niños de todo el mundo? La verdad es que no lo sé. Todo lo que puedo decir es que miraba alguna foto ajada de Filipinas o recorría un orfanato en Brasil y no podía evitarlo. Me parecía sentir que Dios me daba un codazo en las costillas y me decía: «Pat, estos son mis hijos. ¡Ayúdalos! ¡Llévatelos a tu casa»! (¡Y todos sabemos lo persuasivo que *Él* puede ser!)

A decir verdad, ya no puedo ir más a orfanatos. Soy como un alcohólico en fase de recuperación que nunca puede pasar junto a un bar. No puedo confiar en mí mismo ante esa clase de tentación. No puedo permitirme el lujo de adoptar más niños. Así que, ¿qué hago en lugar de ello? Hago correr la voz.

Quiero ser bien franco: la adopción no es algo fácil y no es barata. Claro que se experimentan muchas sensaciones cálidas cuando uno incorpora ese niño a la familia. Pero también hay duras realidades. La mayor parte de esos niños vienen de trasfondos difíciles. Algunos son niños de la calle. Han visto mucho y la vida los ha maltratado. No podemos esperar que se acomoden enseguida. No se puede esperar que al instante se adapten a una nueva lengua, una nueva cultura y nuevas reglas familiares. Habrá rabietas, temores, llantos, noches de insomnio, de mojar la cama, y más.

¿Acaso los abrazos, besuqueos, sonrisas, te-quiero-papás, caras lindas y sensaciones cálidas compensan por todos los problemas y gastos? ¡Por supuesto! ¡Y también incluiría los años de adolescencia cuando digo esto! Todo ha valido la pena. Y la parte mejor es saber que estos niños están creciendo para llegar a ser personas con un carácter como el de Cristo. Tendrán familias; serán hombres y mujeres escogidos; serán líderes; serán guerreros en la causa de Cristo.

Después que Carolina hubo estado con nosotros por menos de un año, la llevé a un parque de recreo cerca de nuestra casa. La observaba mientras se divertía en los columpios. Cerca de mí estaba un niño con sus padres. Inicié una conversación con ellos y me di cuenta de que eran seguidores de los Magic de Orlando y sabían quién era yo.

—¿Tiene más hijos? —me preguntó la mujer.

Me reí.

—¿Que si tengo más hijos? —le dije *exactamente* cuantos hijos tenía, ¡y la mujer palideció!

—Nosotros solo tenemos dos muchachos —dijo—, y no podemos tener más hijos, de modo que he estado pensando en adoptar una niña. El problema es que nos pusieron en una lista de espera y toma unos dos años conseguir una niña. Tenemos temor de que cuando por fin la aprueben, ¡ya seremos demasiado viejos para ser padres!

—Bueno, están buscando en el país equivocado.

—¿El país equivocado?

—Así es. En los Estados Unidos hay escasez de niños para adoptar. Pero si van a otros países, sobre todo a los países en desarrollo, hay miles de niños que nadie adopta. Encontramos a Carolina en Brasil.

No creía que Carolina me estuviera escuchando, pero en ese preciso momento apareció y me dijo:

—¡Y esas niñitas también necesitan papás y mamás!

Y tiene toda la razón del mundo.

Siempre que se me presenta la ocasión, hablo de la adopción, sobre todo de la adopción internacional. Cada día le pido al Señor que más personas comprendan este sueño en el que todos los niños de Dios, sin importar de qué parte del mundo sean, tendrán papás y mamás. Pido que las familias cristianas busquen esos niños, les den un hogar, y les hablen acerca del Padre celestial que los ama. ¿Está Dios dando a los lectores un codazo en las costillas ahora? No pido que todos adopten catorce niños, pero ¿por qué no uno o dos? ¿Podrían pensar en esto? ¿Orar por ello? Esto es todo lo que pido.

EL PRINCIPIO DEFINITIVO

En la primavera de 1855, un maestro de Escuela Dominical llamado Edgard Kimball entró a la zapatería Holton en Boston. Se dirigió hacia un joven dependiente y le dijo, «Joven, quiero que sepa que Jesús lo ama». Hablaron por unos minutos y el dependiente se arrodilló y le pidió a Jesucristo que tomara control de su vida. El nombre del dependiente era Dwight L. Moody.

Moody llegó a ser un evangelista de fama mundial. En 1879, celebró una serie de reuniones en Inglaterra. En la audiencia estaba un pastor desalentado y derrotado llamado F. B. Meyer. Cuando Meyer oyó hablar a Moody, entregó su vida a Jesucristo y llegó a ser uno de los grandes predicadores evangélicos de la época.

Alguien que escuchó predicar a F. B. Meyer fue J. Wilbur Chapman. Se impresionó tanto que se convirtió en evangelista como Meyer. Fundó una organización que combinó el cristianismo con el atletismo, la Asociación de Jóvenes Cristianos (YMCA).

Por medio de la YMCA, Chapman guió a una joven estrella del béisbol. El jugador, Billy Sunday, se apartó de los deportes y abandonó el béisbol para convertirse en evangelista. Cuando Billy Sunday predicaba una serie de reuniones evangelizadoras en Charlotte, Carolina del Norte, algunos hombres de negocios de la ciudad se conmovieron tanto que organizaron un comité para llevar más evangelistas a la ciudad. Uno de los predicadores que invitaron fue Mordecai Ham de Kentucky.

En 1934, durante una de las reuniones de avivamiento, un joven atribulado escuchó el mensaje y se debatió con Dios. Al final del servicio, el joven pasó al frente e invitó a Jesucristo a que fuera el Señor de su vida. El nombre del joven era Billy Graham.

¿A cuántas personas ha predicado Billy Graham durante sus años de ministerio? Nadie lo sabe, pero la cifra sin duda excede uno o dos mil millones. Y podemos seguir el rastro de la vida de ministerio del Dr. Graham hasta un maestro de Escuela Dominical que le dijo a un vendedor de zapatos en Boston: «Quiero que sepa que Jesús lo ama».

Cuando decidimos influir en una vida joven, nunca sabemos la cadena de eventos que podemos poner en movimiento. Dejemos correr una pequeña bola de nieve por la ladera de una montaña, ¡y quizá desencadenemos una avalancha!

Digamos que somos un padre promedio en una familia promedio y que tenemos una cantidad promedio de hijos, o sea, 2,3 hijos. Muy bien, esas tres décimas de un niño me incomodan, de manera que redondeémoslo a dos hijos. Ahora digamos que adoptamos dos más. Ya son cuatro. Mientras criamos a nuestros cuatro hijos, también decidimos ser maestros de Escuela Dominical, o guías de exploradores, o entrenadores. ¡Ya estamos guiando a docenas de muchachos e influyendo en ellos!

Y hay una cosa más. Apostaría a que en nuestra iglesia hay algunos muchachos que no tienen padre. Pensemos en el impacto que podríamos tener si llevamos a esos muchachos a un juego de pelota o a acampar con nuestra familia. Quizá hay algunos muchachos en el vecindario que nunca han escuchado que Jesús los ama. Quizá podríamos hablarles de Jesús mientras los llevamos en el automóvil a la Escuela Dominical.

Aser tuvo miles de descendientes, no solo descendientes físicos, sino espirituales: cabezas de familias, hombres escogidos, guerreros valerosos y líderes destacados. Todos nosotros podemos tener la misma clase de impacto en el mundo. No solo podemos dejar detrás de nosotros una generación de descendientes físicos para que den continuidad al nombre de nuestra familia, sino que también podemos dejar detrás de nosotros una generación de descendientes espirituales para que sigan llevando el nombre de Jesucristo.

Los hijos son una bendición del Señor. Mientras más niños influyamos para Él, tantas más bendiciones derrama Dios sobre el mundo. Así que este es el último y más importante de todos

los principios de Aser: *el hombre que bendice a un niño bendice al mundo.*
Amigos, los insto a que sean ese hombre, ese guerrero amable y respetuoso de Dios. Bendigan a ese niño. Cambien el mundo.

Notas

1. Dale Russakoff «Lessons of Might and Right: How Segregation and an Indomitable Family Shaped National Security Advisor Condoleezza Rice», *The Washington Post,* 9 de septiembre de 2001; página W23. http://www.washingtonpost.com/wp-dyn/articles/A54664-2001Sep6.html (tomado en Noviembre 2005).

2. «Profile: Condoleezza Rice», *BBC News World Edition*, 20 de enero de 2005. http://news.bbc.co.uk/2/hi/americas/3609327.stm (tomado en Noviembre 2005).

3. Steve J. Lawson, *The Legacy: Ten Core Values Every Father Must Leave His Child* (Sisters, OR: Multnomah Press, 1998).

IMAGINEMOS UN LEGADO...

Aser ya era viejo. Tenía el cabello y la barba encanecidos. Estaba acostado sobre una estera en una casa lejos de donde había nacido. Alrededor de la habitación se había concentrado mucha gente. Habían acudido para estar cerca de él porque lo amaban.

Los cuatro hijos de Aser, Imna, Isúa, Isúi y Bería, estaban presentes. Para entonces todos ellos ya eran abuelos de barba canosa.

La hija de Aser, Sera, también estaba cerca de él. Aunque tenía la cara llena de finas arrugas, seguía viéndose elegante y delgada, y sus ojos eran grandes, castaños y claros, como los de una cierva.

Solo faltaba Ijona. La esposa de Aser ya había muerto.

La vista de Aser se había oscurecido con el paso de los años, aunque todavía podía reconocer los rostros de sus hijos y nietos que se habían convertido en cabezas de familia, hombres escogidos, valientes guerreros y destacados líderes. Hacían que se sintiera orgulloso. Sentía alegría al ver lo grande y excelente que había llegado a ser su familia. Podía morir en paz, sabiendo que su familia caminaba con Dios.

Aser sintió que le tiraban de la manga. Era su pequeño tataranieto, Súa.

—Tatarabuelo —dijo—, ¿te vas a morir ahora?

Mortificada, la madre de Súa susurró:

—¡Súa! ¡Eso no se pregunta!

Aser soltó una risita ahogada.

—¿Por qué no? —dijo—. Es una buena pregunta. Luego, dirigiéndose a la pequeña, le dijo:

—Sí, Súa, voy a morir ahora.

Súa se quedó pensando, y luego preguntó:

—¿Duele morir?

—No, hijita —respondió Aser—, no duele. Solo me siento muy, muy cansado.

El hermano mayor de Súa, Haflet, se aproximó a la cama de Aser. Tenía los ojos llenos de lágrimas.

—No quiero que te mueras, tatarabuelo.

—Tranquilo —dijo Aser, tocando con suavidad el brazo del muchacho—. He tenido una larga vida y he aprendido muchas cosas. He enseñado estas cosas a tu abuelo, y tu abuelo las ha enseñado a tu padre, y tu padre te las enseñará a ti. Así que, cuando tu padre hable, préstale atención.

—Así lo haré, tatarabuelo —dijo Jaflet secándose los ojos.

—Muy bien —respondió Aser. Y un día enseñarás estas cosas a tus propios hijos, ¿no es así?

—Sí, tatarabuelo. Lo prometo.

—Sé que lo harás.

Aser se reacomodó en su lecho de muerte. A cada minuto que transcurría, parecía que iba debilitándose más.

—¿Sera? ¿Estás ahí, hija mía?

Tenía los ojos abiertos pero ya no veía.

—Estoy aquí, padre.

Aser sonrió.

—Sera —dijo—, ¿recuerdas aquella canción que solías cantar en el viñedo cuando nos llevabas agua a tus hermanos y a mí?

—La recuerdo —respondió Sera.

—Me gustaría volver a oír esa canción.

Sera cantó.

—No hay nadie santo como el Señor, ¡no hay nadie fuera de ti! ¡No hay roca como nuestro Dios!

Su voz se fue quebrando mientras cantaba, pero parecía que Aser no se daba cuenta. Sus ojos se fueron cerrando. En sus labios apuntó una sonrisa.

Cuando Sera terminó de cantar, colocó la mano en el pecho de su padre y se inclinó para darle un beso. En el momento en que sus labios rozaron la mejilla de su padre, lo supo: su padre había partido para estar con el Señor al que amaba.

La travesía de Aser en la tierra había concluido.

El movimiento Aser

Al comenzar este libro, mencioné que había llegado a conocer el movimiento Aser de la boca del pastor Cal Rychener de la iglesia Northwoods Community en Peoria, Illinois. Cuando estaba llegando al final de la tarea de escribir el libro, llamé a Cal para hablarle de *El alma del guerrero*. Le dije:

—Cuando me habló acerca del breve versículo en 1 Crónicas, ¡seguro que no tenía ni idea de lo que iba a desencadenar en mi vida! ¡Mi travesía con Aser ha estado repleta de emociones!

—Ah, ¡comprendo lo que me quiere decir! —respondió—. Aser sin duda que ha afectado muchas vidas aquí en Peoria.

—Lo creó —agregué—. ¿Me podría contar una de esas historias?

—Claro que sí —dijo Cal, y pasó a hablarme de un joven que había llegado a conocer, uno de los compañeros de trabajo de su hija. El hombre se llamaba Rubén, y cuando Cal lo conoció, no estaba asistiendo a ninguna iglesia.

Un viernes por la noche en octubre de 2004, Cal fue a la librería Barnes & Noble. Vio a Rubén y a su esposa sentados a una mesa, inmersos en un montón de libros de negocios, así que decidió ir a saludarlos.

Cal llevaba puesta una camiseta con una inscripción al frente, en letra muy grande, que solo decía «7:40». Al ver la camiseta de Cal, Rubén preguntó:

—¿Qué significa «7:40»?

—Se refiere a nuestro club Siete-Cuarenta. Es un grupo de hombres que se reúnen los primeros sábados de cada mes por la mañana. Desayunamos, estudiamos la Biblia y oramos juntos. De hecho, nos vamos a reunir mañana por la mañana.

—Me suena como algo que necesito —dijo Rubén. ¿Podría asistir?

Cal se dio cuenta de que la esposa de Rubén se secaba unas lágrimas cuando dijo:

—Rubén, creo que sí necesitas asistir a eso.

Rubén se presentó puntual a la mañana siguiente a las 7:40. Los asistentes lo pasaron muy bien compartiendo y Cal les presentó un mensaje bíblico. Luego Rubén se acercó a Cal con lágrimas en los ojos. Estaba dándose golpecitos en el pecho con la palma de la mano, como si en su corazón se estuviera desarrollando una intensa lucha.

—Pastor Cal —dijo Rubén—, necesito hablar con usted. ¿Lo podría llamar esta semana?

Acordaron el día y la hora. Luego, esa misma semana, sostuvieron una larga conversación acerca del examen introspectivo que estaba viviendo Rubén. Cal invitó a Rubén a la iglesia y el domingo siguiente, junto con su esposa, estuvieron sentados en primera fila.

Cal estaba predicando una serie de mensajes evangelísticos. Como ayuda visual, hizo que se levantara un puente en el estrado. Ese puente tenía peldaños en ambos extremos, pero en medio faltaba una gran pieza, un vacío tan grande que nadie podía cruzar el puente. Ese vacío representaba el abismo del pecado entre Dios y la humanidad.

Pero había una forma en que se podía salvar el vacío. Cuando Cal iba hablando acerca de la cruz de Cristo, colocaron una cruz en ese vacío. Ahora cualquiera podía cruzar el puente con solo caminar por encima de la cruz.

Cal miró a la audiencia, e invitó a que pasaran al frente. Muchas personas se levantaron de sus asientos, se dirigieron hacia el podio, y cruzaron el puente por la cruz. Cal invitó a que los que quisieran hacer una decisión por Cristo se unieran a esa procesión y caminaran a través del puente. Muchas personas tomaron esa decisión que les iba cambiar la vida.

Después del servicio, Rubén permaneció en el templo, mirando el puente, pensando acerca de qué significaba. Una vez que estuvo a solas con el pastor Cal, Rubén dijo:

—Pastor, quiero cruzar el puente. ¿Me acompañaría?

Así que los dos subieron al estrado y cruzaron el puente a través de la cruz. Cuando hubieron bajado los peldaños al otro extremo del puente, Rubén dijo:

—Pastor, ¿querría orar por mí?

Los dos se arrodillaron, y Rubén oró para recibir a Jesucristo como su Señor y Salvador. Tres semanas más tarde, la esposa de Rubén se acercó al pastor Cal después del servicio matutino. «Siempre pensé que era cristiana», dijo, «pero al escucharle explicar qué significa tener a Jesús como el Señor de la vida, me doy cuenta de que no soy de veras cristiana. Deseo cruzar el puente. ¿Querría caminar conmigo como lo hizo con Rubén?».

Así que el pastor Cal cruzó el puente y oró por ella también.

Cuando Cal acabó de contarme la historia, dijo:

—Rubén y su esposa son dos de los cristianos más entusiastas, intensos y comprometidos que haya jamás visto.

—¿Y sabe lo que es sorprendente? —dije—. Dios utilizó algo tan simple como su camiseta «7:40» para iniciar una transformación en sus vidas. De no haber llevado puesta esa camiseta, Rubén no hubiera preguntado por su significado.

—Dios hace cosas como esa todo el tiempo —agregó Cal—. Desde que nuestra iglesia descubrió a Aser, ¡esto ha ido creciendo hasta convertirse en lo que parece ser un verdadero movimiento!

—Bueno, Cal —dije—, ¡sin duda que el movimiento Aser me ha cautivado! ¡Estoy dispuesto a llevar este mensaje a todas las iglesias en el país!

Los principios Aser han transformado mi vida, y también mi ministerio de predicación y literatura. Al contemplar los problemas en la sociedad estadounidense, la familia estadounidense y la iglesia estadounidense, no puedo sino pensar en cuántos problemas se podrían resolver si los hombres se comprometieran a llegar a ser descendientes espirituales de Aser: cabezas de familia, hombres escogidos de carácter cristiano, guerreros cristianos valerosos y destacados líderes cristianos. Nuestro mundo sufriría una transformación si llegáramos a ser los guerreros que Dios quiere que seamos, completos en las cuatro dimensiones del hombre fiel a Dios.

¿Asumiremos juntos este compromiso? ¿Decidiremos llegar a ser lo que fue Aser, un hombre íntegro de Dios?

Esta generación y generaciones venideras están esperando nuestra respuesta.

Reconocimientos

Con profunda gratitud reconozco el apoyo y orientación de las siguientes personas que me ayudaron a que este libro se convirtiera en realidad:

Gracias especiales a Bob Vander Weide y Rich DeVos de los Magic de Orlando.

Me siento agradecido a mi asistente, Diana Basch, quien se hizo cargo de tantos detalles que hicieron posible este libro. Gracias también a Peggy Matthews Rose por sus valiosas críticas del manuscrito y a Timothy Denney quien ofreció ideas sabias y prácticas sobre la oración.

Reconocimientos especiales a cuatro fiables colaboradores: mi colega Andrew Herdliska, mi consejero Ken Hussar, Vince Pileggi del sector de correo/copiado de los Magic de Orlando y a mi excelente mecanógrafa Fran Thomas.

Sentidas gracias para Bill Greig nieto, Kim Bangs, Steven Lawson y Mark Weising del Regal Publishing Group, y a mi colaborador en la elaboración de este libro, Jim Denney. Gracias por creer que teníamos algo importante para compartir y por brindar el apoyo y el foro para hacerlo

Y por último, gracias y aprecio para mi esposa, Ruth, y para mi maravillosa familia que tanto me ha apoyado. Son en verdad la espina dorsal de mi vida.

Pat Williams

Usted puede contactar a Pat Williams en:

Pat Williams
c/o Orlando Magic
8701 Maitland Summit Boulevard
Orlando, FL 32810
EE. UU.

Tel. (407) 916-2404
pwilliams@orlandomagic.com

www.patwilliamsmotivate.com

Si desea organizar una conferencia con Pat Williams,
favor de contactar a su asistente, Diana Connery, en la dirección
antes mencionada o llamarla al (407) 916-2454.
También puede enviar su solicitud al fax: (407) 916-2986
o escribir a: dconnery@orlandomagic.com.

Nos agradaría conocer su opinión. Envíe sus comentarios
sobre este libro a Pat Williams a la dirección mencionada
al comienzo de esta página. Muchas gracias.